当代新哲学丛书

赵剑英　肖　峰　主编

视觉主义

——基于图像和身体的现象学科学哲学

陶建文　著

中国社会科学出版社

图书在版编目(CIP)数据

视觉主义:基于图像和身体的现象学科学哲学/陶建文著.—北京:
中国社会科学出版社,2012.12
ISBN 978 - 7 - 5161 - 0034 - 9

Ⅰ.①视…　Ⅱ.①陶…　Ⅲ.①现象学—研究　Ⅳ.①B089

中国版本图书馆 CIP 数据核字(2011)第 171122 号

出 版 人	赵剑英	
责任编辑	徐　申	
责任校对	韩天炜	
责任印制	王　超	

出　　版	中国社会科学出版社	
社　　址	北京鼓楼西大街甲 158 号 (邮编100720)	
网　　址	http://www.csspw.cn	
	中文域名:中国社科网　　010 - 64070619	
发 行 部	010 - 84083685	
门 市 部	010 - 84029450	
经　　销	新华书店及其他书店	

印　　刷	北京君升印刷有限公司	
装　　订	廊坊市广阳区广增装订厂	
版　　次	2012 年 12 月第 1 版	
印　　次	2012 年 12 月第 1 次印刷	

开　　本	710 × 1000　1/16	
印　　张	16.25	
插　　页	2	
字　　数	219 千字	
定　　价	39.00 元	

《当代新哲学丛书》总序

如果说"哲学是时代精神的精华",那么哲学的重要使命,无疑就是要通过对时代趋势的把握,来展现出时代精神的丰富内涵,并从中提炼出新的哲学观念、哲学方法和哲学视野,去影响人们更合理地构建自己的时代。

凡存在的,都是变动演化的,由此而形成不断推陈出新的趋势,人类智力和智慧的一种"内在本能",就是要极力把握住这种新的趋势,以获得对存在之奥妙的"明白",消解心中因外界的变动不居而留下的疑惑,并借助实践的力量将认识世界的成果转变为改善现实的成果。所以,对新事物的把握汇聚着人类各个层次的精神探求,在这个意义上,哲学不仅仅是一种"为往圣继绝学"的传承过程,更是"为当世探新知"的"开来"活动,这就是"探求新学"的活动,我们无疑可称这个意义上的哲学为"当代新哲学"。

"新哲学"也意味着,我们的哲学是处于发展中的哲学,而我们的哲学发展也不断形成新的趋向。无论是不断强化着的"科学性"、"实践性",还是成为焦点的"人本性"、"文化性",都是当今学术界在探索新哲学的过程中所归结的特征,这些特征当然并没有穷尽对哲学之新的把握,而本丛书所展示的方面,可以说是对新兴哲学的又一些维度的探视。

当代新哲学的多维度存在,表明她的来源是多样化的,她所汇聚的是多样的趋势，例如，本丛书就择取的是如下视角：

其一是追踪科学技术的前沿趋势，让哲学走进"新大陆"。科学技术是人类在探新的过程中迄今走在最前沿的领域，它长期以来为哲学的发展提供着源源不断的智力支持和问题激励，以至于追踪科学技术的前沿趋势，成为每一个时代哲学保持其生命活力的必要条件之一。本丛书我们选取了"量子信息"和"纳米科技"这两个国内哲学界从未涉足的科技前沿领域，对其发展的现状和趋势进行了哲学初探。进入这些领域，也犹如让哲学踏上"新大陆"，进入由当代科技为我们开辟的知识上的"处女地"，使我们面对从未接触过的新存在、新现象去尝试性地进行哲学分析和思辨性概括，在其中看看能否获得新的哲学发现。这个过程也是哲学与新兴学科的相互嵌入，用哲学的方式去打开这些新的"黑箱"，力求产生出智力上的"互惠"和视域上融合。

其二是把握日常生活的变动趋势，也就是让哲学走进"新生活"。生活世界的新问题是层出不穷的，它们为哲学思考提供了取之不尽的新养料，在今天由"现代性"和"后现代性"交织影响的日常生活中，女性问题、技术的人文问题以及视觉文化问题都已经成为"焦点问题"，也有的成为公众的"热门话题"，因为它们或者关系到一部分人的社会地位，或者关系到全人类的"生存还是死亡"，再或者关系到我们日常的文化社会方式问题，它们成为生活世界中不断兴起的关注点和"热词"，对其加以哲学的分析和归结，可以使形而上的哲理具象化，使抽象的哲学观点社会化。抑或说，这是一种在生活世界与哲学探究之间相互会通的尝试，体现了哲学"从生活中来，再到生活中去"的强劲趋势。

其三是反思思想学术的"转型"趋势，也就是让哲学进入"新视界"。近来，各种新兴思潮尤其是"＊＊主义"的兴起，不断掀动着思想学术或理论范式的"转型"，出现了从"物质主义"到信息主义、从实体主义到计算主义，从客观主义到社会建构主义，呈现出新兴学术思潮冲击传统思潮的强大趋势。这些学术思潮起初发源于具体学科，分别作为"信息观"、"计算观"、"知识观"等等而存在，但由于其潜在的说明世界的普遍性方法论功能，无疑包含着成为一种新哲学的趋势；这些理论范式在走向哲学的过程为我们"重新"认识世界提供了若干新的参照系，引领我们换一个角度看世界，去看看世界究竟会是个什么样子？这无疑是一种智力探险，同时也伴随了丰富的思想成果，为当代哲学图景起到了"增光添彩"的作用，同时其"利弊得失"的"双重效果"也构成为哲学反思的新课题，正因为如此，这些选题构成为本丛书的一个重要组成部分。

总之，我们的新哲学源自于探索领域的新扩张、或是焦点问题的新延伸、或是观察视角的新转移。

世界范围内经济、政治、文化的大变迁，必然伴之以人类智慧和思想的大发展，使得哲学探新的势头日趋强劲，各个新领域、新侧面的哲学探索不断推出新的成果。如果从哲学上 20 世纪是"分析的时代"，21 世纪则是各种新哲学思想竞相争艳的时代，正是在这种背景下，各种当代新哲学连续诞生，成为人类知识宝库和文化成就中的重要组成部分，"当代新哲学"的选题就是反映 21 世纪以来最引人注目的哲学新学科，展现近几十年乃至近几年来异军突起的哲学新亮点，它们认识论到方法论再到本体论，都带来了"新气象"。作者们力求从当代新的自然图景、社会图景和人文图景中把握总体性的新的世界图景，从而增加我们从哲学上把握世界的时代感、生动性和趋势感；这些新哲学的出现即使构不成哲学中的"全新革命"，但至少也由于其应对了时代的"挑战"而实现了哪怕是局部的"突破"和"超越"，从而形成了实实在在的"新发展"。哲学必须有它的传统和历史的积淀，才有智慧的进化；哲学也必须有对人类新发现新发明新趋势的追踪和创新性思考，才有不仅仅是作为"非物质文化遗产"的哲学存在，而且还有作为把握现实的世界观和方法论哲学的存在。由于"存在就是推陈出新",也由于哲学的探新精神,新哲学的涌现是没有止境的。

本丛书汇聚了一批中青年哲学工作者参与写作,其长处是他们对于"求新"的渴望,他们中不少在追踪学术前沿的过程中,已经开辟了或正在开辟新的哲学领域;同时,由于初涉这些全新的领域,所以这样的探索还只能是"初探"。当然,即便如此,我们也是力求以一种前沿性、学术性和通俗性相结合的方式,将其传播至公众和学者,力求通过焦点之新和表述之活来对更多的人产生更大的吸引力,可以称之为对哲学的一种"新传播":提高哲学尤其是新哲学对世界的"影响力",从而不仅仅是满足于能够以各种方式解释新的世界,而且还能够参与建构一个新世界。这或许就是当代新哲学的"力量"及其旨趣和追求。

赵剑英、肖峰

2011 年 8 月

目　　录

导　言

　　在视觉、听觉、触觉、嗅觉和味觉五种感官中，视觉和听觉这两种感官被西方人认为是理论感官或者距离性感官，而其他感官被认为是动物的或官能性的感官，也就是非距离性感官。一般而言，视觉对应于空间，看到的东西都是有广延的，而空间的基本性质就是广延性，这似乎无需多加引证。听觉则对应于时间，它们都在纯粹延续性中发生，胡塞尔在进行内时间意识的构造的时候对此有较详尽的论述，他总是用声音做例子，例如，"这个延续中的声音本身是一个时间客体。这也适用于一段旋律"①。另外，时间与空间在康德看来都是人的一种先验的感性形式，在认识中处于一种优先地位，因此在五种感觉中视觉与听觉在认识上具有优先性。

　　虽然听觉与视觉在认识事物时比其他感官优越，但它们两者也不具有同等的地位。俗话说眼见为实，耳听为虚，眼睛对清晰度的要求使它比耳朵具有更高的辨别能力，在《形而上学》开篇，亚里士多德就将眼睛的这种辨形认识能力确定为源自人性的求知能力："求知是人类的本性。我们乐于使用我们的感觉就是一个说明：即使并无实用，人们总爱好感觉，而在诸感觉中，尤

---

　　① ［德］胡塞尔：《生活世界现象学》，倪梁康等译，上海译文出版社 2002 年版，第 79 页。

重视觉。无论我们将有所作为，或是无所作为，较之其他感觉，我们都特爱观看。理由是：能使我们识知事物，并显明事物之间的许多差别，此于五官之中，以得于视觉者为多。"① 视觉追求形式、秩序、理式而构成了理性精神，是求知欲的象征。奥古斯丁对此精到地说："这种欲望本质上是追求知识，而求知的工具在器官中首要是眼睛，因此圣经上称之为'目欲'……'看'，本是眼睛的专职，但对于其他器官，如我们要认识什么，也同样用'看'字。我们不说：'听听这东西怎样发光'，'嗅嗅这东西多么光亮'，'尝尝这东西多么漂亮'，'摸摸这东西多么耀眼'。但对这一切都能通过用'看'字。我们不仅能说：'看看什么在发光'，这仅有眼睛能看到；但也能说：'去看看什么在响'，'看看什么在发出香味'，'看看这有什么滋味'，'看看这东西硬不硬'。"② 另外，在语言中，与认知活动有关的语汇也基本上与视觉有关，如"观察"、"观测"、"发现"、"发明"、"揭示"、"明白"等。所以，与听觉相比，视觉在认识世界方面具有更大的优越性。

因此，一直以来，西方学者对视觉与视觉文化进行了广泛而深入的研究，可以说，自古希腊以来，几乎所有的西方思想家都从不同的角度，在不同程度上触及视觉和视觉隐喻的问题。在研究兴趣上，西方哲学经历了从"观念哲学"到"语言哲学"的转变，而受制于科技发展倾向的 21 世纪哲学，人类理解世界的方式，将从"语言表征"的时代向"图像表征"时代转变。这样，"语言转向"之后的"图像转向"使得视觉文化和视觉哲学的研究备受关注，视觉文化成为了后现代哲学家们展示自己哲学思想的一个重要窗口，可以说在这个图像时代，视觉方面的研究才开

---

① ［古希腊］亚里士多德：《形而上学》，吴寿彭译，商务印书馆 1995 年版，第 1 页。

② ［古罗马］奥古斯丁：《忏悔录》，周士良译，商务印书馆 1991 年版，第 219 页。

始真正成为学者们自觉的研究。列举一下当代哲学家，如福柯、拉康、鲍德里亚、德勒兹、齐泽克、罗兰·巴特等都专门论述过视觉文化，成为西方众多的艺术史家、电影评论家以资利用的思想资源。随着视觉文化研究热潮的兴起，"视觉"研究涉及艺术、语言、传播、心理、生理以及技术诸领域，让人感觉到"视觉主义"时代的来临。

所谓"视觉主义"，根据笔者的理解，一方面是指图像时代来临时的一种泛视觉理解现象，视觉上的图像理解（阿恩海姆称为"视觉思维"）渐渐替代以往观念的反思和语言符号的理解；另一方面是指视觉文化的一种哲学研究主旨和倾向。

当然，本书避开视觉主义所探讨的热门领域，如艺术或传播之类，而探讨科学认知中的视觉主义。科学认知中的视觉主义是与视觉在认识世界方面所具有的优越性和优先性相关联的。库恩在《物理科学发展的数学传统与实验传统》一文中洞见到科学的成立所走的两条途径。第一条途径，即数学传统，从公元5世纪开始，数学领域以几何学为主导，被认为是关于实在的物理量，特别是空间量的科学。库恩说："静力学与几何光学从几何学中吸取了概念、图解以及专业词汇，并与几何学共有一般逻辑的演绎结构，这种结构又是研究过程和表述过程所通用的。无怪乎在这种情况下，像欧几里得、阿基米得、托勒密这样一些人在其中一个学科中有了贡献，几乎都能在其他那几个学科中也有贡献。"① 第二条途径，即实验传统（库恩也称为培根传统），其丰满的发展从17世纪开始，如光的色彩学、磁学和电学等，这种实验科学依赖于制造实验仪器的手工技艺。库恩说："培根主义对古典科学的发展也许贡献甚少，然而它却开拓了许多新的科学

---

① ［美］托马斯·库恩：《必要的张力》，范岱年等译，北京大学出版社2004年版，第34页。

领域，它们往往根植于以前的技艺。"①

　　库恩的洞见值得深思。笔者通过研究发现，数学的传统和实验的传统都与人的视觉有关，只是数学传统的视觉是用心灵之眼的理性之觉，而实验传统的视觉是人的肉眼的感性之觉。如果把理性之觉和感性之觉的图像直观地呈现出来，可以从中发现科学出现所蕴含的哲理，并理解科学得以发生的条件。于是笔者以图像作中介，以人所具有的两种视觉能力为主线分别考察科学中的心灵之觉与技艺中的肉眼之觉，以及肉眼之中的技艺最终演化而成的技术化科学。从历史上来说，心灵之眼中的科学发生在先，技术化科学发展在后，以此为依据就形成本书论述的先后次序。

　　由于以视觉为主线，因此撇开与心灵之眼最为密切相关的代数学化的科学，主要探讨的是历史上的几何学化的科学。对代数化科学的探讨最为深入的是逻辑实证主义哲学，几何学化科学我觉得天生就带有现象学的特征，因为现象学最大的特征就是揭示活生生的直观和体验，几何学无论具有怎样的演绎推理性质，但还是首先须有可以呈现出的可直观图像，而图像就具有可直观的意义。虽然探讨心灵之眼的哲学家有很多（可以说是古代和近代所有西方哲学家探讨的一个中心出发点），但是我只选择了现象学特征较为突出的柏拉图、笛卡尔、康德、胡塞尔和梅洛－庞蒂加以简介，而且因为梅洛－庞蒂的肉眼现象学主要针对的对象是笛卡尔的心灵之眼，所以对笛卡尔的心灵之眼的介绍篇幅较大，另外还有一个原因就是笛卡尔也是视觉中心主义科学的肇始者。尽管看起来有些厚今薄古，但对于科学认知中的视觉主义的探讨却是完备的，因为当代许多后现代的哲学家们（如福柯、德勒兹、巴特等）对视觉的哲学论述主要应用于文化艺术和新闻传播方面，笔者很难把它们与理性的科学认知统一起来，也许可行，

---

　　① ［美］托马斯·库恩：《必要的张力》，范岱年等译，北京大学出版社 2004 年版，第 41 页。

例如用后现代的视觉理论探讨技术认知问题，但有待于进一步的后续研究。

科学的几何学化我主要选择的是力学和光学的几何学化，第一个人当推阿基米得，然后是海伦、帕普斯，再后是伽利略，伽利略是力学的几何学化的集大成者。当然还有牛顿，但牛顿的几何学过于复杂，由于理解上的困难没有被我纳入论述。事实上，在力学发展的早期阶段，力学的几何学化的可直观性最为明显，如阿基米得、海伦，考察他们，可以发现形式化与直观经验的结合点。后面的发展因为掺杂太多的推理，给寻找最为原始的直观带来困难。考察阿基米得的力学可以发现，阿基米得之所以能够把杠杆的经验运用发展成为科学，就是因为他对"对称原理"的运用，而对称是人的一种先验感知，先验感知为科学的共性或普遍性提供了坚实的基础，以至我后面的考察就是寻找海伦、伽利略力学几何学图像表征的先验性并从中揭示科学得以发生的前提条件。本来科学的几何学化还有几个重要领域，如天文学、运动学等，但是限于本书篇幅，未能纳入本书论述，好在这方面的内容有很多科学史著作的介绍，如果有心的读者能够在其中发现一些先验的原始直观，总结出一些先验综合的图像，对于我们重构科学史是会有非常重大的意义的，也算我们后人能够对得起那些古代的智者。然而，在较为简单地论述完力学和光学的几何学化之后，笔者还介绍了通常大家忽视的化学的几何学化，原因是一方面大家很少提及化学，另外一方面是历史上的化学是实验化操作的技术化科学的典型代表，介绍它也有利于和后面将要论述的技术化科学相对照。

至于肉眼视觉的感性之觉，身体现象学家梅洛－庞蒂是最为重要的思想来源。梅洛－庞蒂早在《知觉现象学》中对肉眼视觉就做过很多的研究，后来在《眼与心》中把他的身体现象学思想专门拿来考察肉眼视觉理论，这在绘画理论中有广泛的探讨和运用。这部分内容的叙述是为后面论述技术中的肉眼视觉思维做铺垫。美国哲学家德雷弗斯在技术哲学中把梅洛－庞蒂的身体现象学思想加以运用，曾在哲学界引起许多的争论，同时也成为许多技术哲学家们讨论技术哲学问题的基点。因此我捡取他与视觉图像有关的部分加以叙述和评论，讨论可视化技术中人机互动的哲学基础。由此引入与身体相关的技术领域。

技术的身体相关性已经有很多论述，但是身体上的相关性我们看不到，以至于技术的认知方面的哲学探究似乎还从未开始。笔者从技术的图像表征的肉眼视觉特征入手来刻画技术的肉眼视觉的认知，但也只是一些简单的技术而已。其目的是想说明技术本身的身体上的起源，使得技术完全可以独立于科学的发展。最佳代表就是达·芬奇，因为达·芬奇是著名的画家，也是著名的发明家，肉眼上的图像思维是他技术发明的最终源泉。

肉眼视觉发展出来的技术后来在科学中促进了实验科学的长足进步，形成了科学发生的另外一个重要源头，即实验化科学（现代称为技术化科学）。库恩把实验化科学分为两种类型，一种类型是对理论的验证，也就是对心灵之眼所洞见到的东西给予肉眼上的验证，其典型例子就是伽利略的斜面实验。另外一种类型就是由实验仪器揭示一个未曾预计到的结果，这种事例很多，如牛顿的"牛顿环"实验，富兰克林的电学实验等，但我只选择了最为典型的纯粹实验家普利斯特里加以介绍，他是实验科学中真正的"猎手"（猎手在打猎之前往往没有确定的预期）。

实验化科学的身体上的重构何其之难！因为寻找它们的图像表征实在不易，特别是化学领域，它的实践特征就是一股永恒的赫拉克利特之流。因此，我先从伊德的"人、技术与世界"关系中的解释学关系入手，揭示技术工具的探索世界的解释困境，这也是人类理性的困境，深感技术化科学反映在认识论上就只能是巴什拉的认识论断裂的结论。为了在认识论上更为清晰地呈现技术中介所带来的认识论困境，我选择了康德的认识论来探讨技术中介后科学认识的变化。然而，个人身体化所使用的工具的那种当下性、经验性如何能够揭示普遍化认可的科学还是困扰着我，我还是不愿意接受现代流行的政治哲学主张，而是追随胡塞尔寻找其先验的根据。

在论述完心灵之眼中的科学以及肉眼中的技术所衍生的科学之后，基本上完成了整个视觉中心主义科学的论述，这样全书主旨——科学认知的视觉主义——的论证算是完成了。之所以本书书名以"视觉主义"来冠名，是因为在视觉、听觉、触觉、嗅觉和味觉五种感官中，唯独视觉成就了科学，而其他感官在科学中的运用都是以转化为视觉来运用的，不能转化为视觉的往往作为一种非科学化的辅助感知而为视觉化科学服务。因此，本书的"视觉主义"是相对于人的五官中其他四种感官对科学的贡献意义上来说的。

然而，这种视觉中心主义的科学在很多领域还是会有其不足，最为突出的就是地震预测方面。所以，最后通过当代地震预测的困境来反思视觉中心主义科学的缺陷，并试图展示一种非视觉中心主义科学研究的前景。

在本书中，关于科学中视觉思维的论述占据中心地位。然而，我并没有从视觉的生理心理功能入手进行写作，而是以视觉上可见之图像为基础进行写作的。所以，科学发现与技术发明中所表征出来的图像就成为了全书重点论述的对象。另外，由于全书论述的基调是现象学，而且部分内容在连续几年的全国现象学科技哲学会议中与同行进行过交流。可以说笔者在本书中的研究是以图像为基础来做现象学科学哲学的一种尝试。因此，这里有必要对图像与现象学的关系先做一个简单的交代。

胡塞尔的现象学最早起源于对语言的分析，他认为真正使用语言的表述是由人的意向活动把那种语言符号激活的一种表述。胡塞尔把所有意识行为分为客体化行为和非客体化行为，客体化行为包括表象和判断，非客体化行为包括感受和意欲，客体化行为为非客体化行为奠基；表象行为又可分为直观表象和符号表象；直观再分为感知和想象；感知包括"感觉材料＋意指活动→意向对象"。感觉不是一种独立的行为，我们没有纯粹的感觉，如我们对红的感觉总是某个东西的红，我们对甜的感觉总是某个东西的甜，光滑的感觉总是某个东西的光滑等，如果说有某种独立的感觉，它也总是包含在意向活动之内而成为不独立的东西。感受与感觉又不一样，它属于情感的范畴，如温暖、冷冰冰等，是美学的范畴。可以用下面的一个分类表来清晰地图示这些意识行为之间的奠基关系。

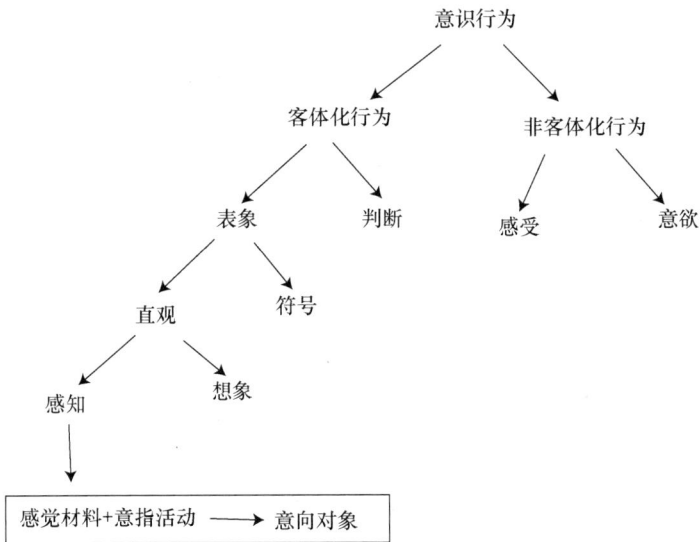

符号行为以直观性的感知行为为基础，符号从广义上来说包括文字、记号和图像，关于它们与直观性的感知行为的关系我这里以路口标志牌为例加以说明。例如你要到某所高校参加一个学术会议，从校门口到会场的路上要经过一个岔路口，举办单位为了方便与会者顺利找到会场就在岔路口立一块指示牌。指示牌至少有三种标明法，第一种直接使用文字来标明："进××会场请向右转"；或者使用一个标识符"☞××会场"；再或者画一幅校园地图，在图上岔路口注明你现在所在的位置以及会场的位置，

就像我们在公园里行走的时候通常所见到的指示路牌那样。先看文字标注："进××会场请向右转"，这句话的关键是"向右转"，面对这个文字符号，与会者先要根据对自己身体的感知直观来对"右"加以充实，例如身体的左侧、右侧、前侧和后侧等。对于一个不懂或从来都没有充实过"向右"的含义的人而言，"向右"的含义是不在场的，他也不会按照指示语沿着正确的道路走到会场，这时文字符号对于与会者而言就不成为一种"表述"。然后看标识符"☞××会场"，这个标识符本身就具有直观性，因此一个只要稍微会读标示的人都能读懂它，它是一种准图像。这种准图像的符号其意义就在直观性显现的符号之中，因此对于与会者而言其含义是"在场"的，在这个意义上它本身就是一种"表述"。最后就看校园地图，它是校园景观投影图，图上每一处图符都能与实地景观对应起来，看起来就更为直观（并非意味着读起来更为简单）。当然，最为直观图像是画家画出来的透视图，只是一般不采用罢了。

如果以感知行为作为符号行为的基础，那么符号行为中文字和图像表象中，图像表象行为是最接近感知行为的。在论及图像意向以及符号性意向性时，罗伯特·索科拉夫斯基说："进而言之，图像性意向比符号性意向更加近似于感知。图像性意向非常像是在观看或聆听事物。当然，我们并没有真正地看到或者听到它，因为被给予我们的只是图像而不是事物本身，但是图像被给予的方式与事物被给予的方式有诸多类似之处。"[1] 图像的直观性使得它在诸种符号性的表述中具有更多的现象学特征，看着它几乎直接就是一种胡塞尔现象学意义上的"表述"。记得第一次在西安召开现象学科技哲学的会议时，北大张祥龙教授就曾"过分"地说：现象学的"面对事实本身"也可以说是"直接面对图

---

[1]　[美] 罗伯特·索科拉夫斯基：《现象学导论》，高秉江等译，武汉大学出版社 2009 年版，第 82 页。

像本身"。在胡塞尔的符号现象学意义上张教授的说法是不无道理的。

图像与现象学还原的关系在梅洛－庞蒂那里就更是密切。梅洛－庞蒂是身体现象学家，身体现象学在现象学还原上比胡塞尔的意识现象学走得更远，只是胡塞尔的现象学是在对意识加以清晰的反思来进行现象学还原的，而梅洛－庞蒂的身体现象学却是建立在一种模糊暧昧的身体感知之上的，是一种模糊含混的清晰。梅洛－庞蒂认为任何画家都不可能像笛卡尔式的哲学家把自己设想成一个没有身体的纯粹思维主体，也就是说，没有任何画家可以宣称自己只用心灵或意识而不用身体性的手来绘画。当然，在梅洛－庞蒂这里的"图像"主要是指画家的纯美术作品，而不是指像现代地图那样的科学的按比例缩小的景观投影图。不过梅洛－庞蒂在《知觉现象学》中也曾论述过几何学图形的身体特征，这在本书第三章会有专门论述。在梅洛－庞蒂看来，画家之所以能够把世界景观固定下来，原因在于画家并非一种纯粹的心灵，而是拥有两种来自肉身的工具：眼睛和一双手。"眼睛是一种自身移动的工具，一项为自己提供目标的手段；眼睛就是那曾被世界某种冲击所感动者，然后透过手的踪迹把它重现于可见项之上。"① 这样一来，"被画家所修复和变换成可见的对象者，就是那些假使没有了她／他便会依旧封锁于每个各自分处的意识之中的东西：现象的颤动，它就是事物的摇篮"②。换句话说，现象学家的目标是"面向实事本身"，并以语言及概念把他们所见到的东西与他人沟通，画家也可以透过一种更可触摸的、无需概念的方式完成这一使命：把我们直接带回现象之中，使得我们具体地亲历事物的诞生。因此，在梅洛－庞蒂看来，画家就相当于一位创生性现象学家，画家的作品其现象学还原的特征自不

① ［法］梅洛－庞蒂：《眼与心——梅洛－庞蒂现象学美学文集》，刘韵涵译，中国社会科学出版社1992年版，第133页。

② 同上书，第52页。

待言。

　　总之，图像以其直观性而成为现象学面向实事本身的重要媒介。然而，本书所研究的图像还主要是像几何学图形或者机械设计图之类的理性图像，但是这些理性图像的感性直观特征还是一目了然的，直接面对它们，我们可以重现科学发现者和技术发明者原始直观的一些认知特征。另外，由于技术设计图像的身体化（或肉身化）视觉特征，再加上最后一章从身体的角度探讨技术化科学的认知特征，所以"身体"的视角也是一个与图像相关又有些独立性的视角。这也是本书加上一个副标题的原因。

第 一 章

心灵之眼的哲学传统

　　眼睛作为人体最重要的感觉器官，具有独特的性质。西方思想中对眼睛的重视一开始就与它的认知能力紧密地联系在一起，视觉之所以在人类认知中具有独特的地位，奥古斯丁认为，是因为眼睛作为求知的工具在五官中与肉体的联系最少，而其他感官都更多地沉溺于肉体的欲望。① 肉体的欲望的最终目的在于追求感官的享受，而认知的欲望则是为了获得与感官享受无关的知识；肉体的欲望从肉体出发而止于肉体，但认知的欲望则从肉体出发，指向超越肉体的理性知识。后面这一点特别为柏拉图所强调，在柏拉图看来，眼睛是适于进行理性认知的器官，但是眼睛的肉体性存在使它在认知中永远不能像理性那样完善，于是他将眼睛的"看"分为两种不同的功能：肉体之眼看到的是现实的世界，而心灵之眼看到的是理念的世界。柏拉图的心灵之眼的观点在笛卡尔那里得到进一步的加强，笛卡尔通过普遍的怀疑而确立的"我思故我在"干脆把心灵与身体彻底分开，而成为一个纯粹的观念论者。罗蒂指出，作为观念论的主要创始人，洛克和笛卡尔认为在人心这个内在空间里，清晰而明确的思想受到"内在眼

---

① ［古罗马］奥古斯丁：《忏悔录》，周士良译，商务印书馆 1991 年版，第219—220 页。

睛"的审查。① 后来胡塞尔更是把理性的心灵之眼发挥到极致，其整个《逻辑研究》的论证基础，即"整体与部分之间的关系"完全是建立在视觉的基础上的。因此，视觉中心主义可以说是西方理性哲学的一个基本出发点。

第一节　理性视觉的起源

人类的理性视觉起源于人类对于肉眼观察的不信任而相信自己理性推理的过程。在古希腊，欧几里得是理性视觉的最大实践者，但其方法源于泰勒斯，并在柏拉图那里得到系统的哲学辩护。

一　用"证明"取代肉眼视觉

古埃及与古巴比伦人，经过长期的生活实践，累积了大量直观的、经验的、实践的几何知识。然后传到了古希腊，加上希腊人自己所创造的几何遗产，经过一群希腊的热爱智慧的哲学家们的整理，开始在知识形态上产生了质的变化。古希腊人花了约三百年的时间（从公元前600—前300年），才将经验式的几何精炼成演绎式的几何。首先由泰勒斯开始，他试图将几何结果排成逻辑链条，这样排在前面的几何学结果可以推导出排在后面的几何学结果，因而有了"证明"的念头，也即演绎几何学。冈泊茨认为："泰勒斯最早把在埃及人中流行的测量土地的笨拙方法——仅仅是以个别测量实例的需要为目标的——上升为建立在一般原理上的演绎的几何科学。"②

———————

① ［美］罗蒂：《哲学和自然之镜》，李幼蒸译，商务印书馆2003年版，第41—42页。

② 转引自汪子嵩等《希腊哲学史》（第一卷），人民出版社1997年版，第146页。

古埃及、古巴比伦人面对的是个别的、具体的这个或那个几何图形。泰勒斯开始加以抽象化与概念化，研究图形本身并且给出普遍叙述的几何命题。这是几何要成为演绎系统的必备工作。欧几里得在《几何原本》的一开始就给出大量的这样的定义，如"点"被定义为"不可以再分割为部分"；"圆"被定义为"由一条线包围着的平面图形，其内有一点与这条线上任何一个点所连成的线段都相等"。

泰勒斯当时所证明的命题，如"圆周被直径等分"、"等腰三角形的两底角相等"和"两直线相交时，对顶角相等"都是可以直观到的，古埃及与古巴比伦人可能也都知道这些结果，不过它们都是以孤立的直观经验几何知识来存在的，而不是像泰勒斯一样依靠推理和证明得出。例如证明"两条直线相交，对顶角相等"这个命题（见图1），其证明如下：

角 1 + 角 3 = 平角 = 角 2 + 角 3，等式两边同时减去"角 3"得：角 1 = 角 2；

同理，角 3 = 角 4。（证毕）

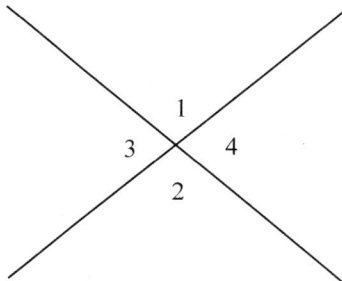

图 1

泰勒斯之所以要用演绎法来证明这些一目了然的几何学定理，是因为经验知识可能会出错。如下面的视错觉图，图 2 中的两条线段实际上相等，但看起来不等。也就是说，我们可能会受我们的肉眼视觉的欺骗。

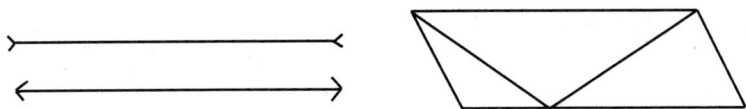

图 2

因此，感官经验虽是知识的根源，但是若要得到正确的知识，必须再经过证明，才能分辨对与错。这是泰勒斯深切体会到的，也是后来欧几里得建立系统的几何学体系的基础。欧几里得就是从五个自明的公理出发来建立起庞大几何学命题系统的，这样由实践经验所获得的那些直觉到的孤立的几何学定理就可以通过"证明"真正落到实处。证明所得出的定理从直觉实践的小背景中（小语境）突入命题系统的大语境当中，成为由人的理智构造出来的超越于感性材料之上的理念化知识。

二　柏拉图对两种视觉的区分

泰勒斯用"证明"取代肉眼视觉成为西方最早的心灵理性之眼的原型，后来这一观点在柏拉图那里发扬光大。虽然眼睛是适宜进行认知的器官，但眼睛的肉体性存在使它在认知中永远不能像理性那样完善。柏拉图接过有关眼睛的这一普遍被接受的观点，在他的形而上学中做了进一步的发挥。他先将眼睛的优点和缺点分离开，然后分别引申到两个不同的领域：肉体的眼睛对应的是现实世界，心灵的眼睛对应的是理念世界。由于分属不同领域的眼睛各有不同的功能，柏拉图对待它们的态度也非常不一样，他更为看重的是心灵理性之眼。

柏拉图在《国家篇》中根据知识的实在性和真实性的程度，通过"线喻"把知识分为四个等级。首先他把世界分为可见世界和可知世界两部分，画一条直线 AB，按实在性和认识的程度，先分成两大段 AC 和 CB，AC 代表可见世界及其认识，CB 代表可知世界及其认识（见图3）。

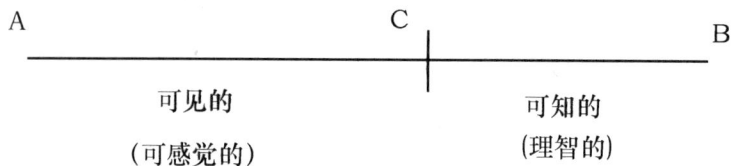

A ——————————————— C ——————————— B

可见的　　　　　　　　可知的

（可感觉的）　　　　　（理智的）

图 3

然后柏拉图再把可见世界分为"1"和"2"两部分（图4）："1"是指一些实在事物的影子，它是人的想象的功能，如画家在图纸上所画的"床"，它被柏拉图看作最低等级，因为它是实物的摹本，而实物只是理念的摹本，所以它是摹本的摹本；"2"是实在的事物，如山川河流、花草树木，还有人工制品如房子、可用来睡觉的"床"等。

同样柏拉图把可知世界划分为"3"和"4"两部分（图4）："3"是指心灵研究的对象，像代数学中的"数"和几何学中的"形"这样的数学对象，但心灵去研究这些对象时被迫要用可感觉的印象去研究。"4"研究的是理念（如"善"的理念），无论从实在性或真理性来说，它都是最高等级的对象。

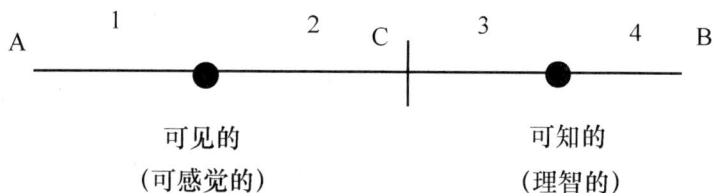

A —— 1 ——●—— 2 —— C —— 3 ——●—— 4 —— B

可见的　　　　　　　　可知的

（可感觉的）　　　　　（理智的）

图 4

在《理想国》第七卷，柏拉图还作了一个著名的比喻，人们一般称为"洞穴喻"。在这个比喻中，柏拉图作了如下设想（图5）：有一个洞穴式的地下室，一条长长的通道通向外面，有微弱的阳光从通道里照进来。有一些囚徒从小就住在洞穴中，头颈和腿脚都被绑着，不能走动也不能转头，只能朝前看着洞穴后壁。在他们背后的上方，远远燃烧着一个火炬。在火炬和人的中间有一条隆起的道路，同时有一堵矮墙。在这堵墙的后面，向着火光的地方，又有些别的人，他们手中拿着各种各样的假人或假兽，把它们高举过墙，让他们做出动作，这些人时而交谈，时而又不做声。于是，这些囚徒只能看见投射在他们面前的墙壁上的影像。他们将会把这些影像当作真实的东西，他们也会将回声当成影像所说的话。此时，假如有一个囚徒被解除了桎梏，被迫突然站起来，可以转头环视，他现在就可以看见事物本身了，但他们却以为他现在看到的是非本质的梦幻，最初看见的影像才是真实的。而假如有人把他从洞穴中带出来，走到阳光下面，他将会因为光线的刺激而觉得眼前金星乱蹦，以至于什么也看不见。他就会恨那个把他带到阳光之下的人，认为这人使他看不见真实事物，而且给他带来了痛苦。不过柏拉图认为，只要有一个逐渐习惯的过程，他的视力就可以恢复，首先大概看阴影最容易，其次是看人或事物在水中的倒影，再次是看事物本身，在夜间观察天象，之后就可以在白天看太阳本身了。于是他回想当初穴居的情形，就会庆幸自己在认识上的变化而对同伴表示遗憾。

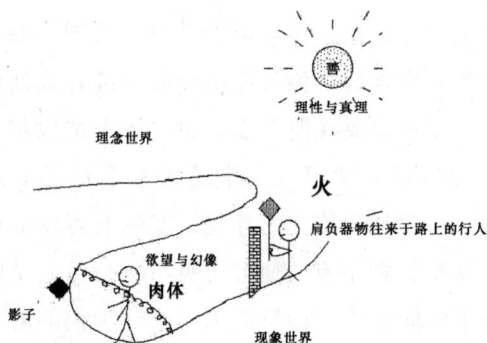

图 5

柏拉图的"洞喻"是紧接着"线喻"提出来的,它从另一个角度深入细致地叙述了由易受欺骗的肉眼向心灵之眼转向的艰难过程,与"线喻"有着密切的对应关系:洞穴世界相当于"线喻"的可见世界(AC),是肉眼所观察到的世界;洞外世界相当于"线喻"的可知世界(CB),是用心灵之眼所观察到的世界。再往细分,"线喻"中灵魂发展的第一阶段"1"相当于对洞壁上木偶影像的认识(即想象的对象);"线喻"中灵魂发展的第二阶段"2"相当于对洞穴中木偶和器物的认识(即意见的对象);"线喻"中灵魂发展的第三阶段"3"相当于对洞外世界的太阳的影像的认识(即理智的对象、数理学科的对象),"线喻"中灵魂发展的第四阶段"4"相当于对洞外世界的太阳等的认识(即理性的对象:理念)。理念世界中的观念是独自存在的,是灵魂最终的归宿,是一切真理的来源。对理念的观照需要借助心灵之眼,它排除了肉体的遮蔽,直接获得真理。通过将心灵之眼从肉体之眼中分离出来,心灵之眼就是真理的同等物。感官所能把握的只是那些具体的和易消逝的东西,只有通过心灵才能达到对永恒理念的理解,而且利用自己的精神去达到这个目的是每一个聪明人的职责,因为只有这些永恒的理念而不是那些感性易逝的东西才是值得注意的。

在科学研究中,柏拉图建议人们要通过心灵之眼来认识外在事物。例如天文学是讨论天体运动的学科,由于它的对象远在高空,一般人认为研究这门学科就能引导心灵离开低处的事物去看高处的事物了,即迫使灵魂向上看。柏拉图无情讽刺了这种流俗的浅薄见解,指出当时学习天文学的人并不是真正在学习天文学。因为他们只注意到天体美的外观,实际上还停留在肉眼"可见世界"中。例如,如果有人研究可见事物,无论是睁开眼睛往上望还是眨着眼睛向下看,柏拉图都不会认为他的心灵是在向上看。即使他仰卧着学习(在陆上或海上),柏拉图还是认为,他是在向下看。那么如何用心灵之眼来研究天文学呢?柏拉图主张像研究几何学那样去研究天文学，而不必去管天空中的那些可见的事物。在他看来，众多天体装饰着天空，我们可以把它们视为可见事物中最美最准确者；但它们只是肉眼可见者。天文学研究的应该是它们后面的真实者（不可见者），亦即那些只有凭借理智才能把握的纯数和纯粹图形，也就是说，尽管天体是可见事物中最精美最完善的，但因为它们仍属可见世界，与理念世界相比较，肉眼可见世界中的东西仍然是低级的，我们应该把天空中所显示出来的图画只用作帮助我们学习其真实存在的启示图，这些图虽然美丽，但千万不可沉溺于这些感性事物之中，要超乎其上，去玄思默想那最高的善者和美者。

第二节　笛卡尔的心灵之眼

笛卡尔通过"我思故我在"这个命题，在人类历史上第一次从逻辑上把人的身体与人的思维严格地区分开来，笛卡尔之前的哲学家如柏拉图、亚里士多德都区分过身体和思维，但是他们都没有经过笛卡尔这样一个严格的怀疑论论证，而是建立在类比推理之上。笛卡尔的怀疑论论证是这样的：首先通过普遍的怀疑来发现"我"是一个在思维的东西，笛卡尔说："那么我究竟是什么呢？是一个在思维的东西。什么是一个在思维的东西？那就是说，一个在怀疑，在领会，在肯定，在否定，在愿意，在不愿意，也在想象，在感觉的东西。"[①] 接下来笛卡尔肯定了思维的确定性和不可怀疑性，他认为不管我怀疑、想象、感觉什么内容，而这个怀疑、感觉和想象的活动本身是不可怀疑的。在笛卡尔找到思维的确定性的同时，他也宣布了物质事物的不可靠性和欺骗

----

① ［法］笛卡尔：《第一哲学沉思集》，庞景仁译，商务印书馆1998年版，第27页。

性，像人的身体就是不可靠的，它不能是知识的最终根据。这样，笛卡尔区分了人的精神或灵魂与人的身体，并为我们找到了知识的最终确定性，即思维的明证性。和思维的精神性相反，物体则具有广延性，思维是在时间中发生的，广延是和空间相统一的，因此物质和心灵是两种完全不同的实体。

一 是心灵在"看"而不是肉眼在看

既然思维与广延是两种完全不同的实体，而且人能够直接明确地认识的只是人的思维，所以在笛卡尔看来，思想者从不与可见者（广延）发生直接的接触，而是根据他赋予可见者的意义模式重新把可见者给建构起来。以视觉为例，笛卡尔反对用经验主义的视觉理论来说明视觉的产生。这与笛卡尔的前辈开普勒不一样，开普勒在研究视觉时，解释了眼睛在某些功能上就像一个针孔摄像机，人所能看到的外物就是光线通过摄像机上的透镜折射到视网膜上的影像来认识的，如图6所示。然而，在针孔摄像机内生成的图像是倒置的，这样开普勒不得不解释我们如何通过在视网膜上被倒置、歪曲的图像而正确地看到物体的原因。开普勒的研究仅止于视网膜上的倒影本身（肉眼之像），而不再进一步追问这些影像如何变成我实际的视觉经验（心灵之像）。笛卡尔要对后者提出解释，因为笛卡尔并不关心影像和变形本身，笛卡尔认为事物在头脑里的印象不需要看到与外物相类似的视网膜上的影像才开始感知，它是心灵看见的，不是肉眼看见的。因此，他真正关心的是它们背后所隐含的真理形式究竟是如何的。

笛卡尔对视觉的讨论主要集中在《光学》一书中，其目的在于为经验科学提供一套严谨的演绎科学方法。首先，笛卡尔称赞人类的视觉和像望远镜之类的视觉技术的发明，笛卡尔说："我们在生活中的行为完全取决于感觉。视觉是所有感觉中最主要的和最详尽的，毫无疑问，增强视觉能力的许多发明在所有发明中

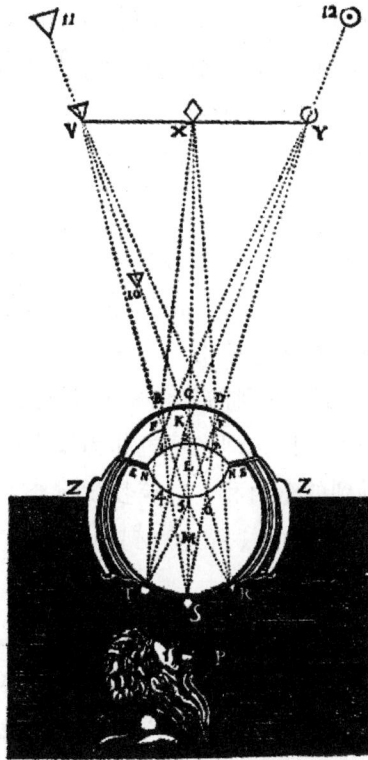

图 6

是最有价值的。而在增强视觉的发明中又以奇妙的望远镜为最有价值，我们很难找到还有比其更有用处的发明。"[1] 接下来，笛卡尔认为这种感觉意义上的视觉技术的发明靠的都是经验和运气，而不是靠人本身的理性建立起来的，就像人类发明了自行车而不懂得自行车的工作原理，发明了蒸汽机而不懂得蒸汽机的工作原理（热力学理论）一样，我们的科学在这方面是很丢脸的。笛卡尔说："一些复杂的发明尚未立即达到最完美的程度，使我仍能产生足够的疑问去论述。由于所述发明物的制造取决于技工的技

---

① Descartes, Rene, *Discourse on Method*, *Optics*, *Geometry*, and *Meteorology*, trans. by Paul J. Olscmp, Indianapolis: Bobbs-Merrill, 1965, p. 153.

术，而那些技工通常没有受到正规的教育，所以我要力争采用其他各方面的科学知识，使每个人了解我，尽量不疏忽某些事情。"① 笛卡尔的意思是我们的科学还无法对这些发明提供一套严谨的方法来加以说明和解释，虽然它们靠经验和运气被制造成功了。

在这里，笛卡尔似乎表明他对视觉的两种心态，一方面他既被视觉的某种幻象所吸引，同时他也愁于如何思考这种幻象。不过笛卡尔最终排除这种肉眼的幻象，来思考与肉眼的幻象极其不同的内容，他强调肉眼看到的东西实际上与其本身是极其不同的。笛卡尔做了一个类比，即光透过作为媒介的空气传送给人的眼睛，人的眼睛看到的东西和空气等物质媒介之间没有任何相似性，正如盲人的手透过拐杖所遭遇到的事物和他所使用的拐杖（媒介）之间没有任何的相似性一样。笛卡尔说："为了与之相比较，我们可以考虑一下所谓'发光'物体中的光。这种光不是别的，它只是某种运动或者极迅速的活动，通过空气媒介或其他透明物体传送到我们眼中，就如同盲人通过拐杖就可以将遇到的运动或物体的阻碍传送到手中一样……不应该假定有什么物质从物体上传送到我们眼中后，才能使我们看到颜色和光；更不应该假定物体内部的什么东西与我们所拥有的思想或感觉相类似。与此完全相同，盲人用拐杖感觉物体时，并没有什么东西从物体中流出并通过拐杖传送到他手中，物体的运动或对拐杖的阻力是他拥有感觉的惟一原因，物体与他所形成的关于物体的概念也没有相似之处。"② 这样，视网膜上所呈现出来的图像也与人真正所见到的东西之间没有相似性，我们不要因媒介而受骗，而是要看到媒介影像背后真正的画面，这种画面是通过心灵之眼看到的。

更为简单地说，正常人和盲人都不是用他们的肉眼来"看"

---

① Descartes, Rene, *Discourse on Method, Optics, Geometry, and Meteorology*, trans. by Paul J. Olscmp, Indianapolis: Bobbs-Merrill, 1965, p. 153.

② Ibid. .

事物，如果盲人是用他们的手来"看"事物，正常人则用"心灵之眼"来看事物。因为由于外在对象的光撞击眼睛，从而使视神经产生肉体运动，然后这个运动再刺激灵魂产生某种心灵所固有的感受和图像，而后者和肉体运动或产生这些运动的外在对象没有任何的相似性，因此视觉的看并不是实际的看或再现对象。是心灵而不是眼睛真正在看，感官知觉需要心灵的协助才能真正经验到外在事物。

心灵的感觉是最高等级的感觉。在《第一哲学沉思集》中，笛卡尔在回答第六组反驳的时候，把感觉分成了三个等级。第一等级是人和动物所共同具有的感觉，这是外在对象直接在物体性感官之内所引起的东西，是这个器官的分子运动以及由这个运动产生的身体的某种变化。第二等级的感觉是人所特有的，包含直接在心灵上产生一切东西，它是由于心灵与物体性的器官结合所产生的。在这一等级的感觉中，外界对象刺激了身体感官，通过感官和心灵的共同活动，在心灵中会产生一些痛、痒、饥、渴、声音、颜色、滋味、气味、热、冷等心理状态的感觉。这种心理状态是第一等级的感觉中没有的。第三等级的感觉也是人所特有的，它涉及的是对可感对象进行判断。这些判断是我们从年轻时代起关于我们周围事物在我们的感官世界里产生的印象或运动的机会上所习惯于作出的。

现在以一根棍子的视觉来说明感觉的三个等级。当我们看见一根棍子时，不要想象是从棍子上飞到空中的一些飞舞的、人们普通称为"有意外貌"的细小的图像进到我的眼睛里，它不过是从棍子反射出来的光线刺激出来视神经里的分子运动，通过它到达大脑，相当于开普勒的视觉原理所说的那种视网膜上的影像，它们组成感觉的第一等级。由第一等级的感觉接着就进入第二等级的感觉，在第二等级的感觉中只达到被这根棍子所反射的颜色或光的知觉，也就是说，在感觉的第二等级中，主体只是受到外界的刺激，比如主体看到了颜色现象，但还没有把颜色看成是对象的颜色，比如看作是插在水里的棍子的颜色。只是在第三等级的感觉那里，对于可感对象的实际知觉才有可能。在第三等级中，知觉不仅涉及感官所提供的感觉，而且超出感觉之外，从所得到的刺激来推出对象的性质。比如，我们之所以认为插入水中的棍子是直的，就是第三等级感觉中理智判断的结果。有一种看法认为，我们之所以认为棍子是直的是因为我们接触到了棍子，但这种看法会产生为什么相信触觉而不相信视觉的问题，因为它们都是感觉，都有可能出错，所以，最终还是需要求助于判断才行。笛卡尔说："我不能同意他们在下面接着说的话，即：这个错误不是由理智来改正，而是由触觉来改正；因为，虽然触觉使我判断一根棍子是直的，而且自从年幼以来就习惯于这样判断，因此这也可以叫做感觉，可是这并不足以改正视觉的错误，而是除此以外，需要有什么理由来告诉我们在这个地方相信我们在摸了它以后做出的判断，而不相信视觉似乎给我带来的判断，这个理由不是我们自幼年以来就有的，因而不能归之于感官，只能单独归之于理智。从而，就在这个例子里，改正感官错误的只有理智，不可能提出任何一个例子来说明错误是来自相信精神的活动而不相信感官知觉的。"① 这样笛卡尔的知觉理论是把知觉看成是外在对象在感官里先留下刺激的印象，然后进行判断。具体到视觉来说，首先是外在对象在视网膜上留下印象，然后，人们根据在视网膜上所留下的印象再进行判断，才能确切地知觉到可感对象。这样对于笛卡尔来说，知觉成了对感觉给予的相应于身体刺激的符号的解释。

笛卡尔对于视知觉的解释让人想到新康德主义者亥姆霍兹。通过对外界刺激与感官的效果间的关系研究，亥姆霍兹得出了他的符号论思想。例如，对于光神经而言，外界的光只是能激起我

---

① ［法］笛卡尔：《第一哲学沉思集》，庞景仁译，商务印书馆1998年版，第423页。

们的光神经发生活动的原因之一，所以对光的感觉和光之间并不存在一一对应的联系。我们对光与色的感觉仅仅表示实在的关系的符号，这些符号与外界实在的关系和一个人的名字和他本人间的关系有点类似。因此，谈论光自身特有的独立于他物的性质以及期望在我们的视觉描述中发现这种性质是没有意义的，这种特性自身就是一个矛盾的概念，我们不能期望我们的色感和光自身的特性之间有任何的相似性，我们也就不能将我们关于光的经验归之为光的性质。亥姆霍兹的这种关于事物性质的看法实际上在洛克那里已有表述，洛克区分了事物的第一性质和第二性质，洛克认为只有广延、运动等性质是事物自身的性质，也就是第一性质；而像冷热、颜色等就不是事物自身的性质，也就是第二性质。只不过洛克得出这样的结论是靠着不同寻常的抽象能力，而亥姆霍兹得出类似的结论靠的是科学实验。这样，亥姆霍兹就认为我们的感觉的确是外界事物作用于感官后产生的效果，而这种效果更多地依赖于我们的感官，是我们的感官为大脑提供了关于这一作用的报告，这一报告可以看作是这一作用的符号，而不是将这一报告看作是反映外物的映像。一个符号和他代表的东西没有任何的相似性，二者的关系仅限于以下这种意义：在相似的情况下施予影响的相似的对象造成相似的符号，因而不同的符号总是对应着不同的映象。所以，亥姆霍兹在符号和映象间做了区分。

对笛卡尔来说，其哲学的根本目的在于对真理的寻求。笛卡尔哲学的根本特征是怀疑，对现象、对事物的怀疑——他认为我们不能信任我们的感觉，塔在远处看是方的，走到近处看却是圆的，这是外感觉，同样，内感也会出错，有些胳膊或腿被截肢的人还觉着他能感到已经截去了的胳膊的疼。因此，我们不能停留在前两个等级的感觉那里，需要超出这两个等级的感觉，而达到第三等级的感觉，也就是要借助于理智的判断才能确切地知觉对象。在《第一哲学沉思集》中，他详尽地讨论了如何从对内对外的怀疑而达到一种无可怀疑的坚实的基础。他说在很多事情上，我们是通过判断而形成我们的知识的。比如，我们从视觉看到的太阳并不很大，但是我们还是相信天文学的知识而认为太阳比地球要大很多。另一个例子是，当我们从窗口向外看的时候，看到街上有一些人在走动，笛卡尔说其实我们看到的只是一些帽子、大衣在动，而在帽子和大衣下面也许只是一些机器人在动，而我们却说我们看到了一些人在走动，在这里，是我们理智所做的判断断定那是一些人。所以，虽然我们的知觉是由感觉刺激而来的，但是由于感觉那里存在着错误，因此理智的判断对于知觉来说才具有根本的重要性。

二 心灵之眼的"看"与物质世界的几何学化

虽然笛卡尔的心灵之眼的看最后表现为符号化的判断，但这种符号化的判断与外部世界的联系则通过几何学联系起来，几何学作为数学的一个分支也可以作为心灵之眼的所见内容，可以说，笛卡尔的心灵之眼的"看"是与他的广延本体论以及物质世界的几何学化的观念结合在一起的。

在笛卡尔看来，广延是物质世界的最为根本的特征，物质世界所有的属性，包括颜色、味道等都可以用广延来加以表征。这种观点最早体现在笛卡尔的《探求真理的指导原则》的原则十二中。笛卡尔说："我们从颜色中排除任何其他（因素），只保留它的形象性质，设想白、蓝、红等等的互相差异是同下面这些形象（图7）之类的互相差异一样的：对一切事物都可以这样说，因为，确实无疑，图形的数量是无穷无尽的，足以表示可感知的一切事物之间的一切差别。"①

---

① ［法］笛卡尔：《探求真理的指导原则》，管震湖译，商务印书馆2005年版，第63页。

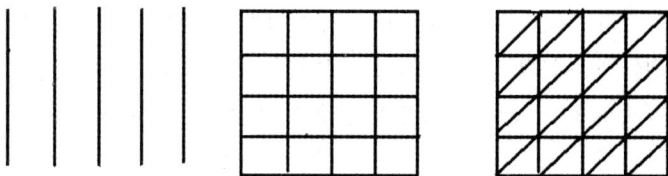

图7

　　笛卡尔认为广延是物质实体的基本属性，这一点在他的蜡烛论证中已做过充分的证明。对于一块刚从蜂窝里取出来的蜂蜡而言，蜂蜡还带有蜜甜味，花的香气，又凉又硬，敲上去发出一种声音，具有特定的颜色、形状和大小。然而把它拿到火炉边，所有这些性质都变了：甜味和香气消失了，颜色改变了，由固体变成了液体，形状和大小与原来的都不一样了，它融化成了一小坨蜡油。最后剩下没有变的东西只有广延，笛卡尔说："让我们仔细考虑一下，把凡是不属于蜡的东西都去掉，看一看还剩下什么。当然剩下的只有有广延的、有伸缩性的、可以变动的东西。"① 另外，大小、形状、位置、运动也是广延的样态或变体。这里面说大小、形状和位置是广延的变体是好理解的，因为这种变体之所以产生，在于它们是划定广延的范围而产生的部分。但是说运动是广延的变体就不那么好理解了，例如在亚里士多德那里，"运动"是最为本质的，它包括性质的变化（例如由冷变热）、无机过程（磁力吸引）、生物和心理过程（身体的生长和知识的获得），而单纯的广延，因为不包括活动概念，也不包括生长变化的本源，它就不能作为实体的本质形式。然而，笛卡尔认为，尽管没有运动我们照样也可以思考广延，更为重要的是，假如没有供运动穿越的广延区域，我们便无法思考运动。

　　笛卡尔的广延本体论在《哲学原理》得到更为彻底的表露，

---

　　① 〔法〕笛卡尔：《第一哲学沉思集》，庞景仁译，商务印书馆1998年版，第30页。

他说："如果我们细想一想我们对于任何物体的观念，而排除一切与物体的本性无关重要的性质，我们就可以看到这一点。就以一块石头为例，我们首先可以排除它的硬度，因为那块石头如果液化了，或者化成粉末，它就不再有硬度，不过它仍系一种物体。颜色也可以照样不加考虑，因为我们常见有许多石头透明得并无颜色。其次，我们也可以排除重量，因为就以火焰为例，它虽然很轻，仍系物体。最后，我们还可以排除冷、热以及所有这一类的性质，一则因为我们并不以为这些性质是石头内的，二则因为这些性质纵然变了，我们也并不认为石头就失掉其物体的本性。在这样考虑之后，我们看到，物体观念中并没有剩下别的，只有剩下一种在长、宽、高三方面延展伸开来的东西。"①

笛卡尔在思索蜂蜡和石头时认为蜂蜡或石头的本质在于广延，那么这种广延我们如何知觉它呢？是通过视觉、触觉还是想象呢？首先笛卡尔认为想象不能知觉广延的可变性，笛卡尔说："那么有伸缩性的、可以变动的，这是指什么说的？是不是我想象这块圆的蜡可以变成方的，可以从方的变成三角形的？当然不是，不是这样，因为我把它领会为可能接受无数像这样的改变，而我却不能用我的想象来一个个地认识无数的改变，因此我所具有的蜡的概念是不能用想象的功能来做的。"② 哈特费尔德认为在这里笛卡尔进行了一个排除式的论证③，这个论证有一个重要的前提，就是人类经过对蜂蜡融化的观察理解，可以发现可伸缩的广延事物能够呈现出无限多的形状，而这种理解却不能通过想象来加以证实，因为你所想象的具体形状总是有限的，它或者是圆的、或者是方的、或者是三角形的、或者是其他形状的。因此

---

① ［法］笛卡尔：《笛卡尔思辨哲学》，尚新建等译，九州出版社 2006 年版，第105—106 页。

② ［法］笛卡尔：《第一哲学沉思集》，庞景仁译，商务印书馆 1998 年版，第 30 页。

③ ［美］哈特费尔德：《笛卡尔与〈第一哲学的沉思〉》，尚新建译，广西师范大学出版社 2007 年版，第 135—136 页。

想象不能让我们理解蜂蜡，而我们又确实把握到了这种性质，那它就必然是凭借感觉或想象之外的能力，即用心灵之眼来察觉到。因此，广延的本质只能通过心灵之眼才能察觉到。按笛卡尔的说法，心灵之眼的"看"是思维的纯过程，是发生在时间中的，那么在数学中心灵之眼的"看"到底具有什么样的特点呢？

康德认为，与几何学发生在空间中不同，算术是发生在时间中的，算术这门科学之所以可能，必须以先天的时间直观形式为前提才能说明。算术的计数作为有次序的相继运动依赖于时间作为直观形式的前后相继性这一根本性质。从根本上说，一般量的概念都是在时间纯直观中的构造，因为对于"多"而言，我们可以看该"多"中包含多少次的"1"，而这个多少次的"1"之所以实现，是由于对"1"的继续的重复，而继续的重复只能是由于时间以及出现在时间中各单位的综合。康德说："一般量的概念无人能做别的解释，只能解释为：量是一物的这种规定，它使我们能思考物中被设定了一的多少倍。只是这个多少倍是建立在相继而来的重复之上，因而是建立在时间和时间中（同质东西）的综合之上的。"① 所以，数的概念在直观中的构造以及数的一切运算（算术）都离不开时间，因为时间正是表现量和数的概念所需要的纯直观。可见，算术（以及代数）的先天综合知识以时间纯直观为其可能的先决条件。

如果笛卡尔的心灵之眼的"看"纯粹发生在时间中，那么，在数学上它只能表现为代数。所以，笛卡尔建立了能够代替图形几何学的解析几何学。这里需要说明的是，在笛卡尔之前的数学家们总是不能超出用相应的实体如线段、正方形或立方体来得到 a，a^2 和 a^3 这样的概念，那些不能在想象中图像化或不能通过圆规或直尺构造出来的东西就不存在，例如，像 a^4 或 a^5 等不能用

---

① ［德］康德：《纯粹理性批判》，邓晓芒译，人民出版社 2004 年版，第 220 页。

图像化的关系或比例也就不能作为数学实体来理解，笛卡尔认为像这样过早地使用想象会结束数学的适当发展，由此他发明了一门分析化的几何学，即解析几何。解析几何最为突出的表现就是对帕普斯问题的解决：

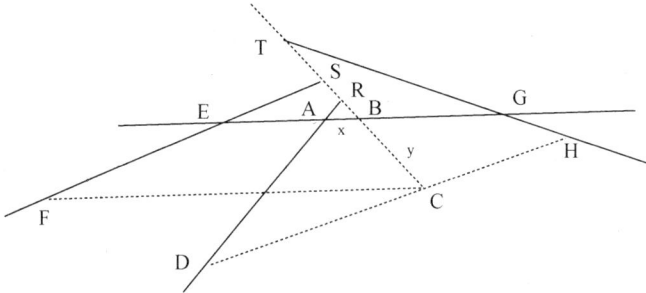

图 8

帕普斯问题是这样的：设给定四条直线 AB，AD，EF 和 GH，然后从某点 C 引直线 CB，CD，CF，CH 各与一条所给直线构成已知角 CBA，CDA，CFE，CHG，要求满足 $BC \cdot CF = CD \cdot CH$ 点的轨迹。

笛卡尔的解法是，首先，假定 C 点已经找出来了，为了使问题有一个一般的形式，他采取了一个重大的步骤，即把给定直线之一与所求直线之一，例如 AB 与 BC 作为卞线来考虑，然后使其他直线与它们发生关系。笛卡尔记 AB 为 x，BC 为 y。

因为三角形 ARB 的所有角都是给定的，所以边 AB 与 BR 的比一定，若令 AB：BR = z：b 那么由于 AB = x，因此 BR = bx/z，因为 B 在 C 与 R 之间，所以 CR = y + bx/z，假如 R 在 C 与 B 之间，则 CR = y − bx/z，假如 C 在 B 与 R 之间，则 CR = − y + bx/z。根据同样的思想，考虑三角形 DRC，ESB 以及 FSC，分别得出：

$$CD = \frac{cy}{z} + \frac{bx}{z^2}, \quad CF = \frac{eyz + dek + dex}{z^2}, \quad CH = \frac{gyz + fgl - fgx}{z^2}$$

注意到 CB，CD，CF，CH 都是关于未知数 x，y 的一次式，因此把它们代入 $CB \cdot CF = CD \cdot CH$ 时，即可求出满足帕普斯问题的 C 点轨迹的一般方程：

$y^2 = my + nxy + px + qx^2$（m，n，p，q 是由已知量组成的简单的代数式）

这个方程第一次把几何学形状用一个比较统一的范式转换成一个代数式。然后笛卡尔把这一范式推广到整个物理学领域进行研究。笛卡尔建立了与真正的心灵之眼相联系的解析几何学，是否意味着传统的图形几何学就没有地位了呢？刚好相反，传统的图形几何学刚好是用心灵之眼看物质世界的一个重要媒介，也是能够体现出量的时间关联的图形关系。因为上面已经讲过，在笛卡尔眼中整个物质世界所最终具有的只是"广延"这一本质形式，而广延这一本质形式又是可以通过几何学加以揭示的。科学史家伯特对此评论说："在这次独特的体验之后，他投入的第一次深入细致的研究是在几何学领域，在这个领域，他在短短的几个月里就发明了一种最富有成效的新数学工具——解析几何学。这项伟大的发现不仅证实了他的远见，鼓舞他沿着同一方向继续努力，而且对于他的物理学也具有重要的意义。作为一种数学开发的工具，解析几何学的存在和成功使用预设了在数的王国（即算术和代数）与几何学王国（即空何）之间精确的一一对应关系。它们已经相互联系，这当然是整个数学科学的共同财产；它们的关系是明确的、绝对的对应。这才是笛卡尔的一个直觉。他发觉，空间或广延的本质是这样的，以至于其关系不管多么复杂，总是可以用代数公式来表示，反过来，数量真理（在某些幂内）也可以完全在空间上加以表达。作为这个著名发明的一个并非不同寻常的结果，笛卡尔在心中产生了这一希望：或许可以把整个物理学王国还原为纯粹几何特性。不论自然界会是什么别的样子，它显然是一个几何世界，它的对象是在运动中出现和扩展的数量。"①

通过笛卡尔的解析几何学，我们已经看到广延与心灵之眼的数学技术上的关联，但是其内部的联系还未曾得到说明。如果其内部联系不能说明，我们就还不知道我们到底是怎样用心灵之眼去知觉世界的，因为心灵之眼的符号认知与外在的广延世界之间还需要一个过渡的中介。被笛卡尔用心灵之眼认识广延所抛弃的"想象"能力就起这种中介的作用，因为笛卡尔把想象和理智、感觉、记忆都看作是我们的精神认识真理的才能，他说："最后，应该充分利用悟性、想象、感觉和记忆所提供的一切动力，或者用以清楚地直观单纯命题，或者用以恰当地比较所求事物与已认识事物，以便得知所求，或者用以发现那些应该彼此关联的事物，从而使人的奋勉努力之所及不致有所遗漏。"② 想象与感觉、想象与理智都有密切的关系，想象具有处理广延事物的能力，它构造线条、图形和形状。

首先，我们看一下想象与感觉的关系。亚里士多德早就认识到，感觉起一种封印作用，在我们的想象中可以形成相应事物的形象和观念。亚里士多德说："我们必须理解所有一般意义上的感觉，感觉是撇开感觉对象的质料而接受其形式，正如蜡块，它接受戒指的印迹而撇开金或铁，它所把握的是金或铜的印迹，而不是金或铜本身，同样，每个人的感觉都要承受有颜色、气味、声音的东西的作用，但并不是作为那个所说的东西，而是作为这个，与公理相关。感觉器官首先是其中有这种潜能的东西，两者相同一，但又各不相同，感觉主体是某种有体积的东西，而感觉能力和感觉则没有体积，它们只是主体的某种比率和潜能。"③ 在

---

① ［美］爱德文·阿瑟·伯特:《近代物理科学的形而上学基础》，徐向东译，北京大学出版社 2003 年版，第 83—84 页。

② ［法］笛卡尔:《探求真理的指导原则》，管震湖译，商务印书馆 2005 年版，第 61 页。

③ ［古希腊］亚里士多德:《论灵魂》，载《亚里士多德全集》（第三卷），秦典华译，中国人民大学出版社 1997 年版，第 62 页。

感觉与被感觉物的相异方面，笛卡尔与亚里士多德的意见是相同的，笛卡尔也持蜡的封印说："首先应该设想，一切外在的感觉，只要是属于身体的一部分……它们也还是可以感受事物的，根据是与蜡从封印接受其形象同样的道理。不要以为我这样说是打比方，而要设想：有感觉的身体的外在形象确实是受到客体的作用，作用的方式绝对与蜡的表面上的形象受到封印的作用一样。不仅应该在我们接触某一具有形象的物体、或具有硬度或粗糙面等等的物体时承认这一点，在我们由于触觉而只觉热或冷等等时也应该承认。其他感觉也是这样。"①。

另外，笛卡尔和亚里士多德一样，认为感觉有特殊感觉和通感两种感觉功能。"特殊感觉"是指某种性质只能通过某种特殊的感官才能感觉到，而且这些感官感觉之间不能张冠李戴，例如，视觉与颜色，听觉与声音，味觉与味道，每种感觉都有它所特有的范围。"通感"则是多种感觉所共有的，如运动、静止、数目、形态、广延等则为多种感觉所共有，像有的运动就既能为触觉感知又能为视觉所感知，绝大部分广延既为视觉所感知也为触觉所感知。② 在所有特殊感觉中，视觉优越于其他感觉，亚里士多德说："在这些感觉中，在本然的意义上说，视觉与生存必然有关，听觉在偶然意义上说与心灵有关。视觉能力告诉我们多种差别，因为一切物体都分有颜色，所以我们主要通过它而感知那些共同性质（共同的性质指的是形状、广延、运动和数目）。"③

当外在感觉受到某一物体的作用时，它所接受的关于物体的形象就会传导至身体的某个部分，即所谓通感的部分。通感

---

① ［法］笛卡尔：《探求真理的指导原则》，管震湖译，商务印书馆 2005 年版，第 62—63 页。

② ［古希腊］亚里士多德：《论灵魂》，载《亚里士多德全集》（第三卷），秦典华译，中国人民大学出版社 1997 年版，第 45 页。

③ ［古希腊］亚里士多德：《论感觉及其对象》，载《亚里士多德全集》（第三卷），秦典华译，中国人民大学出版社 1997 年版，第 45 页。

起一种封印的作用，在我们的想象中可以形成相应的事物的形象或观念，并且笛卡尔认为"应该设想，通感还起封印的作用，对幻想或想象形成印象，或者说，意念，也就是，来自外在感觉的那种无形体的纯粹形象或意念；这种想象是身体的一个真实的部分，而且它具有相当大的体积，因而它的各部分都可以取得不少彼此不同的形象，而且通常把这些形象保持相当长的时间：这就是人们所称的想象"①。感觉虽然可以作用于想象，但这种作用仅仅是一种"封印"的作用，而且感觉本身必然是对外在物体的被动接受，因此感觉是没有主动性可言的。而想象则不同，它一方面从感觉那里接受事物的影像而具有一定的被动性，另一方面它可以主动地去创造一些物体形状，从而有了一种不同于感觉的主动性、积极性和创造性。在笛卡尔那里想象是一种仅次于理智的认识才能，它具有非常突出的地位。"当这种独一无二的力量与想象一起运用于通感的时候，就称作视、触等等；要是它单独运用于想象而保持各种形象，就是记忆；如果它运用于想象而又形成新的形象，就是想象或构想；最后，如果它单独作用就是理智。"因此想象所创造的图像也是人类获得自由的第一步。

其次，想象和理智之间具有一种相互作用的关系，只是只有理智可以不依靠想象而单独作用，在这个时候理智作用的对象只能是与形体无关的精神性事物，而且此时想象是无用甚至有害的。但是一旦理智要考察某一物体性事物时，就必须借助想象。笛卡尔坚持他早先的观点认为想象可以构造事物的线条、图形和形状。而且他还认为一切广延性物体都可以由想象还原为一定的图形和形状，从而可对它们进行相应的测量。这一点在笛卡尔处理他的光学理论时显得特别突出，光本来是一个不

---

① ［法］笛卡尔：《探求真理的指导原则》，管震湖译，商务印书馆 2005 年版，第 64 页。

可见的东西，笛卡尔把光想象成一个小球，然后用几何学来处理小球的运动而得出了正确的折射定理。尽管科学史家们认为笛卡尔在光学领域里面是歪打正着，但是因为笛卡尔的折射理论或屈光学定理深深体现了他的自然哲学理念，所以在下一章我会做一详细介绍。

第三节　康德的心灵之眼及其知识学

康德之前的知识论都是追求知识符合对象，在康德这里发生了一次哥白尼式的转变，让对象符合知识。对象符合知识是人通过自己先验的范式主动地摄取对象。在知识论方面，康德的观点可以简单地总结为"知识是心灵的创造"以及"先验综合判断是科学知识最牢固的基础"。下面做一简单介绍。

一　知识是心灵的创造

在康德之前哲学家们就把人类的知识划分为先验知识和后验知识。持先验知识观点的哲学家最早可以追溯到柏拉图，他认为人类的知识就是对先验具备的理念的回忆，在柏拉图的对话篇中有一篇非常著名的对话叫《美诺篇》，充分展示了知识的回忆论观点。苏格拉底认为学习就是把人先验就有的理念给回忆起来，以他教一个不懂任何数学知识的奴隶学习毕达哥拉斯定理为例，他一步一步地启发奴隶，最终让奴隶从自以为正确而实际上是错误的起点上慢慢地领会了毕达哥拉斯定理。当奴隶作出正确的回答之后，苏格拉底说："美诺，你看怎么样？他原来说不知道，后来真正的意见却像梦一样地产生出来了；我并没有教他，只是向他提了些问题。可见这些真意见是他原来就有的，现在只是回忆起来而已。如果将同样的问题多次以不同的方式去问他，最后他便有精确的知识。这种知识并不是我教他的，而是他回答问题时自己重新发现的，这种重新发现及时回忆。"① 后来把知识的先验论发扬光大的主要是法国的笛卡尔和德国的唯理论学派（即莱布尼茨—沃尔夫学派），他们认为人类的知识来源于人的一种先验就具备的能力。"唯理论"所谓的"理"原意是指树木或石头中的纹路，它们是天生的，雕刻家们采用树木或石头雕刻雕像的时候，要先在树木或石头中寻找与所要雕像相似的纹路才能雕像。这样，知识就是从人的先验观念（相当于树木或石头中天生的纹路）中分析出来的。

持后验知识观点的学派认为人类的知识来源于人的感官经验，特别是英国的经验主义学派，如洛克、休谟、贝克莱等。以洛克为例，洛克批驳天赋观念说："人们单凭运用他们的自然能力，不必借助于任何天赋的印象，就能够获得他们所拥有的全部知识；他们不必有任何这样一种原始的概念或原则，就可以得到可靠的知识。"② 洛克认为知识是后验得到的，他假定人的心灵如同一块白板，上面原本没有任何标记，后来，通过感官经验在上面印上了印痕，形成了观念和知识。这就是"白板说"。我们所有的知识源于经验，洛克说："我们的全部知识是建立在经验上面的；知识归根到底都是导源于经验的。我们对于外界可感事物的观察，或者对于我们自己知觉到、反省到的我们的心灵的内部活动的观察，就是供给我们的理智以全部思维材料的东西。这两者乃是知识的源泉，从其中涌出我们所具有的或者能够自然地具有的全部观念。"③ 洛克认为经验有两种，一是外来刺激，一是内在反省。观念有简单观念和复杂观念，简单观念就是外来刺激和内在反省所直接产生的观念，复杂观念是由简单观念组成的。

---

① 汪子嵩等：《希腊哲学史》（第二卷），人民出版社 1997 年版，第 683 页。
② 北京大学哲学系外国哲学教研室编译：《西方哲学原著选读》上卷，商务印书馆 1999 年版，第 447 页。
③ 同上书，第 450 页。

　　康德在哲学上承接了莱布尼茨—沃尔夫派传统，最初也是坚持唯理论的观点，认为人类认识的根本原理，如因果性是先验自明的真理。但是在牛顿自然科学的影响下，康德开始偏离唯理论而逐渐转向经验论，企图通过经验的途径来论证因果性等原理的普遍必然有效性。不过康德首先看到了休谟怀疑论所具有的深远破坏意义，休谟曾根据我们的一切知识来自经验的经验主义传统原则，推断我们不可能知道构成唯理论体系基础的那些事物如永恒的自我、物质和因果关系。因为我们所体验的是各种心境中的一个一个当下的我，而非永恒的自我；我们体验到的是事物的各种各样的属性，而非实体；我们所能体验到的是事件之间的先后连续性，而非因果性关系的连接。康德站在健全的常识方面反对休谟的怀疑论，对康德而言，像几何学、牛顿的物理学知识等的存在是不容我们有任何质疑的，这些知识是一种事实，哲学家的工作就是要阐明我们所获得的知识是如何可能的。换句话说，就是我们应该找出使得我们获得那些知识成为普遍性知识的先决条件。

　　那么获得知识的先决条件是什么呢？康德认为心灵的能力本身提供了我们所能依赖的不变的结构。心灵能动地组织和构造它所感知的各种印象，并进而把它自身所固有的模式施加于经验，这种固有模式在感性方面就是时间与空间，在知性方面就是康德所拟定的十二范畴。康德的认识论模式说明了我们的知识不能由被动的心灵产生，假如心灵仅只是一块记录感觉经验的白板，那么就没有任何理由来说明为何我们会坚决地相信我们的印象表现了实在事物恒久不变的普遍规律。反过来，如果我们归之于经验世界的规律是被心灵按照自身规律施加于经验世界的，那么就能够信赖我们所获得的有关这方面的知识。然而，需要说明的是，我们的固有认识模式如时空和知性范畴并不是直接加之于实在的自在之物上，而是加在内在于心灵之中的感觉材料上。在康德看来，数学知识虽然是涉及对象的知识，但是这对象并不是自在的对象本身，也不是后验经验性的内容，而是由主体先验地建立起来并综合而成的对象，实际上是主体所确立起来的一种普遍必然性，一种表象之间的固定关系。康德的先验理论作为认识论的一个首要特点就是它与以前的形而上学认识论不一样，它不再论及独立于我们的认识能力之外的超越物，而是只在认识之中来谈论认识。因此说，在康德看来，知识是心灵的创造，他继承了笛卡尔的"是心灵之眼在看"的传统。心灵在创造普遍性知识的时候，关键是把自己本身所固有的普遍形式加之于其内在对象之上，这里面涉及康德知识学中最为著名的先验演绎理论，即对"先验综合判断"如何可能的演绎说明。

二 "先验综合判断"是科学知识最牢固的基础

上面所说的先验知识和后验知识是按照认识的起源来把认识分为理性认识和经验认识的。康德还有一对概念，即"分析的—综合的"这对概念，用来确定一种判断的真理性。康德把一切谓词已经隐含地包含在主词概念之中的判断称为分析的，例如"物体是有广延的"就是一个分析判断，因为"广延"这个概念本来就包含在"物体"这一概念之中，而所谓的物体就是有广延并占据空间的东西，把这一点通过一个判断的形式表达出来，并没有给"物体"这个主词增添什么新的内容。与分析判断对比的是综合判断。所谓"综合判断"是谓词不包含在主词概念之中的判断，因而主词与谓词的联结必定给主词增添了新的内容，如"物体是有重量的"这一判断中，"物体"这个概念并没有包含"重量"这个概念，因而要知道物体是有重量的，不能通过分析"物体"这个概念而得知，而必须凭借经验，这样形成的判断是两个彼此外在的概念的综合。

"先验的—后验的"与"分析的—综合的"这双重区分总共产生四种联结的可能性：①先验分析判断；②后验分析判断；③

先验综合判断；④后验综合判断。其中①和④这两种联结的可能性是没有问题的，"后验分析判断"则是不可能的，这样康德就重点考察"先验综合判断"的可能性。

在康德看来，真正的科学知识必须满足两个条件。首先，必须是两个原来外在的概念或表象的联结，亦即必须给主词概念增添新的内容，像经验性的后验综合判断一样（如"花是红的"或"物体是有重量的"）。"综合"是产生知识的关键，它把一些零散的材料整个注意、抓住、贯穿联结起来。其次，这种联结必须具备普遍必然性，像先验分析判断一样（如"物体是有广延的"）。科学知识满足这两个条件之后，就既出来新的内容，又具备普遍必然性。因此，作为真正的科学知识的最为牢固的基础就是"先验综合判断"。

康德认为存在着普遍必然、放之四海而皆准的绝对真理，其典范就是牛顿物理学和欧几里得几何学，它们都是先验综合判断。不过康德在《纯粹理性批判》中主要论述了欧几里得几何学，而牛顿的物理学倒未见专门的论述。下面就简要地看一看康德对几何学的先验综合判断的论述。

在康德看来，欧几里得几何学是普遍必然的科学，那么它的普遍必然性是哪里来的呢？除非我们把空间看做先验的（先验的只有一种可能即纯粹的认识形式），否则无法说明它们的科学性。例如"两点之间直线最短"，"直"是质的概念，"短"则是量的概念，加在一起，需要综合，而且这种综合是先验的综合，否则它不会具有普遍必然性。那么这种先验的综合能力来源于什么地方呢？它来源于我们人类的先验的感性直观形式，即空间。康德认为空间是我们直观外部事物的认识形式。关于空间的形而上学阐明：第一，空间不是从外部经验得来的经验概念。因为我们要想感觉外部事物及其相互关系，就必须以空间为前提。我们不能想象离开了空间还能经验外部事物。第二，空间是先验的，而不是经验的。我们可以想象一个没有任何事物的绝对空的空间，却不可能想象一个外部事物不在空间之中。所以，空间不是经验的对象，而是经验的形式。第三，空间不是经验概念。经验概念是对众多具有相同属性的事物的抽象，而空间只有一个，所谓不同的空间不过是对同一个空间的分割，都是以唯一的空间为前提。第四，空间是一个无限的所与量。概念有内涵与外延，内涵越少，外延越大，理论上我们可以设想表现无限的东西的概念，可实际上是不可能的，因为概念总要有内涵，所以一定有外延，不可能没有外延的限制。然而，空间就是没有外延限制的无限，所以空间不是概念而是直观。在几何学中，一切概念都是由空间直观构成的，而不是从概念中分析出直观来，因此几何学知识是综合的，它可以在无限量的空间中不断去构成，去扩展新的知识。但由于空间是我们主观先天的直观形式，对它的限制和分割任何时候都不以经验的内容改变而改变空间的性质，因此几何学又具有先天的普遍必然性，一旦发现就可以运用于任何具有相同空间关系的场合而不会出错。正是空间作为一种先验的感性直观形式使得几何学成为"先验综合判断"，成为普遍必然性的规律。

第四节　胡塞尔的心灵之眼
及其图像现象学

胡塞尔的现象学可看作是笛卡尔思想和柏拉图思想的结合。胡塞尔对笛卡尔的最大推进就是其意向性理论，意向性理论一方面保证反思描述明证性，即笛卡尔"我思故我在"意义上的对"我思"活动反省的明证性；另一方面意向性又指向一个由意向性活动所构造出来的超出意向活动之外的超越对象，这种超越对象因为有对指向它的活动的明见性反思而成为一种本质直观的结果，即柏拉图的理念，此即胡塞尔的本质现象学。另外，胡塞尔还有对图像著名的论述，是胡塞尔感性现象学的重要内容。

一　本质现象学范围内的胡塞尔的心灵之眼

胡塞尔的现象学最早起源于他对自然数做描述心理学的构造，以图通过对数学基本概念的澄清来稳定数学的基础。胡塞尔的分析实际上是对集合作描述性的说明，他认为集合只有通过对心理活动的反思才能加以把握。例如，一个简单集合："小张、小王、老李、老陈"，我首先使这个集合的每一个成员清晰地呈现出来，这可以非常容易地做到，类此我也可以很容易地把一间房子里的家电的集合清晰地呈现出来："彩电、冰箱、电脑、电话"，我还可以把一个房间里的家具清晰地呈现出来："沙发、茶几、写字台、电视柜"等等，对每一个集合的个体成员我都有一个清晰的呈现活动，而且这种呈现活动我都可以反思地把握到，由此形成一些呈现活动的系列，对这些系列我可以通过一一对应的方式加以比较，如彩电对沙发、冰箱对茶几、电脑对写字台、电视对电视柜，而且对集合的成员可以无限地加以变更，这样对相同的思维活动系列通过另外更高一级的范畴活动加以统一就得到一个意义的类，可以定名为"4"。这就是说，集合关系和集合数只存在于主体的计数活动方面，最终也只是存在于主体的统握的意识活动之中。通过上面的分析可以发现，胡塞尔实际上把数当作内在于心理活动中的东西，这很容易导致数学中的人类主义和相对主义，因此遭到弗雷格的批评。胡塞尔接受了弗雷格的批判，后来在《逻辑研究》中也对自己的心理主义倾向进行了批评，但他的意义是意识活动的本质这一观点并没有多少变化，只是这种本质不是内在于意识活动之中，而是超越于意识，因此构成一种内在的超越。

上面对数的构造可以称为胡塞尔的本质直观的基本模型。当然，胡塞尔的本质直观还不是仅仅局限于像数这种较为抽象的范畴对象，还有像"红"、"热"、"平滑"这种感性范畴也是范畴直观的结果，不过与对数的本质直观一样，对这些感性范畴的直观也要以不同于范畴直观的感性直观为基础。以"红"为例，我的眼前出现一块红色的布，我的目光可以指向这块布的特殊的红色，此时我处于对这块布的感性直观之中，它属于对个体对象的感性直观，但是我也可以通过对眼前红色物体的变更，如花的红、瓦片的红、苹果的红、朝霞的红等，我就可以将自己的目光转向"红色"本身，"这样，我们便根据对一个红的事物的单个直观而直接地把握到'红'这个种类统一本身。我们观看这个红的因素，但却进行一种特别的行为，这个行为的意向朝向'观念'，朝向这个'一般之物'"①。在《观念》中胡塞尔同样以红色为例说："关于红，我由一个或几个个别直观，我抓住纯粹的内在，我关注现象学的还原。我除去红此外还含有的、作为能够超越地被统摄的东西，如我桌子上的一张吸墨纸的红等；并且我纯粹直观地完成一般的红和特殊的红的思想的意义，即从这个红或那个红中直观出同一的一般之物；现在个别性本身不再被意指，被意指的不再是这个红或那个红，而是一般的红。"② 因此，在我变更的过程中，或在我指着眼前的红布而用"红色"这个概念时，红色本身就原本地、直接地被给予我，也就是说，我们不需要对这块红布（一个具体的感性个体）的某个非独立因素（如颜色、质地、光滑度）进行突出以从中抽象出一般对象，这使胡塞尔的本质直观从根本上区别于经验主义唯名论。唯名论反对一般对象或共相具有客观实在性，主张唯有个别事物才具有客观实在性，认为共相后于事物，共相只是个别事物的"名称"或人们语言中的"声息"。

以上的数"4"和"红色"都是在胡塞尔的本质直观下得到

---

① ［德］胡塞尔：《逻辑研究》（第二卷，第一部分），倪梁康译，上海译文出版社 1998 年版，第 238 页。

② ［德］胡塞尔：《纯粹现象学通论》，李幼蒸译，商务印书馆 1995 年版，第 50 页。

的，其本质为一种含义本质，对这种含义本质的直观是借助于感性直观的充填而达到的。如果我们把感性直观当做一种感性直观的图像，那么感性直观的图像并不是含义充实本身，而仅仅是这个充实行为的基础。这一点胡塞尔在对意义的图像论的批判中做了清楚地论述。胡塞尔在《逻辑研究》第二卷从语言表述的角度来批判把说明性的想象图像误认作含义。他所批判的观点认为：理解一个表达就意味着找到隶属于这个表述的想象图像，如果这些想象图像不出现，那么表述就无意义。"这种观点……认为，生动的，有含义的表述所具有的全部功效在于，唤起某种始终被归属于表述的想象图像"。①

胡塞尔的批驳从如下几点进行：首先，在许多情况下，语言表述都伴随着与它的含义相近或相远的想象表象，但是某个人说出一句话，我对这一句话加以接受和理解，我所理解的是语言，而不是语言的表象，表象是未曾给予之物，所以这恰恰反驳了要想理解语言表述，就必须理解想象表象的伴随这一事实。第二，对于代数学中的绝大部分语言，我们根本不可能有与之相伴随的想象图像，如"任何一个奇数次的代数方程式都至少具有一个实根"这句话，如果这句话让我加以想象的话，我可以告诉他们刚才发现的东西：我想到的"是一本打开的书，然后是用陶伯纳字体印出来的代数函数的感性原型，而在根这个词旁也是著名的符号' $\sqrt{}$ '"。②你可以把这个命题读十几遍并且完全理解了这个定律，但也找不到一丝一毫属于这个被表象的对象性的伴随想象的痕迹。第三，可能有人会说，在上面那些情况下，想象也出现，只是出现得极为短促而已，即图像一旦出现立刻就消失。胡塞尔反驳道："既然图像消失了，而我们对于表述的完整而生动的理解还持续地进行，这种理解恰恰说明理解不处于想象的图像

---

① ［德］胡塞尔：《逻辑研究》（第二卷，第一部分），倪梁康译，上海译文出版社1998年版，第65页。

② 同上书，第66页。

之中。"① 第四，还有人可能会说，图像作为一种理念的东西，总是在那儿，也许是图像变得无法被注意到，或者它一开始就无法被注意到，但无论它是否被注意到，它都在那里，并且是它使得持续的理解成为可能。这种观点实际上本身就在为胡塞尔的反驳作辩护，因为它是说在没有注意到图像的情况下就可以理解语言，作为理念的图像是可以用奥卡姆剃刀除掉的一个实体。

那么，人们为什么会把想象的图像认作含义呢？胡塞尔认为这实际上是把对含义的图像充实当作含义本身。然而事实上许多对含义作充实的图像本身也总是悖谬不堪的，如在拓扑学中一条自身封闭的直线和一个具有 ≥180° 的三角形本身是有意义的，在拓扑学书中也可以找到对这类构想物的描画，可是这种类型的直观绝不可以被看作是对有关概念的真实直观，并且可以进一步看作是语词含义的拥有者。另外，对于"千角形"的含义是很好理解的，但如果用想象的图像来充实，就肯定不是一个真正的千角形，"对千角形的想象表象并不比封闭的直线、相交的平行线那样的图像更合适。在这两者那里我们所发现的都不是充足的例证，而是对被思之物的粗糙的和仅仅是部分的图像化，我们说的是一条封闭的直线，而画出的是一条封闭的曲线，因而我们做的仅仅是对封闭性的感性化。同样，我们思考的是一个千角形，而想象的是一个有'许多'面的多角形"。② 当然胡塞尔并不否认可以在想象图像中寻找表述的意义，他认为只有在作为被意指的实事的图像的想象图像确定适合于这个被意指的事实时才可以这样，但是这些短暂的感性图像是以一种在现象学上可以把握和可以描述的方式作为单纯的理解和辅助工具来发挥作用的，它们并不是作为含义本身或含义载体本身而发挥作用。

笔者认为，胡塞尔对于错把感性直观的图像充填当做含义本

① ［德］胡塞尔：《逻辑研究》（第二卷，第一部分），倪梁康译，上海译文出版社 1998 年版，第 67 页。

② 同上书，第 68 页。

身的批判除了与他对早期的心理主义的数论反思有关外，恐怕还与他的老师威尔斯特拉斯在建立微积分基础时反对把它建立在几何学图形基础上有关。微积分是由牛顿和莱布尼茨彼此独立地在前人已取得的成果的基础上创建的。微积分自创立之后，其基本内容和理论形式与力学、天文学和其他科学相结合产生许多理论成果，但18世纪末19世纪初，微积分的一些基本概念——函数、导数、微分、积分、无穷小等等，都还没有脱离开它们的物理的和几何的原型，在很大程度上还带有经验性和直观性。例如"函数"和一个物理过程及一条曲线联系在一起，"导数"与曲线的切线斜率或运动的瞬时速度联系在一起。这样，微积分基础的问题不仅造成逻辑上的困难，而且也动摇了庞大的分析数学的合理性和正确性，甚至引起某些人对数学真理信任的危机。为了克服危机，19世纪的数学家们投入了对微积分理论基础的重建工作，掀起了数学史上所称的分析的严密化运动。为了寻找一种可靠的基础，大部分数学家选择了算术理论。对此克莱因作了这样的分析："这种决心的出现大概是由于企图把分析奠基于几何之上的希望——十七世纪的许多数学家断言这种希望是能够实现的——因十八世纪分析发展中日益增大的复杂性而受到破灭所致……因此很可能就是这两个因素造成了对几何的不信任而决心把分析奠基在算术概念之上。"[①]　在数学史上为微积分理论奠基的工作大致分为三个阶段：第一阶段是以实数理论为基础建立严格的微积分理论。这一工作由鲍尔查诺、柯西和魏尔斯特拉斯等人完成，最终结果是严格的极限理论完全取代了原来的无穷小分析。第二阶段是以算术理论为基础建立起严格的实数理论。1872年，魏尔斯特拉斯、康托和戴德金几乎同时完成了建立严格的实数理论的工作，他们分别证明了，在适当的定义下，实数理论可以借助于有

---

①　［美］M. 克莱因：《古今数学思想》（第四册），邓东皋等译，上海科技出版社1979年版，第2页。

理数理论得到建立，由于有理数理论又可以划归为自然数理论，这样微积分理论就被"算术化了"。第三阶段是为自然数理论奠基。戴德金利用集合论思想给出了一个自然数理论，但因它过于复杂而未被采用，然而它给皮亚诺以直接的启示，即从不定义的基本概念如"集合"、"后继"、"属于"出发，建立起皮亚诺算术公理系统。可以说，19世纪末20世纪初，对数学中图像直觉主义的批驳，为数学奠定逻辑的基础是一个总体趋势。于是就有了前面所讲的胡塞尔对数做心理学描述的构造。

因此，在早期胡塞尔那里，因为他站在一种本质主义的立场上对含义的图像论进行了批判，这一批判可以说是与笛卡尔的解析学思想相类同的。肉眼所见之图像仅仅只是心灵之眼所见之含义的一种充填，它绝不等同于心灵之眼所见之含义。心灵之眼所见的就是只能用文字符号或代数符号所表示的含义，它们属于胡塞尔的形式本体论域。那么几何学就不是心灵之眼所见吗？胡塞尔当然不这么认为，胡塞尔和笛卡尔一样，只是认为几何学在心灵之眼的查看上要比代数来得弱一些。与代数学所属的形式本体论不同，几何学属于区域本体论。下面就简单分析与本书主题相关的几何学图形与几何学观念的关系。

康德曾把几何学的可能性奠基于先验的空间直观之上，与这一奠基相应的机制是"构成"。几何构成是人的精神的一种活动，它与一般的概念思维不一样，一般的概念思维是在某个概念之下来思维一些从属于它的对象，如我们用"绿"这个概念来思考经验中绿色的东西（树叶、草等等），而几何学的构成不是在"空间"概念（"空间"在康德那儿也不是一个概念）"之下"来思考某种几何对象，几何学的构成是直接在空间"之中"的构成，也就是说我们直达某种几何学对象本身（如直线、三角形等）。康德说："在空间方面一切有关空间的概念都是以一个先天直观（而不是一个经验性的直观）为基础的。一切几何学原理也是如此，例如在一个三角形中，两边之和大于第三边，这绝不是从有关线与三角形的普遍中，而是从直观、并且是先天直观中，以无可置疑的确定性推导出来的。"① 这样一种直观中的活动势必有一个非常基本而重要的特点，即它作为活动虽然是具体的、单一的，但却同时具有普遍性。这种直观构成的图形即使画在纸上，那纸上的图形仍然应看作是特定数学概念的代表，仍然具有真正的普遍性，因为我们只应从概念所包含的特征来看那纸上的图形，结果我们设想的是根据概念的特征所描绘出来的与概念完全一致的形象。纸上的三角形尽管有一定的大小，三边各有一定的长度，三个角各有一定的度数，但实际上我们完全没有看到。所以，几何学即使应用了经验直观（纸上的图形），但实际上却是为先天的想象力所规定的纯直观。康德说："数学知识则是出自概念的构造的理性知识。但构造一个概念就意味着：把它与相应的直观先验地展示出来。所以一个概念的构造要求一个非经验性的直观，因而后者作为直观是一个个别的客体，但作为一个概念（一种普遍性表象）的构造而仍然必须在表象中表达出对一切隶属于该概念之下的可能直观的普遍有效性。所以我构造一个三角形，是由于我把与这个概念相应的对象要么通过在纯粹直观中的单纯想象、要么按照这种想象也在纸上以经验性的直观描述出来，但两次都是完全先天地描述，并没有为此而从任何一个经验中借来范本。个别被画出的图形是经验性的，却仍然用于表达概念而无损于其普遍性。"② 因此，在康德看来，纸上的几何图形是特殊性和一般性的统一，其普遍性是由人的先验感性直观来赋予的。

胡塞尔并没有改变上述康德所面临的几何图形的哲学问题，即几何学像算术和分析数学一样是一门理性的科学，但是与这些纯粹的形式科学不一样，几何学所处理的内容既具有偶然性（特

---

① ［德］康德：《纯粹理性批判》，邓晓芒译，人民出版社 2004 年版，第 29 页。
② 同上书，第 553 页。

殊性）又具有观念性（一般性）。几何学的这种双重特征决定了它在科学中的独特地位。根据这种双重特征，为几何学进行现象学的奠基就必须同时满足解释其二重性的两个任务。胡塞尔本人所追求的数学哲学目标是对所选择的数学概念或第一原理的起源进行现象学的描述，这是很多追随弗雷格的形式化传统（特别是希尔伯特的形式化传统）所忽视的内容。然而，胡塞尔并没有像他对数做详尽的现象学描述那样来对几何学的起源进行现象学的描述，也许几何学特别是初等几何学是关于"图形"的科学，而图形（或图像）是排除在胡塞尔的意义理论之外的内容，所以在胡塞尔的早期哲学中极少谈及几何图形的哲学地位的问题（或者根本就没有地位）。但是在《危机》中，胡塞尔在研究伽利略用理想化的数学世界来取代丰富多彩的生活世界的时候，指出绝对精确的欧几里得几何空间是一种特殊的空间形态的"极限化转向"的时候，似乎暗示了一种几何学观念的起源。

胡塞尔认为几何学的客观真理是以一系列主体的建构活动为基础的。其中第一种建构活动是对时空中的感性形体作抽象的注视，即只注视时空中形体的某一方面，而把其他的方面搁置一边。这种抽象的注视实际上包括看和想象，因为形体是多方面的，而且还有颜色等非形状的东西，我们需要通过想象来除掉一切其他的方面而只保留所需要的方面。但是这种抽象的注视所获得的形状还不是理念化的几何学的形状，因为我们主观上对物体自由想象的变更时，这种想象离不开既有的物体空间形状作为材料，我们只能将一些感性形状转变为另一些感性形状，它们也仅是在程度上或多或少地趋近直线、平面或圆形。胡塞尔说："在直观的周围世界中，我们通过将视线抽象地指向纯粹时间空间形态，就体验到'物体'，——这不是几何学上理念的物体，而正是我们实际体验到的这个物体，它具有实际体验到的内容。不论我们在想象中怎样随意地改变这些物体，我们如此得到的自由的，在某种意义上是'理念'的可能性，绝不是几何学上的理念的可能性，绝不是能在理念空间中画出的'纯粹的'几何学图形——'纯粹的'立体，'纯粹的'线，'纯粹的'面，'纯粹的'图形。"①

为了形成理念化的几何形状还必须进行第二种主体的建构活动，即通过完美化获得极限的形状。我们在实践的过程中，为了满足某种需要做出某种较为完美的形状。例如木匠把一根有一些直的树干加工成一段较直的木板，然后通过打墨线把它加工成一条非常直的木板。有时在一种实践兴趣下被认为是相当完美的形状在另一种实践兴趣下就觉得不怎么完美了，当然在这里对使形状完美的通常技术的能力，例如使直线更直，使平面更平的能力，假定了一种能力上的界限，但是随着人类改进技术兴趣的增长，完美性的理想总是不断向前推进，一个能被加以改进的完美的领域是永远向我们开放的。在完美化的实践中，在一步一步朝向可设想的完美的领域逼近中，极限情况就产生出来。这种极限形状作为我们不断改进的技术的一个视域，只能永远被逼近，而不能被完全达到，但是我们的理智能够把握它们。"从这种使事物完善化的实践中，在向可以想象得到的完善化的地平线'不断地'自由推进中，到处都预先确定出一种极限形态，一系列个别的完善化都将它作为一个不变的永远也达不到的极向它逼近。如果我们的兴趣就在于这些理念的形态，一贯地致力于对它作规定，并由已规定的形态建构新的形态，我们就是'几何学家'。"② 胡塞尔认为对极限形状的直观已经不是感性直观，而是心灵之眼的理性直观，通过理性直观所把握的极限形状不再是经验的形状，而是"理念的形状"。

几何学成为抽象的理念对象后，胡塞尔就称为"区域本体论"。区域本体论研究考察某个给定区域或某类对象的本质结构，

---

① ［德］胡塞尔：《欧洲科学的危机与超越论的现象学》，王炳文译，商务印书馆 2001 年版，第 35 页。

② 同上书，第 37 页。

并试图必然性地确定对这个区域内所有成员都为真的东西。这些概念并不像一般概念那样仅只表示纯逻辑范畴的特殊形式，而是以如下事实为特征，即它们借助区域公理表达该区域本质特有的特殊形式，或者说，以本质普遍性表示那些"先天地"和"综合地"必然属于该区域外延内一个个别对象的特殊形式。把这些非纯逻辑的概念绝对地和无条件地必然地用于某个别项；再者，它也受该区域的（综合的）公理支配。同时，形式本体论在外表上与区域的（"质料的"）本体论位于同一系列中。它的区域概念"对象"确定着形式公理的系统，并通过它们确定着全部形式的（"分析的"）范畴。实际上，在形式本体论与区域本体论之间可证明存在平行关系，尽管我们强调了其中的一切本质区别。

二　感性现象学意义上的中立之眼——"看入"图像理论

绝大多数时候，当我们看一幅图像的时候，特别是看逼真度较高的模仿性图像的时候，在我们所看到的图像范围内，图像看起来不必在图像之外寻找意义，而是在图像本身就可以寻找到意义，这与用语言符号来表征事物是非常不一样的。事实上，一个符号的构成和一幅图像的构成之间的差别是一个简单的事实。因为在符号意识中，符号与符号所指称的东西不必相似，符号所指称的东西也不必在符号本身的构形中发现。例如"电脑"这个词作为一个符号（纸上的印迹或听到的声音）所指的东西完全不同于电脑本身，也就是说，在"真实性"的范围内，真实的电脑在"电脑"这个词本身中（纸上知觉到的印迹或听到的声音）是看不到的。同样，五星红旗代表中国也仅仅是在一种象征意义上代表中国，五星红旗因此指向不能在旗帜的颜色和星形构形中所发现的东西。也就是说，一个符号代表或指称的东西是外在于这个符号本身之中被发现的。然而，像我的身份证上的照片这样的图

像就不像我的名字一样简单地指称我本人（当然它可以这样做），
而是在纸上就可以发现我的神态而不必指向照片之外的我，因此
这就可以解释我可以指着身份证上的照片对别人说："这个人看
起来真有些苍老了！"但是我不能指着"陶建文"这三个字来这
样说，即使我这样说了别人也不会理解。这种在图像中直接读出
意义来的方式，胡塞尔称之为"看入"（Hineinsehen/seeing-
in)①，而且这种看入必是针对具体图像的"看"来实现的，它不
是想象，也不是回忆。为了说清楚这一点先了解一下胡塞尔的图
像意识理论。

胡塞尔是用"图像事物"、"图像客体"和"图像主题"三
个术语来讨论他的图像意识理论的。胡塞尔首先在物理的"图像
事物"与实际的"图像客体"之间做出区分，"图像事物"是承
载图像的物质材料；"图像客体"是被图像事物所承载的对象。
其次，胡塞尔引入"图像主题"，它是图像客体所指称的对象。
在我们看一幅胡塞尔本人的照片的时候，我可以知觉到三重区
分：像纸——"图像事物"；照片所显示出来的胡塞尔的影
像——"图像客体"；真实的胡塞尔本人——"图像主题"。

通常，当我们感知一幅图像的时候，图像事物始终处在背景
之中，几乎不被注意到，因此图像事物与图像意识无关。只有当
我们想知道这幅图是印刷的还是绘制的时候，我们才注意到这种
承载者。"图像主题不需要显现出来，而如果它真的显现出来的
话，我们所具有的便是一个显现或一个回忆了。"② 图像意识之所
以成为图像意识，它是通过"双重知觉冲突"的形式来实现的，
即当你把"图像客体"知觉为"图像主题"的时候，对"图像
事物"的知觉会否定这种知觉，这种冲突能使我们避免落回到纯

---

①　Husserl, Edmund, *Phantasy, Image Consciousness, and Memory* (1898 – 1925),
translated by John B. Brough, Dordrecht: Springer, 2005, p. 31.

②　倪梁康：《图像意识的现象学》，《南京大学学报》（哲学·人文科学·社会科
学）2001 年第 1 期，第 36 页。

粹的知觉意识或纯粹的幻觉想象意识之中。胡塞尔之所以把图像意识做三重区分，笔者认为，也主要是想悬置图像事物和图像主题，而把注意力集中在图像客体之上。如果撇开图像事物和图像主题，纯粹关注图像客体的时候，就自动有了现象学的"悬置"特征或"中立性"特征，是对"图像事物"和"图像主题"的逃离。

当然这种逃离与前面的语言的意义对充填图像的超离要弱得多，如果把胡塞尔对意义的图像论的批判看成是柏拉图的理念世界对感性世界的超离，那么胡塞尔的对图像意识的现象学描述所突出的"图像客体"的中立性特征就是"模仿的模仿"对"模仿"的逃离（柏拉图把感性的现实世界看成是理念世界的第一次模仿，如真实的床是对理念的"床"的模仿，然后他又把画家所画的画看成是对感性现实世界的模仿，如画家所画的床是对真实的床的模仿，因此画家所画的画被称为"模仿的模仿"）。只是胡塞尔不像柏拉图那样把肉眼所见的感性世界与心灵之眼所见的理念世界决然分开，而是试图找到连接这两个世界的途径。另外，在图像现象学中他也试图找到这样的一种与感性世界相逃离的图像世界，而"双重知觉冲突"是实现这种逃离的最为准确的描述。图像世界对现实世界的逃离与理念世界对现实世界的超离相比要更加原始，实际上是人初步出离于现实世界的一个过程。对图像"看入"特征就是这个"出神"状态。此时关注图像客体的意义就从图像客体本身得来，也就是说，在图像客体本身之中有一种意义的"内爆"或自显现。在审美体验中，美感就是意义的内爆，著名的审美距离说就是这个意思，它强调只注重形象的观赏，把人与物的关系以及人看见画面以后所产生的实际联想都悬置起来。

随着摄影技术特别是现代数字影像技术的发展，科学研究渐渐开始严重依赖于"屏幕"来阅读信息和认知外部世界，以至于让·博德里亚说："影像不再让人想象现实，因为它就是现实。

影像也不再能让人们想象实在的东西，因为它就是虚拟的实在。"① 如果影像的视觉摄取原理简单，那么对科学影像的阅读和对普通照片的阅读差不多。只是因为过于相似，我们难免要想到图像主题，所以地理学家在阅读航空照片的时候还要与实际景观相对照来阅读。但这仅仅是一种辨识物象能力的训练，对于那些训练有素的科学家而言，他们往往采用看入的方式来阅读影像。而且真正具有科学意义的阅读是对影像本身直觉的感悟，如整体地貌形态的出现、由地貌形态的差异或水文特征来推断地质构造等。

胡塞尔的"看入"读图方式是撇开图像主题来看的，这样人们就会质疑，如果完全撇开图像主题，那么，图像客体的意义是从哪里来的？笔者认为，胡塞尔的"看入"式图像理论很难当作"纯真之眼（innocent eye）"的看，虽然纯真之眼是胡塞尔的理想。"纯真之眼"是罗斯金等美学家提出的把常规知识和概念（如透视、色彩以及图像的指称意义）完全悬置而直面混杂的色块而知觉画面的方式，他对于纯真之眼的定义是："纯粹是一种对这些平淡的色彩碎点的孩子式的知觉，对于其所代表的东西完全没有意识；就像一个盲人在突然给予视力之时看那东西一样。"② 例如草地的颜色是绿色的，是因为我们已经知道草地的颜色是绿色的，我们就轻易地相信它就是绿色的，而只有极少数人认为阳光照射下的草地是黄色的。为了把阳光照亮的草地如其本真地看成黄色，艺术家就必须让步，从他们所熟知的概念转而去知觉他们真正看到的东西，尽可能抛开关于事物的身份、功能以及意义的偏见去观看事物。因此，纯真之眼的看是在看的过程中不需要任何"应该如何看"的原则指导的看。

---

① ［法］让·博德里亚：《完美的罪行》，王为民译，商务印书馆 2002 年版，第8 页。

② 转引自［美］威廉·维斯《光和时间的神话——先锋电影视觉美学》，胡继华等译，四川人民出版社 2006 年版，第89 页。

图 9

胡塞尔的看入应该是建立在生活世界之上的看入，是在生活世界的文化背景中的看入，没有相应的文化积淀，我们甚至根本不能"看"。只是我们看一幅图进入看入状态时，我们对这些生活世界的文化积淀是浑然不觉的。图 9 是两幅呈镜面对称的油画，右边那幅是左边那幅油画的镜面复制品。按理，它们应该一样，但仔细一看就会发现，左右有明显的差异。在原来的画中，观众很自然地站在女人的背后看过她的肩膀，再看到她所看到的书；在镜像图中，观众必须改变位置才能有这个观察效果；在原来的画中，女人在左边的图画空间里，处于一种优先的重要位置，但是在镜子反转画中，她的拖鞋在画面中凸显出来，显得非常突出。出现这种情况和我们通常的从左到右的阅读习惯有关系。这种看上去呈现镜面对称但根据实际的阅读习惯而出现差异的现象据说是宇称不守恒①的一个直觉模型。②

---

　　①　因为很长时间以来，科学家们都认为整个宇宙都是对称的，尽管一些粒子是以"左手"的结构建立的，可是科学家们却认为肯定会有其"右手"的对称物，他们称其为"对称性守恒"，后来杨振宁和李政道提出宇称不守恒定律，并由吴健雄用实验加以验证。

　　②　Charles G. Gross and Marc H. Bornstein. Left and Right in Science and Art. Leonardo, Vol. 11, No. 1（Winter, 1978）：p. 34.

　　科学的模型图直接具有对图像主题的悬置特征，如经典力学中物体的受力分析图就悬置了物体的大小、实际形状、受力位置，但是其物理意义又可以从图中直接看出；晶体结构模型其意义内在于旋转、对称等次序规律之中。在这个意义上，所有古典的物理模型图、化学模型图、生物模型图都是具有用看入方式来观察的特点。此时，科学家面对这些模型图的时候比面对实际的物理事件、化合物或生物思考起来更加自由，而且意义更加明显。科学要是没有这样的第一次"感性抽象"的提升，恐怕难以形成更为抽象的科学。

第 二 章

心灵之眼中的科学

事实上，所有经过数学化处理之后的科学都是心灵之眼所扫视范围内的科学，特别是那种用数量公式表征的科学。几何学的证明也具有心灵之眼的特征，而且科学史上早期科学的数学化实质上都表现为几何学化，如阿基米得、托勒密、伽利略、开普勒等，其图形表征是我们用眼睛能够看到的。因此，下面所讨论的心灵之眼中的科学主要是几何学化的科学，或者说是科学的图像化之后的科学。

第一节　阿基米得的视觉科学

古希腊的机械力学是一个门派众多的学科，其中最著名的是阿基米得和亚里士多德的理论。这两个门派都利用静力学来说明问题，例如阐释杠杆原理的正确性，但是他们利用不同的方法。在阿基米得的方法中，最明显的特征是他试图在平衡状态下处理物理系统，为此，他把系统中的因素都抽象化。他研究的系统是个理想化而非现实的系统。相反，亚里士多德的数学上的严密性较少，而更注重定性分析。例如，天平上两个重量不等的物体，在天平的两臂经过某种迅速的弧形运动之后，不等的两个重量会达到平衡，在亚里士多德看来，那是因为，天平的长臂运动速度比短臂快，而最终使重的物体停在短臂的一段。亚里士多德利用这种理论来解释杠杆原理，他的机械力学属于物理学，而阿基米得的理论，则是理想化的数学理论。阿基米得是古代第一位把数学运用于物理学中的科学家，即杠杆原理的发现。他系统并严格地证明了杠杆定律，为静力学奠定了基础。因此考察阿基米得的证明过程，我们会发现力学科学最初出现的一些特征和条件。

一 阿基米得对杠杆定理的几何学证明

以下是阿基米得在《论平面的平衡》（*On the Equilibrium of Planes*）中对杠杆定理的证明[①]：

阿基米得先给出几条公设：

[公设1] 相等距离上的相等重物是平衡的，而不相等距离上的相等重物是不平衡的，且向距离较远的一方倾斜。

[公设2] 如果相隔一定距离的重物是平衡的，当在某一方增加重量时，其平衡将被打破，而且向增加重量的一方倾斜。

[公设3] 类似的，如果从某一方取掉一些重量，其平衡也将被打破，而且向未取掉重量的一方倾斜。

[公设4] 如果将全等的平面图形互相重叠，则它们的重心重合。

……

接着阿基米得证明了几个命题：

命题1：在相等距离上平衡的物体其重量相等。

证明：设物体的重量不相等，在不等重的两者之间，从较重者中取掉差额，剩余的物体将失去平衡（公设3）。这是矛盾的。因此，物体的重量一定相等。

---

① ［古希腊］阿基米得：《阿基米得全集》，朱恩宽等译，陕西科学技术出版社1998年版，第189—194页。

命题 2：距离相等但重量不等的物体是不平衡的，而且向较重的一方倾斜。

证明：在不等重的两者之间，从较重的一方取掉差额，则相等的剩余物体将处于平衡状态（公设 1）。因此，当我们再添加物体使两边重量不等时，这些物体将失去平衡，而已向较重的一方倾斜。（公设 2）

命题 3：若重量不相等的物体在不相等的距离上处于平衡状态，则较重者离支点较近。

证明：设 A、B 是重量不相等的两个物体（A 是较重者），且分别在距离 AC、BC 相对 C 平衡，则 AC < BC。否则，从 A 处取掉重量（A − B），则其剩余部分将向 B 端倾斜（公设 3）。但这是不可能的。因为（1）若 AC = CB，其相等的剩余物体将是平衡的，或（2）AC > CB，它们将向距离较远的一方 A 倾斜（公设 1）。所以 AC < CB。逆命题，若物体是平衡的，且 AC < CB，则 A > B。

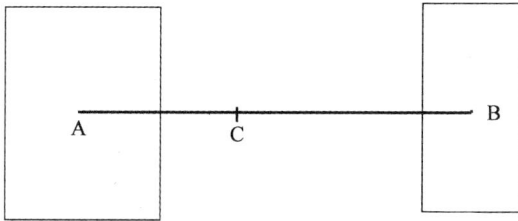

图 10

事实上，阿基米得最为著名的是第六命题，即杠杆定理的证明。阿基米得原初的叙述为：

命题 6、7：可公度［命题 6］或不可公度［命题 7］的两个量，当其［距支点的］距离与两个量成反比时，处于平衡状态。

现代一般的叙述为：两重物平衡时，它们离支点的距离与重量成反比。此证明稍微有些复杂，我将按照 Olaf Pederson 对于阿

基米得的证明的简化来说明：①

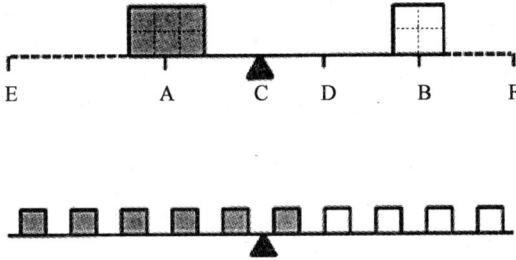

图 11

在图 11 上图中，假设两个重物，其重心分别为 A、B 两点，重量之比为 p：q（简单认为 p 为 3，q 为 2）。用一条线 C 将 AB 分为 q：p，这样，到 C 的距离就与重量成反比，画一条线 D，D 的位置使得 AC = DB，D 把 AB 分成 p：q 的比例。画 AE，使它等于 AD；画 BF，使它等于 BD，那样 C 就是 EF 的中心。

在图 11 下图中，将物体 A 和 B 以 2（p + q）个相等的部分沿 ED 和 DF 平均地分配，因为 ED：DF 与 A：B 成比例，这表明，带有重物 A 的 ED 部分的重心在 A 点，带有重物 B 的 DF 部分的重心在 B 点。因此，既然重心是系统的重要因素（而不是物体的广延部分），第一副图表中的系统特征与第二幅图的系统特征相等同，又因为第二个图的重心为 C，所以 C 也是第一个图的重心（公设 4）。因此，重量不同的两个物体的重心把两个物体之间的距离分成了与重量成反比的两条线段。

在阿基米得的证明过程中，杠杆被简化成一条数学化的线条，系统中像杠杆臂重量和厚度这些物理因素都被忽略掉了。物体本身成了重心，也就是线上的那个点。这些物体占据的空间变

① Pedersen, O., *Early Physics and Astronomy*: *a Historical Introduction*, Cambridge: Cambridge University Press, 1974, pp. 95 – 96.

得毫不相干。重量变成了可以被线的长度来代表的一个比例。也就是说，所有的物理因素被简化成了几何因素，最终使之成为一种几何学的直觉。对此，科学史家评价道："杠杆原理'静态的'证明出现一篇据说是欧几里得所写的论文中，更为完满的证明出现于阿基米得的《论平面的平衡》中。阿基米得成功地将平衡问题还原为几何学问题。除了考虑重物的重量外，不考虑任何物理性质。杠杆称为一根没有重量的线；摩擦被忽略不计；重量作用于梁上的一点且垂直于它。更为重要的是，以这些假设为基础的证明是欧几里得式的。证明以两个前提为基础：等重的物体离杠杆支点的距离相等时（分别在支点的两边），杠杆处于平衡状态；位于杠杆臂任何一点上的等重物体都可用一个位于该点与支点的中点但二倍重的重物来代替。这两个前提是借助于几何的对称和直观建立起来的。"①

由于纯粹借助于几何学的先验直觉，杠杆原理的阿基米得证明就具有先验性。外尔在《论对称》一书中精辟地说："如果有一些条件能唯一地确定它们的结果，而这些条件又具有某种对称性，那么这一结果也应具有同样的对称性。因此，阿基米得先验地推断出如下结论：相等的重量在等臂长的天平的两边保持平衡。……因此，我们有时就能根据对称性的考虑就某些特例先验地做出预言。"② 正如外尔所言，阿基米得的证明的最终基础在于（公设1）的相等的重量在等臂的天平的两边保持平衡的对称原理的运用。当然，这样简单地说明阿基米得证明的先验性还是有些粗糙，因此有必要对"对称"的先验性感知做些分析。

---

① ［美］戴维·林德伯格：《西方科学的起源》，王珺等译，中国对外翻译出版公司2003年版，第114—115页。

② ［德］赫尔曼·外尔：《对称》，冯承天等译，上海科技教育出版社2003年版，第120—121页。

二 对称图像的先验感知分析

人类在数千年以前就描绘出双侧对称性的图案（图 12 左边为公元前 1200 年左右梯林斯的地板图案，右边为北太平洋海岸钦西安印第安人的风格化的熊）。当时的人类似乎不会用数学中的对称规则来画，观察者也不需要用现代数学中的对称规则来看，但是在观看那种双侧对称的图案时，就产生有一种美感。因此，对称图形似乎是人类先验就能以胡塞尔感性现象学中以中立之眼来"看人"的方式读懂的图像。

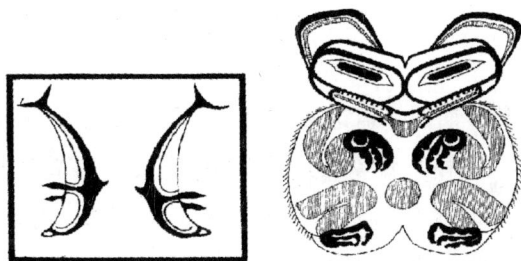

图 12

那么，对称作为一种先验的感知的理由是什么呢？我认为首先我看到一个对称的图像的时候无须指称一个与之相似的感性物体就能够自然地获取一种意义，也就是说对对称图像的欣赏根本无须把这种图像看作与实际的某个事物相像来让人觉得是具有某种意义的，尽管很多时候这种意义是审美意义。所以，很久以前，对称图像就作为一种较为抽象的图像出现在各种装饰品中。例如图 13 的两个对称图案中一个是古代的"万"字，另一个是中国民间常见的窗棂中的对称图案，它们都与上面的对称画的鱼和风格化的熊可能让人想到实际的鱼和熊是不同的，而是一种抽象的图案。因此，对称图像一经画出，它就具备脱离感性的抽象性，传统美学研究者也把它当做形式美学中的一种典型类型。

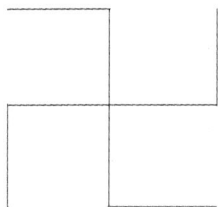

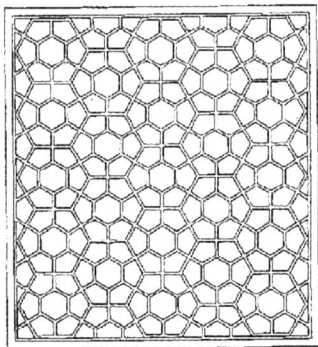

中文的古"万"字　　　　　窗棂中的对称图案

图 13

　　康德在其早期的一篇论文，即《论空间中方位区分的最初根据》中曾对"对称"现象进行过分析。首先，康德否定了莱布尼茨的关于"空间是物与物之间的关系"的理论。在莱布尼茨看来，空间就是物与物之间的关系，例如，广州、深圳、珠海之间的关系构成了珠三角地区的城市空间；卧室里的床、衣柜、写字台等物件构成居住空间。如此等等。这里且不说莱布尼茨的定义有循环定义之嫌，因为说空间是物与物之间的关系的时候，具体到"物"又是具有空间性的东西，这等于是拿"空间"本身来说明空间。我们单只看"物与物之间的关系"中的"物"的识别问题。我们要能够识别出诸物，如床、衣柜、写字台等，这还好说，因为我们在其形状差异中就能够识别出它们。但如果两个对象一模一样，例如对称图像，识别它们的时候就必须隐含"绝对空间"本身和对空间方位的先验识别能力。

　　关于"不能重叠的对应物"，康德说："还有比我的手或者我的耳朵同它们在镜子里的影像更相似，在各个方面更相等的吗？然而我不能把镜子里所看到的这只手放到原来的手的位置上去；

因为，如果这是一只右手，那么在镜子里的就是一只左手，而在镜子里的右耳就是一只左耳，它绝不可能放到右耳的位置上去。在这种情况下，仅凭我们的理智是想不出什么内在的差别来的，然而感官却告诉我们，差别是内在的，因为，不管它们彼此多么相等、相似，左手却不能为右手的界线所包含（它们是不能相合的），而这一只手的手套也不能戴在另一只手上。"① 这样，完全对等的镜像物之间的区别首先要涉及它们在绝对空间中"方位"的区别，因为，如果我们连对物之间都不能做出区别，根本就谈不上论及它们之间的关系。或者说，对物之间位置的识别已经隐含了空间方位的识别，对空间方位的识别是人的一种更为根本的能力。方位感先于物而存在。所以康德说："方位并不存在于空间中一个事物与另一个事物的关系中，这本来是位置的概念，而是存在于这些位置的体系与绝对的宇宙空间关系之中。"② 而方位源于我们的先验感知："我们身体的高度垂直立在其上的平面对我们而言是水平的；而这个水平面提供了区分我们借助上和下来表示的各个方位的理由。在这个平面上，可以垂直立有另外两个平面，它们同时也彼此垂直相交，使得可以在相交线上想象人体的高度。这两个垂直平面中的一个把身体分为外部相像的两半，提供区分左边和右边的理由，而垂直立在它上面的另一个，则使我们能够有前边和后边的概念。"③ 当然，康德在这里似乎认为方位感是身体的一种先验感知。

这样，有了"方位"概念，于是就有了左和右的不同的方向，于是就出现了"对称"以及"不能重叠的对应物"。康德的分析说明了"对称"现象根本不依赖于对感性物的经验性感知而

① ［德］康德：《任何一种能够作为科学出现的未来形而上学导论》，庞景仁译，商务印书馆 1997 年版，第 46 页。

② ［德］康德：《论空间中方位区分的最初根据》，载《康德全集》（第二卷），中国人民大学出版社 2004 年版，第 380 页。

③ 同上书，第 381 页。

认识到的，它完全是通过感性直观先验地认识到的现象。因此，对称很容易成为一种具有共通感的简单的形式化审美模型，这种具有共通感的形式化审美模型的"先验性"为阿基米得的杠杆原理的证明提供了一个人类普遍接受的基础。

对称作为一种原始的形式化审美直觉在科学发现中一直发挥着重要的作用，著名数学家外尔在他的一本小册子《对称》中对此做过详尽的论述，巴戈特在《完美的对称——富勒烯的意外发现》一书中更是做了以对称性为指导发现富勒烯的细致描述。对称作为一种审美直觉也体现在科学图像的绘制中，图14是一幅电子显微镜下的细胞结构图，但是如果去问生物研究者，他们会说，在电子显微镜下从来没有见过这种标准的细胞图。因为最早由生物学家威尔逊绘制的这幅细胞图解，主要强调细胞元素的对称和中心放置，它与真正的细胞影像是有很大的差距的。尽管摄影在细胞图像历史中占据统治地位已超过100年，但教科书中仍然未出现可以完全替代它的其他图像。[①] 许多书籍之所以不采取真实性更高的照片，而采取这种带有对称审美影响的误差性较大的手绘图片，就是因为照片对于那些需要用图片来解释的学生来说，经常不能让细胞结构变得更为清晰和明白，这个功能通过具有对称美的画图可以更容易被表现出来，而且学习者可以凭借对称的美感以看人的方式了解细胞的基本结构单元。

当然，阿基米得在证明杠杆定理的时候，除了对称的先验审美特征使得其使用的图像具有先验特征外，他还在其中引入了比例。事实上，在古希腊，关于"对称（symmetry）"的概念在不同的语境下有不同的定义：（1）在数学中，"对称"代表可公度量之间的一种比例；（2）在艺术及自然现象中，"对称"代表适当的比例，更为恰当的翻译应该是"匀称"。按现在观点来看，美丽的

----

① Maura C. Flannery, *Images of the Cell in Twentieth-Century Art and Science*, Leonardo, Vol. 31, No. 3（1998）, p. 196.

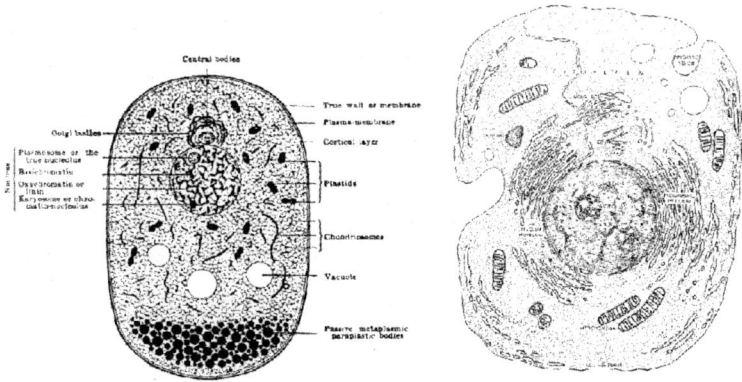

图 14

事物都是匀称的，因此好看的东西就拥有比例匀称的特征。柏拉图的使用更为抽象，在接近《蒂迈欧篇》尾篇时，柏拉图讨论了动物的生理学，并且特别强调了人类的身体结构。他致力于研究灵魂与躯体的关系，以及说明维持身体健康的养生之道与锻炼。他认为如果生物是美丽的，它就必须是匀称的，也就是说比例要均匀。而所有的匀称的关键之一就是灵魂与躯体的协调。因此，柏拉图不仅指身体的匀称，还指精神与身体的协调。灵魂和肉体是否具有适当的比例，是健康还是有病，是好还是坏，才是最重要的。灵魂太强或身体过大都是不好的，所以数学家和拥有知识的人都要进行体育锻炼，有强健身体的人要接受文化教育。

　　上面所说的匀称感实际上是一种均衡感，或平衡感。这种均衡感的图像不一定作得是上面的镜像对称图案，非镜像对称图案也可以有这种均衡感。如一个画家在画一幅画的时候，在离画框中心不远的左下角用了大面积的色块，他就会在离画框中心较远的右上角用一个小面积大的色块来与左下角的大面积色块相平衡，整体就像杠杆原理一样，可以使离支点近的大的物体与离支点远的小的物体相平衡。美籍华裔物理学家李政道与清华大学美术学院的吴冠中教授就"科学与美"这个话题探讨时，吴冠中教授就举过这个例子①。最后李政道和吴冠中达成共识的地方我把它总结为：采用"看入说"来制作或阅读科学图像最为关键的是对实际世界的悬置，是科学家自觉或不自觉的一种入定状态。据说，很多科学家在做出重大科学发现之前都在手稿上乱涂乱画，实际上是进入一种初步的出世状态。此时感性的（或审美的）和形式的东西融为一体，它是"生活世界"与"科学世界"的连接点，是生活世界向科学世界的延续，也是科学与艺术超越于实际世界的共同的地方。科学要是没有这样的第一次"感性抽象"的提升，恐怕难以形成更为抽象的科学。天生的均衡感知就是数学中关于"对称"定义的先验感知原型。

平衡图像的先验感知对纯粹感性世界的超离作为科学出现的第一步，它在数学化科学极度贫乏的古代中国也产生过作用，这就是《墨经》中关于杠杆原理的叙述。

《墨经》一书最早记述了秤的杠杆原理。《墨经》把秤的支点到重物一端的距离称作"本"（今天通常称"重臂"），把支点到权一端的距离称作"标"（今天称"力臂"）。《墨经》中说：第一，当重物和权相等而衡器平衡时，如果加重物在衡器的一端，重物端必定下垂；第二，如果因为加上重物而衡器平衡，那是本短标长的缘故；第三，如果在本短标长的衡器两端加上重量相等的物体，那么标端必下垂。（衡，加重于其一旁，必垂。权、重相若也相衡，则本短标长，两加焉，重相若，则标必下。）墨家在这里把杠杆平衡的各种情形都讨论了。他们既考虑了"本"和"标"相等的平衡，也考虑了"本"和"标"不相等的平衡；既注意到杠杆两端的力，也注意到力和作用点之间的距离大小。

遗憾的是《墨经》中没有像阿基米得那样从几个自明性的公设入手建立一个系统化的平衡力学的证明体系，因此对感性经验的超离程度就远不如阿基米得的对杠杠原理的证明所达到的对感

---

① 李政道和吴冠中的联合演讲可参看优酷网上的视频。

性经验的超离。这种几何证明中对感性经验的超离下面章节会有论述。

第二节　从中西斜面力学的比较看力学可能发生的图像表征

一个人不能举起一个重物，却能运用简单机械如滑轮组、杠杆或斜面来搬动这个重物，这种利用机械省力做功的技术在中外都有，然而中西方古代对这些机械的力学机制的认识还是很不一样的，中国古代的认识主要体现在人的身体体验上，能够表征这种身体体验的是简单的视觉上的机械推理，而西方的认识主要体现在几何学的视觉推理上。其结果不用多说，中国虽然有利用机械省力做功的技术，但毕竟没有西方古代机械力学的视觉分析。这让人思考，身体上的感觉所体现出来的技术上升转变为科学究竟要经过一个什么样的过程？通过中西古代斜面力学的比较可以发现，力学科学的发生是在超离实际身体体验的基础上发生的，这种超离体现在视觉图像上就是由后验综合图像向先验综合图像的转变。

一　古代中西斜面力学研究的比较

中国古代的斜面研究始于《墨经》，在"经说下"中对于斜面的讨论内含于对滑轮的讨论中：

> 挈，有力也。引，无力也。绳制挈之也，若以锥刺之。长重者下，短轻者上。挈，上者愈得，下者愈亡；绳直，权重相若，则正矣。不正，所挈之止于施也。收，上者愈丧，下者愈得。上者权重尽，则遂。

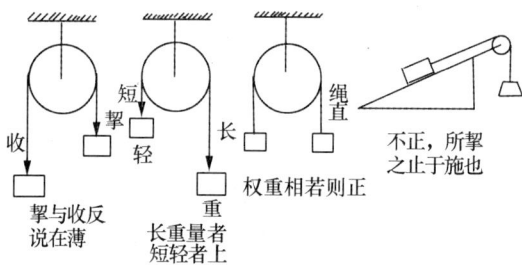

图 15　《墨经》讨论滑轮

　　图 15 是后人根据现代的定滑轮原理所绘①。这是一幅非常典型的简单机械推理图，即使当时的古人没有能力画出上面较为抽象的示意图，但是如果把这么一幅图拿给他们看，他们肯定能够看懂，因为通过多年的生产实践，这种简单的机械原理会经常在他们的生产实践中发生并被运用。不过根据《墨经》的记载，这里面有一个重要的分析，就是"平衡"在斜面上的分析："绳直，权重相若，则正矣。"即如果把绳子拉直，而绳子两边的重物相等，则滑轮两侧重物处于平衡状态（这里"正"指平衡，也即滑轮不动）。反之，"不正，所挈之止于施也"。即如果满足绳子拉直而且绳子两端重物重量相等这个条件，而滑轮并不平衡，那时被提挈的重物就处在斜面上（"止"通"趾"，意为"处在"；"施"为"斜面"）。用今天的静力学可以这样来说：当定滑轮两边的重物相等时，垂直悬挂的重物就可以拉动处于斜面上的重物。

　　《墨经》中专门讨论斜面问题的文字如下，它寓于一种简单的斜面工具之中，教导人们如何用斜面车把重物轻易地提到高处。"经说下"记载：

---

① 戴念祖、老亮：《力学史》，湖南教育出版社 2001 年版，第 51 页。

　　挈：两轮高，两轮为辀，车梯也。重其前，弦其前，载
弦其前，载弦其轴，而县重于其前。是梯挈且挈则行。凡
重，上弗挈，下弗收，旁弗劫，则下直扡，或害之也流。梯
者不得流直也。今也废尺于平地，重不下，无旁也。若夫绳
之引轴也，是犹自舟中引横也。

　　"车梯"就是架在车上的斜面板。"辀"指无辐车轮。"重其
前，弦其前，载弦其前，载弦其轴，而县重于其前。是梯挈且挈
则行。"就是在这辆前低后高的板车后端装上一个滑轮，绕过滑
轮的绳子一端系在后轮轴上，另一端系在车梯低处的重物上。当
用力牵引车前进时，因后轮轴转动而将绳索缠绕于其轴上，重物
即被牵引而沿斜面上升。后人所画实物图如下（图16）：

图16　墨家的斜面车及其引重试验

　　中国古代对斜面的研究始于《墨经》，也止于《墨经》，因为
在戴念祖等著《力学史》一书中没有在《墨经》以外的关于斜面
研究的重要论述。西方人在古代对斜面的机械研究笔者没有做文
献上的仔细考证，但从一般的介绍文献来看，对于那些简单机械
的研究西方是从亚历山大的海伦（Heron，公元1世纪）开始的。
埃吉迪奥·费斯塔（Egidio Festa）等在文章《从海伦到伽利略的
斜面平衡之谜》中对于海伦的斜面平衡理论做了较为详细的介
绍[①]。其基本思想如下：让我们设想从斜面上推动一个重物，假

[①] W. R. Laird and S. Roux (eds.), *Mechanics and Natural Philosophy before the Scientific Revolution*, Springer, 2007, pp. 195 – 220.

设斜面光滑，重物为一个圆柱体，如图 17 所示①。

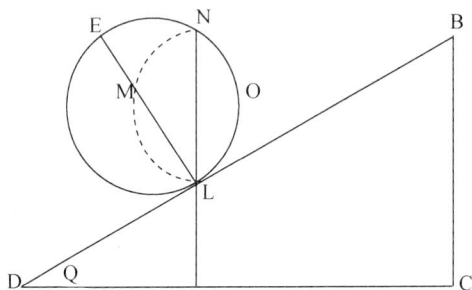

图 17

当圆柱体放置在斜面 DB 并在点 L 上接触，它将会不受阻碍地向下滚动。现在考虑一个过点 L 并垂直于斜面的平面：这个平面将圆柱体分成相等的两个部分。同时，又用另一个过点 L 并垂直于水平面的平面将圆柱体分成两个不等的部分，较小的 LON 靠上，较大的 LEN 靠下，由于靠下部分比靠上部分大，它将会拖着圆柱体向下走。从这个直观性的解释中有这样一个一般经验：由于比较陡峭的斜面的倾斜角较大，使得物体靠下的部分较大，所以也就更难向上推动物体。海伦还进一步认为：弧形体 LON 和与它对线 LN 相对称的弧形体 LMN 在斜面上相平衡。因此他认为使圆柱体在斜面上处于平衡状态的力等于圆柱体除去这两个弧形体之后的重力。不过从图 17 我们可以直观性地知道海伦如下两种现象的原因：斜面上的物体会向下运动；斜面越陡峭，向下运动越快。因为斜面越陡峭，图 17 中的 MNLO 弧形面积就会越小，而其他部分的面积会越大。海伦思考得比较深入，但是他没有准确地计算出在一个给定的斜面上推动一个物体究竟需要多大的力，因此其数学化程度还是不够高，或者说，还是处于一种视知

---

① 海伦的《力学》第一篇第 23 节，手稿中并无此图，这个图是从列奥纳多（Leonardo）和斯梯格里奥拉（Stigliola）得到的灵感。

觉直观推理的阶段。

西方真正建立起比较完善的斜面平衡的量化数学模型的是帕普斯（Pappus，古希腊亚历山大学派的最后一位伟大的几何学家，公元3—4世纪人）。和海伦的《力学》不同，帕普斯这样描述斜面平衡问题①：分别推动放置在水平面上的物体和放置在与水平面成一定角度的斜面上的物体，以此来计算斜面平衡问题所需要的力。这个方法首先需要知道推动水平面上物体所需要的力，然后用这个力来估计在斜面上使物体保持静止所需要的力的大小。这个问题见图18②。

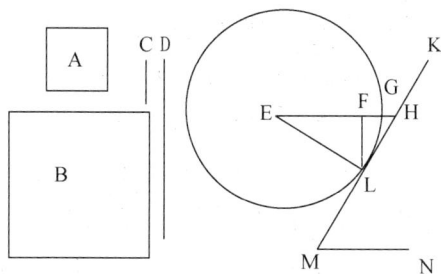

图 18

水平面是 MN，斜面是 MK，倾斜角为 NMK。首先，在水平面 MN 上用力 C 推动物体 A，假设物体 A 为均匀球体，质心为点 E。再将球体放置在斜面，与斜面的接触点为点 L，则球的半径 EL 垂直于斜面。过点 E 作与水平面 MN 平行的直线 EH，线 EH 与斜面 EK 交于点 H，与球体交于点 G，并与铅垂线 LF 交于点 F。现在要考虑的是重量为 B 的球体需要多大的力 D 才能在斜面 MK 上使之处于平衡状态。由初等几何知识可以得到比值 FG/EF。角

---

① W. R. Laird and S. Roux（eds.），*Mechanics and Natural Philosophy before the Scientific Revolution*，Springer，2007，pp. 195 – 220.

② 见帕普斯的 *Mathematical Collection* 第三卷第 9 章，图是依据 Pigafetta 的资料所画。

ELF 和角 EHL 相等（它们都是角 FLH 的补角），并且角 EHL 等于斜面倾角 KMN（如图 18 所示），所以角 ELF 等于倾角 KMN。这样就确定了三角形 LFE，也就得出了比值 EL/EF，它等于比值 EG/EF。最后，结论是：

$$FG/EF = (EG/EF) - 1$$

则在水平面上的物体重量 A 和斜面上物体重量 B 之比（等同于作用力 C 与作用力 D 之比）等于 FG 与 EF 之比。在这种情况下，若在点 E 处悬挂物体 A，在点 G 处悬挂物体 B，则 A 与 B 相平衡，则 GE 就相当于一根固定在斜面 KM 上而依靠 FL 支撑的杠杆。由于球体的重量为 A，并且其中心为点 E，则为位于点 G 的物体 B 的重量提供了维持球体在斜面上平衡所需的外力 D。现在，为了提到它，我们必须把 C 加上 D，在其他情况下

$$F 总 = C + D = C + C \times (EF/FG) = C (1 + EF/FG)$$

根据以上式子可以推出如下结论：如果一个物体需要 40 个人的力量才能被提升到一个水平面上，那么在一个倾斜为 60° 的斜面上，需要七倍半的力量，或者说需要 300 个人的力量。

帕普斯根据图 18 的几何学推理，把斜面力学在纯粹几何学层面上表现出来的先验综合推理给充分展示出来，更为重要的是，他借助于几何学图把量的特征凸显出来，为伽利略的斜面力学分析奠定了基础，也为"力"这个概念从身体表征到完全符号表征完成了一个重要的转折环节。

从上面中西斜面平衡问题的对比中可见，中国《墨经》中的研究与西方海伦有显著的差异，海伦的斜面平衡的推理可视化图形呈现比较明显的几何学特征，虽然还没有明显的量化特征，但到帕普斯那里通过对几何学线段的比例分析使得力学的量化特征已趋明显，然而《墨经》中的斜面平衡可视化图形呈现出比较明显的机械图示特征，其中显示不出任何几何学特征（或者说是数学的特征），因为你仅从斜面上滑轮两端挂着的重物来看，由于没有几何学平衡图示的分析，将判断不出任何运

动趋势以及动力学特征（把运动学与力学联合起来考察的学问）。

当然，在中国古代有一个器械的数学化是个例外，它就是螺旋，由于螺旋是斜面的一个特例，它们的力学原理是相同的，因此也在此加以讨论。作为工具的螺旋和螺杆是西方古代文明的产物，古代中国人虽然没有在实践上制造或使用螺旋，但一般文献却认为古代中国人在理论和数学上对于螺旋是了解的，戴念祖先生说："长期以来，人们反复说：中国古代科学只有技术，没有理论；或者说中国古代力学只有机械，没有数学。现在看来，至少螺旋是一个特例，它有理论，而没有相关的技术实践。这个特例是值得科学史家重视和讨论的。"① 事实上之所以说中国古代有螺旋的数学化理论，是因为在《九章算术》中有这样一道题："今有木长二丈，围之三尺。葛生其下，缠木七周，上与木齐。问葛长几何？答曰：二丈九尺。"

这道题所涉事件的几何形状如图19所示。从图中我们立刻会想到，它就是螺旋螺杆的机械画图，所要求的"葛长"就是螺旋线的长度，由螺旋线的长度及其旋转周数，古代数学家亦会容易地得到螺距的数值。

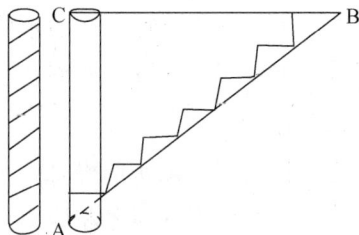

图19

---

① 戴念祖、老亮：《力学史》，湖南教育出版社2001年版，第62页。

二 力学得以可能发生的图像表征

上面对中西斜面力学的比较研究是以几幅可视化图像为依据而加以论述的，以上图示都不是古人所绘，是后来的研究者根据当时具体研究的文字表述而重构出来的，能够准确地表征出当时的文字叙述、再现当时的研究内容。如果根据常识，可以把上面的几幅图分成三种类型：机械图（图15、图16），物理学的几何学图（图17、图18），纯粹数学的几何学图（图19）。

我们首先看机械图示。机械的视觉图示只是对实物的一种大致描摹，其意义来自于现实中发生的情况，如图1显示的是实际上斜面平衡的大致情况，图2显示的是实际上斜面车的工作原理。这种视觉图示的理解比较简单，每一个稍具识图能力的人都会认识这种图，在《天工开物》中有很多这种图示，如图20叫做"立轮连二磨"，所绘的是利用自然水流进行自动加工粮食的机械。做这样的图像与视觉有关的原理暗合，使得图像产生了看上去很通俗，然而却能产生一种给观者清楚明白、印象深刻的视觉感受，其中的机械原理观者稍作视觉推理就一清二楚。同时，作品具有情感性、叙事性的特征，有一种很强的表现性，像那"哗哗"的水流声，和着那"吱吱呀呀"的木轮的转动声，仿佛唱着一首千载不歇的古老歌谣。因此，我们甚至能够把这种图示当作一幅美术作品来欣赏。

人能够在纸上把这样的图画出来的确是人类的一大进步，因为画在纸上的图像终于与实际上的对象相脱离，人类终于可以在图画中而不是在实际世界中表征这个世界，人类也终于可以更为自由地处理自己的眼睛所能掌控的事物。甚至某个从没见过这种图所示实物的人也能够根据图20所示造出相应的机械装置。这种图像表达的中立性性质，前面讲过，胡塞尔曾对它用"图像事物"、"图像客体"和"图像主题"三个术语来讨论他的图像意识理论。在看图 20 这幅图的时候，纸张和黑色的颜料就是图像事物；纸上的黑色颜料所表象出来的影像就是图像客体；而图像客体所指称的是现实世界中真正由水轮驱动的那些连着的齿轮和齿轮带动的做工的石磨。

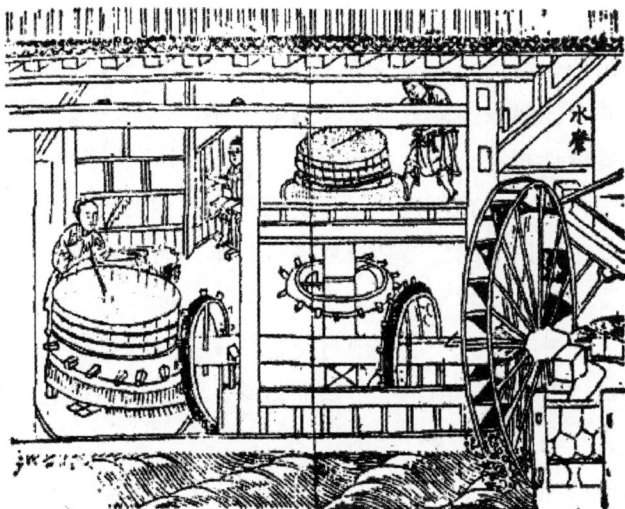

图 20

然而，机械图示所描摹的图像（即"图像客体"）在胡塞尔的图像现象学研究中还总是与实际的机械（即"图像主题"）纠缠在一起，因为图像客体的显现是由图像事物、图像客体和图像主题的双重知觉冲突的形式来实现的，所以，仅有一个对美术作品式的机械图示的图像感知还不能实现那种完全脱离于现实感性感知的具有超越性的科学感知特征，要实现这种具有超越性科学感知特征的图像就要进入物理学的几何学图或纯粹数学的几何学图。这两种图示与机械图示相比，图像意义自身的内爆更加明显，因为我们可以完全脱离对实际世界的指称（图像主题），而专门就图像本身来加以研究。所以在康德那里几何学成为纯直觉，根本不用"图形"做中介，可以把这种几何学图像称为先验分析图像①。

图 19 就是一个先验分析图像，之所以说它是一个先验分析的图像，是因为它所表现出来的是纯粹数学的特征，而没有力学的特征，它不像图 17，图 17 那个圆柱体的截面既是一个几何学的圆，其面积大小也可以反映出重力大小的特征，因此先验地融入进了力学的特征。但是图 19 除了几何学的特征以外，从中我们看不出任何与力先验地综合在一起的要素。所以图 19 所反映出来的并不能代表螺旋力学原理的数学化，它最多只能算作一个与螺旋器设计相近似的一张设计计算图，而反映不出力学原理。这样中国古代虽然有这么一道与斜面设计相似的计算题，却没有设计出真正可用的螺旋工具（或者说根本不可能由这样的计算题想到螺旋工具）就在情理之中了。

最后，看一下介于机械图与纯粹数学的几何学图之间的物理学的几何学图，这种图产生了斜面力学，现在就探讨它是如何使得斜面力学的出现成为可能的。

前面已经讲到，从图 17 我们可以直观性地知道海伦如下两种现象的原因：斜面上的物体会向下运动；斜面越陡峭，向下运动越快。因为斜面越陡峭，图 17 中的 MNLO 弧形面积就会越小，而其他部分的面积会越大。这个结论从图 15 和图 16 中是无论如何都得不到的，要从图 15 和图 16 中获得这个结论就得加入我们平常的身体场域上的实践经验（笔者暂时把由身体在实践中所获

---

① 这里的"先验分析图像"与康德的几何学是"先天综合知识"并不相矛盾，如康德说："纯粹几何学的任何一个原理也不是分析性的。两点之间直线最短，这是一个综合命题。因为我的直的概念绝不包含大小的概念，而只包含某种性质。所以'最短'这个概念完全是加上去的，而决不能通过分析从直线这个概念中引出来。因此在这里必须借助于直观，只有凭借直观这一综合才是可能的。"（邓译《纯粹理性批判》，第 13 页）康德在这里认为几何学知识是"先天综合判断"是从语言表征意义上的"判断"来说的，而"先验分析图像"是从图像的同质要素的分析上来说的，在这个意义上整个几何学是"先天综合判断"，但在图像表征上是"先验分析图像"。另外值得注意的是，康德使用的是"先天"，他是针对先天范畴而言的，而我这里使用"先验"是因为图像本身具有经验性的性质，因此称为"先验分析图像"是合理的。

得的实际经验称为"身体场域上的实践经验"），例如，"根据实践经验，斜面越陡，一个东西就越容易滑下斜面或一个重物越不容易推上斜面"。正如我们在使用杠杆时所实际上体验到的"杠杆的支点离重物越近就越容易撬起重物"一样，因为我们平时在实践杠杆的使用时常常可以由身体的实践体会到这一点，它融入我们的视觉和触觉，是我们的视觉和触觉这个身体场域上发生的一个结论。但是，"斜面越陡，一个东西就越容易滑下斜面。"这个结论从图 17 这个几何图上却很容易凭视觉得出的一个重力学特征，因为图 17 把重力的大小还原为了图形面积的大小，对于同质的东西，大的东西重，小的东西轻，那是我们的另外一种体验，而不是一种纯粹的视觉体验（在这一点上与纯粹视觉体验的几何学不一样），它是视觉与触觉两种体验的混合物，但是这两种混合物可以先验地综合在一起，因为平时我们总是这样经验的，就像颜色与广延总是先验地综合在一起一样。这样，这种图形面积的大小在图上可以先验地做出判分，也就是说其推理仅仅局限在几何学图上就好了，它不再涉及实践体验的知识，其整个知识逻辑上自洽于几何学图上，从而彻底离开人的身体感知场域。如果还是借助于康德对判断所做的划分来对图 15、图 16 和图 17 进行分类的话，图 17 就属于先验综合图像，因为它把力的大小和几何学图形的推理先验地结合综合在一起；而图 15 和图 16 则属于后验综合判断图像，因为这个图的读解需要融合图外的实践知识，而图 17 的读解则不需要图外的实践知识。

　　这种对人的身体感知的脱离的量的特征在帕普斯的斜面力学研究上更是得到体现，因为海伦的研究还只是研究一种运动趋势，而帕普斯的研究则显示出力的定量化比例。帕普斯的研究也可以限于几何学示意图来加以研究，而不涉及该图以外的任何实际机械。该图运用一系列的几何学推理来得出一个关键性的公式：$FG/EF = (EG/EF) - 1$。仅从这个公式本身的推理来看，它是先验分析的结论，与图 19 所表征出来的效果是一样的。但是这个图也把动力学特征先验地融入进去了，这种融入体现在图18所揭示的一个杠杆平衡示意图的结合上。正如上面所说："在这种情况下，若在点 E 处悬挂物体 A，在点 G 处悬挂物体 B，则A 与 B 相平衡，则 GE 就相当于一根固定在斜面 KM 上而依靠 FL支撑的杠杆。"前面在论述阿基米得的视觉科学的时候已经说明了杠杆原理证明的先验性，事实上，如果从图像表征来看，阿基米得的杠杆证明图本身就是一个先验综合图像，因为它先验地综合了几何图形和力。由于图 18 隐含了杠杆原理的图形，因此，图 18 也是一幅先验综合图像。

从后验综合图像、先验分析图像到先验综合图像，可以看到只有先验综合图像成就了力学，这看上去就成了康德的结论，因为在康德那里只有先验综合判断才能使科学判断得以成立。然而，这里面的特征有待进一步分析。后验综合图像因为涉及对实物的指涉而仅仅具有审美意义上的对实物的超越，往往具有一种艺术上的效果。它不像先验分析图像和先验综合图像一样在科学意义上对实物的超离，这种超离是以不切身为标志的。对于这两种图像的区分，朱光潜先生的对科学与艺术的"距离说"的区分说的比较好："就超脱目前适用效果说，科学家和艺术家一样能维持'距离'。科学家的态度是纯客观的，他的兴趣是纯理论的。所谓客观的态度就是把自己的成见和情感丢开，从'理论的'角度看待事物。但是艺术家的超脱和科学家的超脱并不相同。科学家须超脱到不切身的地步。艺术家一方面要超脱，一方面和事物仍存在有'切身的'关系。"[1] 只有从实际世界超离出来，又可以先验地揭示图像的内部不同质部分的本质关系的图像（即先验综合图像），才能使科学得以可能产生。

笔者在本书中所论述的先验分析图像和先验综合图像主要指几何学图，对于几何学图像，我们几乎无需经过专门的现象学训

---

[1] 朱光潜：《朱光潜全集》（第一卷），安徽教育出版社 1996 年版，第 220 页。

练就可以直接在几何学图上具备现象学的眼光，几何学与本质现象学之间这种天生的相统一性，胡塞尔做了清楚的阐释："现象学的本质学说极少关心研究事实存在的现象学家可能借以断定供其作为现象学论述基础的那类体验的方法，正如几何学家也极少会关心黑板上图形或架子上的模型的事实性存在如何可从方法论上获得一样。作为纯粹本质科学的几何学和现象学不了解任何关于现实存在物的论断。与此相关的事实正是，清晰的虚构不仅为他们提供同样有效而且在很大程度上优于实际知觉和经验所有物的基础。"① 也就是说几何学对象直接具有对日常感知的经验对象的悬置的特征，即现象学中的中立化立场在几何学中可以得到很好的体现，而且我们构造的含义或本质直观恰恰就在我们观念化的几何图形上面，它不需要符号表征就直接把意义呈现出来，而我们的算术和代数学就需要符号表征，其要获取现象学的含义还需要通过感知直观立义的过程，例如我们如果要获取 5^5 这个符号的含义，我们就要把 5^5 拆成 $5 \times 5 \times 5 \times 5 \times 5$，其中的 5 又要拆成 $4 + 1$，4 要拆成 $3 + 1$，3 要拆成 $2 + 1$，2 要拆成 $1 + 1$，最后，我们才能获取 5^5 的含义。但是，如果我们把几何图形当作广义上的"符号"来看，我们可以在这种符号本身中直观到某种意义，如在三角形符号上面可以直观到等腰三角形、直角三角形、等边三角形等等。

一旦我们用几何学来处理力学，它就会有比实际的力学体验多出来的东西，这种多出来的东西是在几何学的推理体系中完成的，因此在推理体系中可以做出新的预言，而且这种新的预言是在实际的力学体验中体察不出来的，就像我们面对一幅后验综合图像的机械图时一样。胡塞尔说："因此，我们所发明的一种特殊的、几何的、伽利略的、称之为物理学的技术并不改变这个世

① ［德］胡塞尔：《纯粹现象学通论》，李幼蒸译，商务印书馆 1995 年版，第 195 页。

界。通过这一技术我们所实际完成了什么呢？没有别的，只有扩展到无限中去的预言。"① 当然，在日常生活的体验中我们也作出预言，哪怕是看到眼前的一棵树，我们说："这是一棵树"也是一种预言，因为我们看到的仅仅只是树的一个侧面，而我们所预言的东西（"这是一棵树"）总是比我们感知到的东西要多出来一块内容，从而也成为内容多于前提的归纳命题。但是，与经验的几何学体系化相比，日常生活体验的成效要低得多、粗糙得多。所以胡塞尔说："一切生活都依赖于预言，或者我们也可以说，依赖于归纳。在这种原始的方式上，甚至每一种直接经验的存有的确定性也是归纳的。'被看的'事物永远丰富于我们对于它们所'实际地、真实地'看到的东西。看、知觉在本质上既是有某种东西本身，又是预先有某种东西，预先意味某种东西。一切实践及其计划都涉及归纳，只是通常的归纳的认识或预言是朴实的，而伽利略的物理学所采用的那种扩展到无限中去的'方法论'的归纳则具有高度的成效和十分精湛而已。"② 这种精湛在于几何学体系是一个逻辑统一的严密的因果体系，又因为它是以人的先验直觉为基础的，所以一旦把力学的感性特征先验地融入这个体系，就会让力学命题具有一个强大的逻辑体系背景，这种语境使得先验综合图像脱离感性指称特征，从而为科学的发生创造了条件。

三　伽利略运动学理论的胜利是因为对先验综合图像的合理运用

伽利略和笛卡尔都是利用几何学来解决力学问题的先驱。例

---

① ［德］胡塞尔：《欧洲科学危机和超验现象学》，张庆熊译，上海译文出版社2005年版，第67页。

② 同上。

如伽利略说过的一句名言:"宇宙好比是展现在我们面前的一部大书,这部书是用数学语言写成的,如果人们不掌握数学的语言符号,例如三角形、圆形和其他几何图形等,就读不懂这部宇宙之书。"从中可见,伽利略所谓的数学语言也主要就是几何学图形语言。伽利略和笛卡尔的科学著作中都留有大量的几何学图形,而且他们都用这些图形来研究过自由落体运动规律,最后伽利略的结果成为了科学的结论。相对于笛卡尔而言,伽利略的胜利是因为他对先验综合图像的合理运用。

伽利略用数学方法证明了一个从静止开始下落的物体在时间 t 内通过的路程等于这个物体以其平均速度做匀速运动在同样时间内走过的路程。证明方法与中世纪的平均速度定理的奥里斯姆的几何证明很相似。因此先看奥里斯姆的证明[①]。

奥里斯姆的证明大约于 1350 年提出,收在他的《论质和运动的构形》之中,这本著作对质的强度作了最富原创性的也是最完备的处理,它的创新之处在于用几何来表示运动的变化。依照希腊的传统,奥里斯姆以为数是离散的,几何量是连续的,因而他很自然地把连续改变的东西和几何图解联系了起来。他首先要阐明质或速度的均匀性和非均匀性的概念,在忠实于前人用法的基础上又对其进行了拓展,即用"纬度"表示质或运动的强度,"经度"(longitude)表示物体的外延(extension)或时间,并用几何图形来表示它们之间的对应关系。奥里斯姆在代表时间的底线上的每一点都垂直竖立起一定高度的垂线,这个线段表示每一点的质的强度或每一瞬间的速度。如下图(图21):

为了形象地给出一个上面的物线与强度相结合的图,我们可以看一个绕一个端点 O 旋转的木杆 OD(见图22),离端点 O 越远的点显然运动的强度(即速率)就越大,A、B、C、D 点及其

① [美]爱德华·格兰特:《中世纪的物理科学思想》,郝刘祥译,复旦大学出版社 2000 年版,第58—59 页。

他点的速率分布就如图所示，这样就把物线与它每一点上的运动
强度在图上结合起来了。

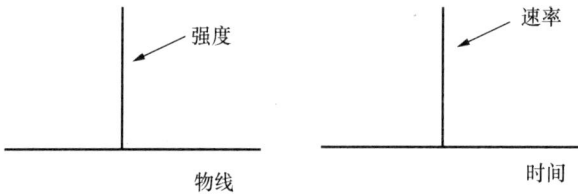

图 21

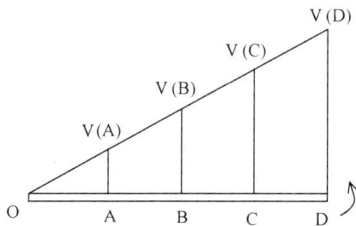

图 22

　　上面把速率与物线结合起来是在刚体的运动上结合起来的，
如果运动的物体不是刚体而是质点（即物体上的各个部分的运动
速度都一样）又会怎样呢？奥里斯姆认为，理解这一运动的方法
是不要把物线看做实在物体的广延，而是看做物体运动的时间，
于是就产生了一个原始的坐标系，在这个坐标系里，速度可以作
为时间的函数。奥里斯姆分别作出了匀速运动和均匀的非匀速运
动（匀加速运动），这两种运动见下图，即图23①。还有就是不
均匀的非匀速运动的图像。

――――――――――――

　　① ［美］戴维·林德伯格：《西方科学的起源》，王珺等译，中国对外翻译出版
公司2003年版，第306—309页。为了便于理解笔者分别给它们加上了时间与速率坐
标系，奥里斯姆的原图中没有这样标明。

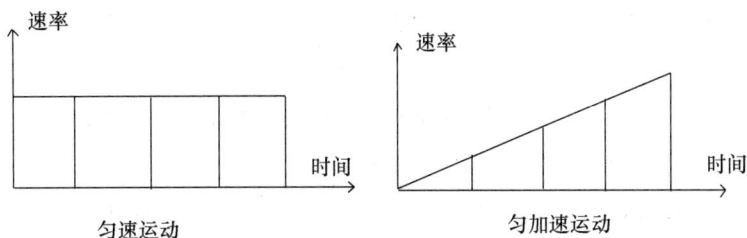

图 23

值得指出的是，表示强度的线段并不是真的实在点的外部延伸，它只是在想象中延伸。它本可以沿任何方向延伸，只是想象它垂直地竖立更适宜一些。于是，任何线性的质（即分布在直线段上的质）的强度就被一个平面所表示，它是由所有在外延线上垂直竖立起来的表示强度的垂线构成的。[①]

有了上面的时间与运动强度变化关系的示意图，奥里斯姆就开始在几何图像上进行推理，他所使用的推理图是图 24，令线 AB 代表时间，垂直于 AB 的线段代表物体 Z 的速度：从静止点 B 开始，均匀地增大到最大速度 AC。包含在三角形 CBA 内的速度强度总量被设想为代表在总时间 AB 内 Z 从 B 出发沿直线 BC 到 C 所通过的总距离。令线段 DE 代表 Z 在沿 AB 时间中点测得的瞬时速度。现在，如果 Z 以 DE 处的速度匀速运动，在时间 AB 内从 G 到 F 沿线 GF 运动的总距离由长方形 AFGB 给出。如果能证明三角形 CBA 面积等于长方形 AFGB 的面积，就证明了一个从静止开始作匀加速运动的物体所通过的距离等于在同一时间间隔内以匀加速运动时间间隔中点的速度作匀速运动的物体所运行的距离，即 z 作匀速运动的距离 $S = \dfrac{1}{2}V_f t$，等于 z 作匀加速运动的距离 $S = \dfrac{1}{2}at^2$。两个面积相等的证明如下：因为 $\angle BEG = \angle CEF$

[①] 张卜天：《奥雷斯姆关于质的强度的图示法初探》，《自然辩证法通讯》2006年第 5 期，第 72—76 页。

（对顶角相等），∠BGE = ∠CFE（均是直角），GE = EF（线 DE 平分线 GF），三角形 EFC 与三角形 EGB 全等，当这两个全等三角形中的一个被加到区域 BEFA 并组成三角形 CBA 和长方形 AFGB 时，立即可得三角形 CBA 面积与长方形 AFGB 面积相等。在 14、15 世纪的欧洲，尤其是意大利，平均速度定理的奥里斯姆的几何证明以及大量的算术证明广为人知。

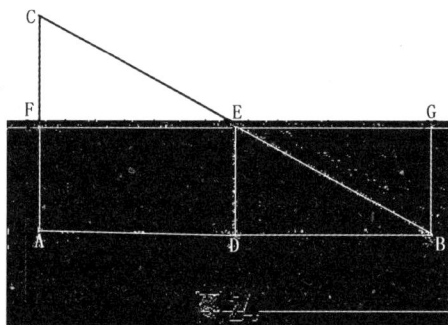

图 24

伽利略把证明过程赋予落体运动的实际内容，并根据这一命题导出了其他比例定律。伽利略的证明实际上就是把奥里斯姆的证明所使用的图像直立起来看，伽利略是这样证明的：

如图 25 所示，物体从静止开始下落，走过一段距离 s，所用时间为 t。AB 表示时间。把 AB 等分成若干份，在各等分点上，作垂直于 AB 的垂线，每一条垂线代表速度的数值，其数值按速度与时间成正比的假设增加。连接这些垂直线段的顶点便是 AE。因为速度连续变化，垂线的数目总是无限多的，这无限多条平行线就代表着三角形 ABE 的面积。我们就可以想象物体从静止开始作匀加速运动时，它所通过的任意距离都要度过并利用无限多个速度的数值，它们依照无限多条线段而增大，因此可以用三角形 ABE 的面积代表物体在 AB 时间内作匀加速运动所走过的路程。过 BE 的中点 F 作 AB 的平行线 GF，交 AE 于 I。连接 GA，由于三角形 AGI 内的平行线总和等于三角形 IFE 内的平行线总和，而梯形 AIFB 中所含的平行线是公共的。所以四边形 ABFG 内的平行线总和等于三角形 ABE 内的平行线总和，即四边形 ABFG 的面积等于三角形 ABE 的面积，而 ABFG 的面积正是物体以平均速度 ID 作匀速运动，在同样时间里走过的距离。因此一个物体从静止状态开始，以匀加速运动，另一个以其平均速度作匀速运动，在相等的时间里通过的距离相等。

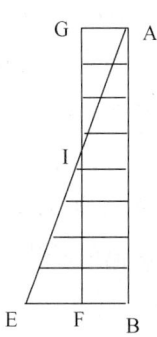

图 25

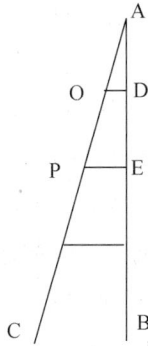

图 26

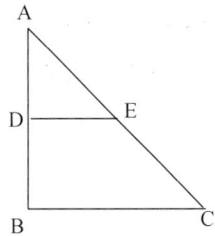

图 27

接着伽利略又开始他的第 2 个命题，即："从静止开始下落的物体以匀加速运动所通过的距离之比等于通过这些距离所用时间的平方之比。"证明如下：

如图 26 所示，设一物体从静止开始下落，在 t_1 时间内通过距离 s_1，在 t_2 时间内通过距离 s_2。AB 表示时间。在 AB 上取两个时间间隔 AD 和 AE，并设 $AD = t_1$，$AE = t_2$。过 D，E 分别作 AB 的垂线 OD，PE，垂线代表该时刻的速度，其值按速度与时间成比例的规律增加。连接 A 与两垂线的顶点便是 AC。由命题 1 可知：

$$s_1 = \frac{1}{2}ODt_1, \ s_2 = \frac{1}{2}PEt_2$$

因为 $V \propto t$，所以有 $\dfrac{OD}{PE} = \dfrac{t_1}{t_2}$，由以上三个式子可得：$\dfrac{s_1}{s_2} = \dfrac{t_1^2}{t_2^2}$

由速度与时间成正比关系到位移与时间的平方成正比关系，从而速度与位移的平方也成正比关系，就是伽利略所说的落体加速运动所遵循的性质。伽利略通过数学分析把各量之间的比例关系精确地反映出来，使人们对落体运动的认识达到了一个全新的高度。

正如科瓦雷所指出的，该图的天才之处是 AB 代表的不是穿过的距离，而是消逝的时间。这一点在科学史上是意味深长的，它与笛卡尔对该问题的研究有重要的差别。笛卡尔在他年轻时（1619—1629）也考虑过自由落体的问题，贝克曼曾提出了一个关于自由落体的数学问题（如图 27 所示，如果一个物体在 1 小时内从 A 点落到 B 点，并且地球的引力恒定地持续增加物体的速度，那么物体所穿越的距离如何与时间相关呢？）在他的私人日记里，笛卡尔描绘了解决办法（图 27）。

笛卡尔相信这个问题可以通过对一个三角形的分析来加以解决，如图 27 所示，垂直边 AB 的长代表石头所穿越的距离，相应的三角形 ADE 和梯形 DEBC 的面积代表落体下落时消失的时间的倒数，即大的面积意味着较少的时间。因此，从 A 落到 D 时下落的时间与 ADE 面积的倒数成比例，同样从 A 落到 B 的时间与 ABC 面积的倒数成比例，从 D 落到 B 的时间与 DBCE 面积的倒数成比例[①]。笛卡尔从面积的比较得出结论是：假设 D 是 AB 的中点，石头穿越 AD 所用的时间将是它穿越 DB 所用时间的 3 倍。由于后者三倍于前者，他推断物体通过第二个间隔距离的速度也是三倍的快。这样的推论导致他假设在像自由落体的匀加速运动中速度等比增加于距离而不是时间。这样贝克曼的问题就隐含地加以解决了。这是 16 世纪末和 17 世纪初普遍的错误，但是笛卡

---

① 这一点在图上无论如何不可能成为一种先验的直观，在后文还会有说明。

尔后来在 1629 年对该问题的抨击和对伽利略连续的批判表明他从来没有看到将时间作为重要参数而不是距离的至关重要的不同①。科瓦雷不无惋惜地说："他（指笛卡尔）之所以犯错误是因为，他用轨迹代替了运动，而且把轨迹而不是时间作为他的函数的讨论点。"②

笛卡尔的这种处理是与他的广延本体论以及物质世界的几何学化的观念结合在一起的，关于这一点，前面已经述及。笛卡尔的广延本体论出来之后，他接下来所进行的就是让这种具有广延性质的物质世界，哪怕是它们的运动也用彻底的几何学方法来加以研究。也就是说把本来具有时间特点的运动也最后还原成与空间同质的"位移"（在笛卡尔那里可能还没有位移概念）之上。笛卡尔希望能够设计出一门物理学，除了使用纯粹数学的原理外，这门物理学不需要任何其他的原理。对运动来说，笛卡尔已经能够以一种他相当满意的方式来说明它；上帝在一开始就启动了具有广延的东西，而且用他那"协同"来维持宇宙中同样数量的运动。这样，自创生之日起，具有广延的物体的世界就只是一部巨大的机器。在任何时刻都没有自发性；一切物体都精确地按照广延和运动的原理连续不断地运动着。这意味着要把宇宙设想为一个具有广延的充实空间，意味着它的几个部分的运动是靠直接接触相互交流的。为了说明特殊类型的运动，没有必要引进伽利略的力或吸引力，更不用说引进开普勒的"活力"了；一切都是按照一部平稳地运作的机器的规律性、精确性和必然性发生的。

所以科瓦雷说："笛卡尔运动是最清楚和最容易理解的，按笛卡尔所说，它并不是哲学家的运动，但也不是物理学家的运动，甚至也不是物理实体的运动。它是几何学家的运动，几何实

---

①　［法］科瓦雷：《伽利略研究》，李艳平等译，江西教育出版社 2002 年版，第 90 页。

②　同上书，第 87—88 页。

体的运动——是点沿着直线的运动和线作圆的运动。但类似这些的运动与物理运动相比没有速度，也不在时间中发生。彻底的几何化。——笛卡尔的思想做了原来不应该做的事，导致了非时间性：空间被保留，时间却被忽略。它把真实的存在和几何融为一体。但现实却相反。"① 这样，尽管他所使用的图 27 和伽利略所使用的图 25 或图 26 是相同的，但由于图 25 或图 26 中的 AB 代表的是"时间"而使得图 25 或图 26 成为一个先验综合图像，它先验地综合了时间（用线段的长短表示时间延续的长短）和位移（用面积的大小表示位移的大小）这两个不同质的要素，相对比起来，图 27 由于 AB 所代表的是运动的轨迹，三角形 ADE 和 ABC 面积代表的是物体的运动②，虽然笛卡尔在解决贝克曼的问题时相应的三角形 ADE 和梯形 DEBC 的面积代表落体下落时消失的时间的倒数，但这种关系我们在图像上却不能先验地得到，它与图 25 中时间与速度的乘积等于三角形面积（即位移）这种可先验综合到一起的关系不一样。这样图 27 的图像要素之间没有先验的综合性质，它的各个图像要素成为与运动的广延的几何学性质同质的东西，从而体现不出"综合"的性质，于是图 27 充其量是一个纯粹几何学的先验分析图像。在这个几何学图形的先验分析中还伴随着笛卡尔的对力学奇怪的想象，即吸引力在每个时刻都增加，这样在第二个时刻，物体将被两倍的力所吸引，在第三个时刻将被三倍的力所吸引等等，这样物体就下落得越来越快。③ 但是"引力"为什么会如此增加，他根本不可能做出先验正确的解释。最终，图 25 成就了伽利略的运动力学理论，与图 25 相似的图 27 在这方面却无能为力。

---

① ［法］科瓦雷：《伽利略研究》，李艳平等译，江西教育出版社 2002 年版，第 97 页。

② 同上书，第 84 页。

③ 同上书，第 83 页。

第三节　从中西光学图像表征的比较
看西方光学成功的原因

上一节从中西力学比较中考察了一下力学得以成立的图像表征，本节试图再以光学为例考察光学得以建立的图像表征。

一　中西古代光学的图像表征的比较

中国古代最早关于光学的论述也在《墨经》中，也仅仅是文字叙述而已，并没有相关图像，后来有很多阐述《墨经》的学者根据现代几何光学绘制了相应的理解图示。这里仅举其中几条来看其中的论述。[①]

《经下》说："住景二，说在重。"《经下说》解说为："景，二光夹一光；一光者景也。"本条文字讨论的是本影和半影生成的问题。翻译成现代汉语即：当两个光源同时照耀一个物体时，必生成两个影，这两个影重叠在一起，重叠的部分要浓一些。如图 28：

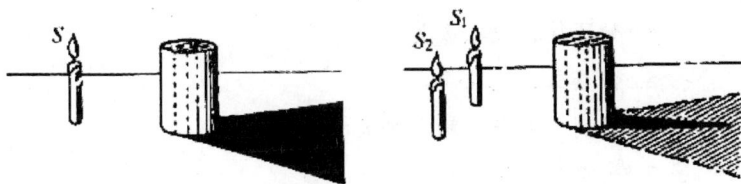

图 28

《经下》说："景迎日，说在抟。"《经下说》解说为："景，

---

① 戴念祖、张旭敏：《光学史》，湖南教育出版社 2001 年版，第 106—109 页。

日之光反烛人，则景在日与人之间。"翻译成现代汉语为：当光源直照人体时，光源与人影分别在人的左右两侧。倘若光照经过平面镜反射之后，再投射于人，则形成人影位置与光源同在一侧。如图29：

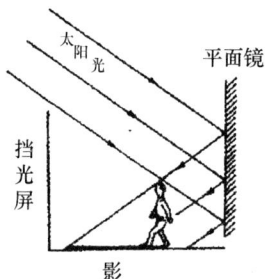 

图29   图30

《墨经》中的关于光的一共有八条论述，括弧中的文字为《经下说》中的阐释转述如下：

1. 临鉴而立，景到，多而若少，说在寡区。
2. 鉴位，景一小而易，一大而正，说在中之外内。
3. 鉴团景一。
4. 景不徙，说在改为。
5. 住景二，说在重。
6. 景到，在午有端与景长，说在端。
7. 景迎日，说在抟。
8. 景之小、大，说在地（一说柂，倾斜之意）正、远近。

通观这八条论述。它们主要集中在"影"（通"景"）上，俗称"影论"。另外还有几个次要的东西就是"光源"、"物"和

"鉴"（镜子）。它们都是通过肉眼可以看得见的东西，而对光本身却没有什么过多的论述。甚至都不敢断定《墨经》中具有西方几何光学中所具有的几何学特征的"光线"概念，因为仅凭《墨经》中"光之人煦若射"这一句，并不表明有"光线"的抽象。所以笔者把戴念祖所绘的图 29 改成了图 30，因为图 29 把现代的具有几何学特征的"光线"概念附加在了那个图上。因此，上面两个光学命题的图像化表征纯粹是经验性的肉眼视觉图像。

可能有人会说，《墨经》关于小孔成像的论述的图像表征是具有先验的几何学图像特征的。我们且看一下关于小孔成像的论述：《经下》说："景到，在午有端与景长，说在端。"《经下说》解释为"景光之人煦若射。下者之人也高，高者之人也下。足蔽下光，故成景于上；首获上光，故成景于下。在远近有端与于光，故景库内也"。戴念祖用下图左边那个图加以解释：景光线照人就像射箭一样笔直飞快，即所谓"光之人煦若射"。光发自下 B，经孔 O 而向高处，成 OB′；发自上 A 者之光，经孔 O 而向低处，成 OA′。故云"下者之人也高，高者之人也下"。人或物 AB 在匣内成倒像，即 B′A′，故云"景库内"。

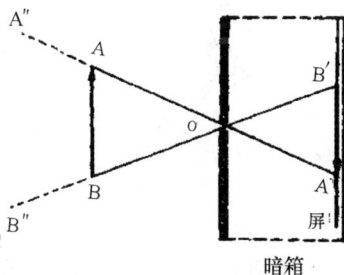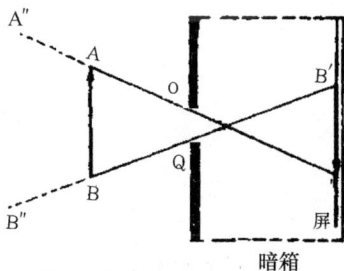

图 31　　　　　　　　　　图 32

戴念祖所画的图 31 也有过度诠释之嫌，我们先看图 31 中的一个重要的几何学要素 O 点，也即《墨经》中所说的"端"。"端"是《墨经》几何学中的基本概念，《经上》定义为"端，

体之无厚而最前者也。"《经上说》为"端，是无间也"。据梅荣
照在《墨经数理》中仔细考证，"端"、"无厚"、"无间"、"无
中"都是小到不能再分的点的同义词，与欧几里得的"没有部分
的点"基本相同①，但是"端"也代表线（无厚之体）的最前
端，如果我们把小孔放大，也就有了两个端点 O 和 Q，这样小孔
成像的示意图就是如图 32 所示。图 32 初看起来像个几何学图，
但是它只是小孔成像的简笔画而已。小孔成像即使到了清代，已
经接受了西方的几何学之后，郑复光绘制的小孔成像原理图还是
如图 33 所示②，它只不过是图 32 的实物化而已。

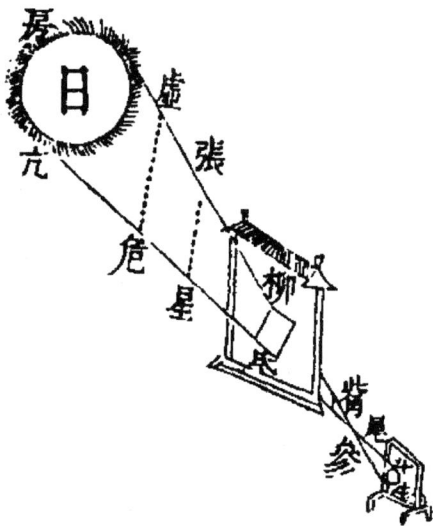

图 33

关于光的反射也是一种经验化的图像表征。《经下》说，"临
鉴而立，景到，多而若少，说在寡区"。"临鉴"的"鉴"是指
以静水为镜，是说人站在静水边上，可以看到自己的倒影（即

---

① 梅荣照：《墨经数理》，辽宁教育出版社 2003 年版，第 87 页。
② 戴念祖、张旭敏：《光学史》，湖南教育出版社 2001 年版，第 145 页。

"影倒")。戴念祖所画示意图如图 34 所示①：

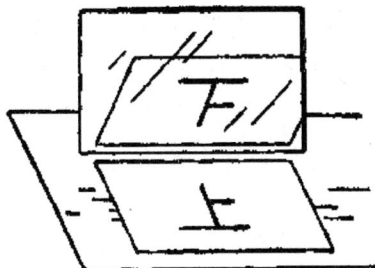

图 34　"上"字的镜像

　　由于中国古代光学的图像表征只能归结为我上一节所讲的"后验综合图像"，因此古人虽然有几何学知识（《墨经》中就有大量几何学知识），但是他们并没有把那种几何学知识运用到光学领域，即没有在那些几何学要素之间寻找它们之间的关系，以至于连最基本的光的反射定律都没有发现出来。对比于西方古代的几何光学，我们可以发现，他们并不是把注意力集中在肉眼所能见到的那些具体的"物"上，而是把注意力集中在心灵之眼所能表征到的几何学图像上面，从而成功地把数学运用于光学之上。特别是作为几何学家的欧几里得本人就是西方古代几何光学的奠基人。

　　欧几里得写了两部光学方面的著作，即《光学》和《镜面反射》。《光学》研究视像问题以及怎样从视像确定物体的大小。与《几何原本》一样，欧几里得先进行定义（其实是公设），然后进行演绎推理。他的第一个定义说人之所以能看到东西，是因为从眼睛里发出的光循直线行进照射到所见的物体上的缘故。第二个定义说视线成一锥体，其顶点在眼睛处，其底面在所见物体的最远端。定义四说两物中若一物所定视线锥的顶角放大，该物看起

————————

①　戴念祖、张旭敏：《光学史》，湖南教育出版社 2001 年版，第 175 页。

来就显得较大些。然后在命题 8 中欧几里得证明了两个相等而平行的物体的视觉大小并不和它们到眼睛的距离成比例（见图 35）。命题 23 到 27 证明眼睛看球实际所见的不到球的一半，而所见部分的外廓是个圆。命题 32 到 37 指出看一个圆，只有当眼睛在圆平面圆心处的垂线上时，所见的才是一个圆。欧几里得又指出怎样从平面镜里所见的镜像来算出实物的大小（书里共有 58 个命题）。

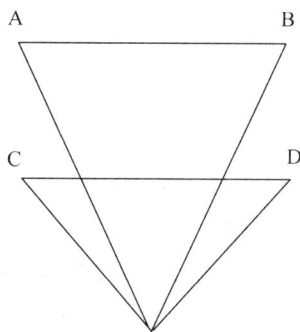

图 35

《镜面反射》描述从平面镜、凹面镜和凸面镜反射出来的光的习性以及它对我们视觉的影响。该书也像《光学》一样是从实际上就是公设的一些定义出发的。定理 1 讲反射律，这是现今所谓几何光学的一个基本定律。该定理说入射线与镜面所成角等于反射线与镜面所成角（见图 36）。欧几里得还证明了光线照射在凸或凹面镜上的规律，他是以光线照射镜面处的切平面代替镜面来证明的。

非常遗憾的是我找不到欧几里得的光学原著，因此对于他证明出反射定理的思考过程无法概述。只能借助于克莱因在《古今数学思想》集一卷中对欧几里得光学思想的概述来加以上面的叙述。从上面欧几里得的光学思想的介绍来看，欧几里得主要注重的不是那些肉眼所见的如"影"、"鉴"、"光源"等可见物，而

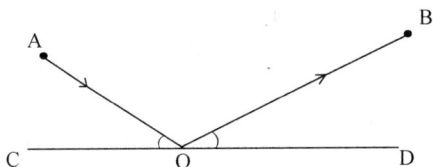

图 36

是注重那些肉眼所不能见到的抽象的具有浓厚的几何学色彩的
"光线"及其几何学关系。因此，欧几里得的光学脱离了我国古
代光学的浓厚的经验特征，或者说忽视了很多"看"的经验的方
面，甚至使人从经验上觉得不习惯。戴维·林德伯格这样评述欧
几里得的光学："这种理论忽视看的过程的许多方面，而许多人
如亚里士多德，认为这些方面是非常重要的——即媒质、物体和
眼睛之间的物理联系和感觉动作。简言之，假如心甘情愿局限于
那些可用几何学描述的东西，欧几里得的理论是一个惊人的成
就；如果你对视觉的任何非几何特性感兴趣的话，欧几里得的理
论接近于无用。"①

　　受欧几里得的几何光学的影响，后来西方很多科学家都采用
几何学来研究光学，光学著作中留下许多几何光学图，例如图 37
就是欧洲中世纪光学著作中的一页②。

　　由于光线与几何学中的直线都具有抽象的特性，所以只需从
后验综合图像转向用抽象的几何学要素对光进行描述，就能使得
对光学的描述脱离感性从而进入一个推演的几何学图形系统中，
最终是人的先验空间感知能力使得光学科学化，其科学化与康德
在《纯粹理性批判》中所论述的几何学作为一种先验综合判断的
科学性是一样的。

---

　　①　［美］戴维·林德伯格：《西方科学的起源》，王珺等译，中国对外翻译出版
公司 2003 年版，第 110—111 页。
　　②　同上书，第 314 页。

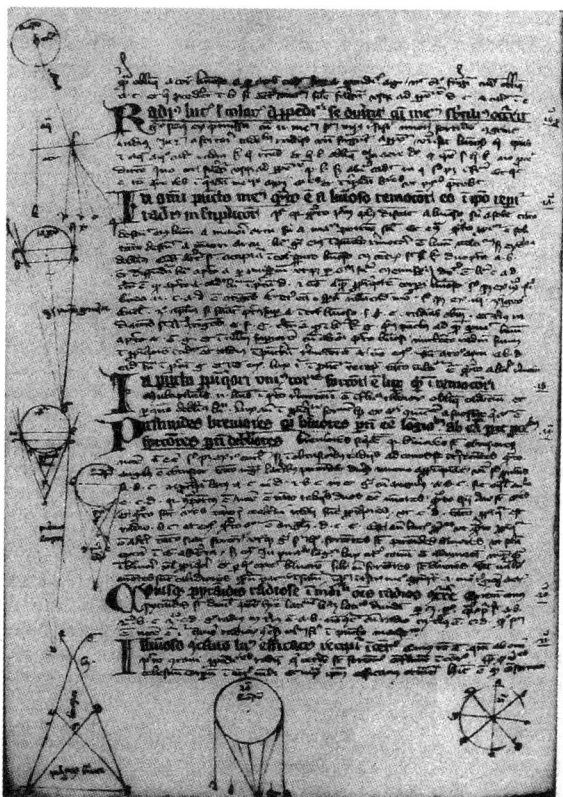

图 37

　　康德认为，几何学是关于空间的一门科学，但它不是经验地建立起来的，也不是通过概念的分析来确定的。如"两点决定一条直线"这样的公理是一些先天综合命题，具有严格的、不具有任何例外的普遍性，它不是从"点"、"线"这些概念分析得出的，单从这些概念是分析不出任何几何学命题的。另外，它也不是来自经验的归纳，因为经验的归纳只能告诉我们如何如何，而不会具有严格的普遍性，即使经验归纳具有普遍性，其普遍性也是极其有限的，这种所谓的普遍性超不出作为归纳出某一原理所依据的极其有限的那些事例。几何学命题最终的确定性是由空间的先验观念性所决定的。

因此，虽然几何光学的图像与几何学图像一样具有先验分析图像的性质，但是几何学的判断却具有先验综合的性质，如"两点之间直线最短"这个几何学命题，就先验地把质性的东西（"直线"）与量性的东西（"短"）综合在一起，这点使得几何学成为一种具有严格普遍性和必然性的科学，几何光学的普遍必然性的原因亦然。这样，中国古代光学的经验化的图像表征不能成立普遍性的科学也就好理解了。

二　笛卡尔的几何学化中的《折射光学》

上面的几何光学主要在于探讨光线的几何学关系。然而，光毕竟还是一种物理现象，作为一种物理现象，光的物理运动特性又如何呢？我们用肉眼是根本看不见光的物理运动特性的，例如作为粒子的光如何运动？光作直线运动是如何可能的？我们平时看到的光的直线传播、反射和折射都只是用肉眼看到的光学现象，至于为什么会这样，其内部机制如何就不得而知了。笛卡尔运用他的想象来加以解决，笛卡尔赋予想象以一种空间化事物的作用，并使用几何学方法来完善之，这一点体现在他的光学研究中。

首先，笛卡尔对光的瞬间传播进行了想象性的说明，他的说明是这样的，他主张光不是一种物质的发射而只是一种压力的传递，因而他的基本看法认为光的传播是不需要时间的。他的论证如图 38 所示[①]：设图上 A 是太阳、它发出的光线在 B 处被地球阻挡。假设光线继续在 AB 的延长线上行进一小时到达 C 处的月亮，那么从月亮反射回来的光线又需要一小时才能回到地球，但这时地球已经在这两小时里在它的轨道上从 B 走到 E，由于地球对太阳的角速度约为每 24 小时 1°，而日地之间的距离约为地月距离

---

① 关洪：《物理学史选讲》，高等教育出版社 1994 年版，第 125 页。

的 400 倍,因此角 ACE 或在 E 处的地球看到的日月之间的方向 AEG 同 EC 间的夹角应当是 400/12 ≈ 33°。笛卡尔说这一明显的偏差与观察不符,因此光必定是即时传播的。

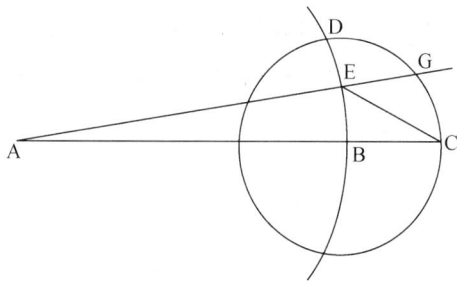

图 38

笛卡尔对光的传播的基本理论是,发光物体使周围的以太产生一种压力,这种压力作用于我们的眼球,便引起视觉。他还比喻说,这就像盲人走路时,他手中的拐杖碰到障碍物,便使他引起触觉,感到障碍的存在一样。笛卡尔还把眼球受到打击时所感觉到的"火星"作为这一理论的证据。笛卡尔说:"为了与之相比较,我们可以考虑一下所谓'发光'物体中的光。这种光不是别的,它只是某种运动或者极迅速的活动,通过空气媒介或其他透明物体传送到我们的眼中,就如同盲人通过拐杖就可以将遇到的运动或物体的阻碍传送到手中一样。一个明显的例子便是太阳的光,它发出的光线瞬间就能照到我们。大家知道,移动拐杖一端的行为一定是在瞬间就传到另一端,光从天空传到地球也必定是在同样的瞬间,尽管其间的距离比拐杖的长度要远得多。"①

为了补充上面拐杖的比喻,笛卡尔还画了另外一个图来说明

---

① Descartes, *The World and Other Writings*, Edited by Stephen Gaukroger, Cambridge University Press, 2004, p.54.

光的瞬间传播，如图 39 所示①，在一个桶中装有一桶刚性的小球，它们相互挤压在一起。假设底层的球 50 顺着球 6 方向往下掉，那么最上层的球 10 在一瞬间也会跟着作 同样的往下的替补运动。

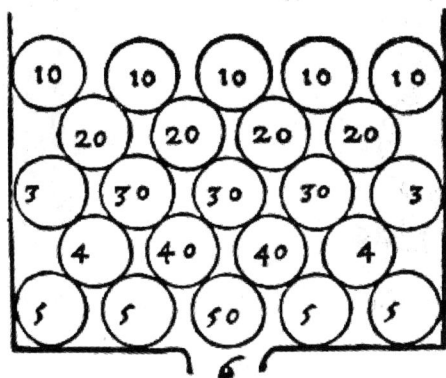

图 39

　　同样，光的直线传播，他也用想象性的比喻来加以论证。如图 40 所示②：考虑一根弯曲的拐杖，它从 A 点弯曲到 E 点，但是因为光是瞬时传播的，我们可以把它看作是 AE 直线。另外如图 41 所示，球 1 跟着球 7 而动，也可以当作直线传播，尽管经历中间的瞬间球 5 的时候不是沿着直线传播。

　　如果说上面笛卡尔的想象论证还仅仅只是一种想象性的类比，那么笛卡尔在《折射光学》中则按照他的哲学理念把想象与几何学精美地结合在一起。所谓折射光学，简单地说就是光的折射定律，如图 42 所示，入射角的正弦与折射角的正弦成正比，即 $\dfrac{\sin i}{\sin r} = n$。虽然笛卡尔的推导过程有错误，但这个正确的结果第

---

　　①　Descartes, *The World and Other Writings*, Edited by Stephen Gaukroger, Cambridge University Press, 2004, p. 60.

　　②　Ibid. , p. 64.

一次出现在笛卡尔的著作中①。而且笛卡尔的推导过程充分体现了想象（弹性球碰撞）与几何学相结合的过程。

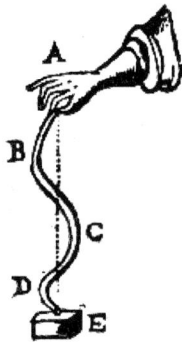

图 40

图 41

　　理解笛卡尔在折射问题中应用的研究模式，最简单的方式是对比他对于光反射问题的分析。他研究反射的模型是由一个弹性球和一个完全不能渗透的平面组成。当有一个球碰撞这个平面的时候（比如说，在图43②中描述的，通过 AB 方向撞击 B），其结果是球将沿着 BF 方向反弹回来。唯一不同是在垂直的情况下，球垂直向下碰撞平面后，将完全垂直向上反弹。其他东西都没有任何改变或者损耗，因此该球的动量和速度在整个过程中都没有改变。实际的路径 BF 可以看成是BD 的镜像，球如果没有被该平面阻挡，将会沿着 BD 方向前进。

---

　　① 　最早对光的折射理论进行研究的是托勒密。托勒密认为光的入射角和反射角之间应存在固定的数学比例，为了找出它，他做了一个巧妙的实验。托勒密用一个铜盘，在其圆周上刻上度数，测量三对不同的媒质（气和水、水和玻璃、气和玻璃）相应的入射角和反射角的比例，但是没有发现正弦定律。后来还有斯涅尔得出一个近似于正弦定律的形式，但没有明确表达它。

　　② 　Descartes, *The world and other writings*, Edited by Stephen Gaukroger, Cambridge University Press, 2004, p. 77.

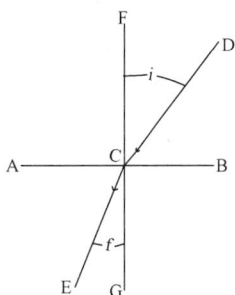

图 42

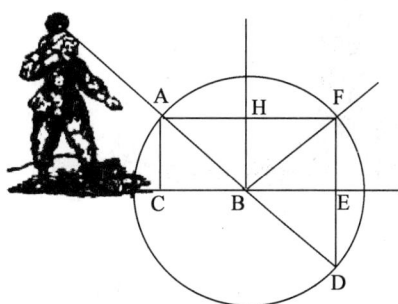

图 43

　　从动力学的角度分析，对于垂直向下运动的球，平面给了它一个垂直向上的反作用力，使其反向向上运动，就像是该物体受到了完全向上的推动力。因为没有其他的作用力参与其中，所以反射问题中的动力必然是由向上的阻力提供。刚才的讨论是建立在球撞击的是具有完全阻抗的平面这一假设的基础上的，如果用阻力没那么强的平面来代替具有完全阻抗平面时，情况又是如何呢？笛卡尔用球撞击薄纱网的情形来想象。很显然，一些阻碍球渗透的阻力将被克服，我们从图 43 可以看到，球可以在一定程度上透过网，这种程度取决于网的阻抗力。也就是说，球在 B 点只会部分被反射，其向下的推力也将减少，而不是像反射那样完全转换。结果是其行动路径将沿着 BI 方向背离法线 EH。

　　偏移的程度是取决于 B 点表面的阻力大小。阻力越大，偏移越强烈，偏移越强烈，球的冲量和速度就损失的越大。据推测，反射的过程中也会有同样的事情发生，因为它仅仅是一个不完全反射的特例，也就是说，仅仅发挥作用的力是在作用于 B 点向上的阻力。因此，真正已经发生的动量变化是这种阻力导致的：也就是，抛物体竖直方向上的冲量的损失。其他的保持不变，结果，尽管动量和速度上可能会有损失，但是，它却仅仅是由于沿着垂直方向的动量或动力的损失。

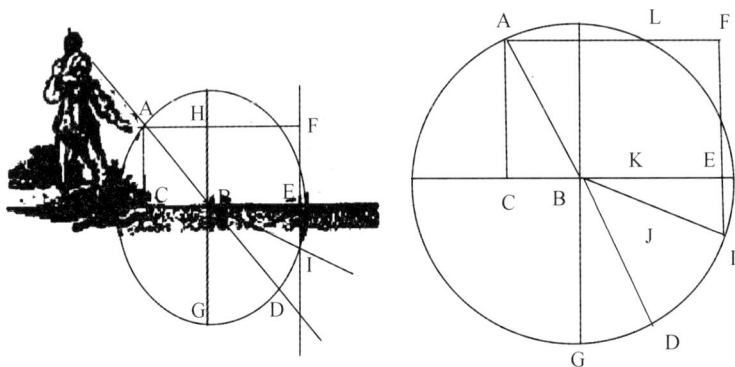

图 44

因为，根据笛卡尔所说，在分界面 CE 两边的介质的密度和速度（如 AB 和 BC）是成反比例关系的，换句话说，介质的密度越大，速度越慢。图 44[1] 说明了这一点。CE 分界面上面的介质的密度是下面介质的 1/2 时，一个入射线要穿越 BJ（长度是 AB 的 1/2）花费的时间是同样的入射线到达 AB 的时间的 1/2，因此，入射线花费同样的时间穿越水平的 BK，以此类推，它穿越 BI 花费的时间是 AB 的 2 倍。因为 AB 和 BI 是相等的（都是同一个圆的半径）。穿越水平方向 BE 花费的时间是 CB 的 2 倍，BE 也是 CB 的 2 倍。继续这样思考，如果一个球从密度较小的介质到密度大的介质时候，它的速度就相应地减慢。它的新的轨迹将会按一定比例向着水平方向而偏离原来的轨迹。

当我们试着把这个物理上抛射和碰撞的模型应用到折射上面时，遇到了一个问题。如果我们假设笛卡尔理论，光作为球，当它从一个稀疏介质穿越到一个密集介质的时候，经历两个界面上分界面的阻力，它的新路径应该偏离正常的轨道。但是，事实

---

① Descartes, *The World and Other Writings*, Edited by Stephen Gaukroger, Cambridge University Press, 2004, p. 79.

上，相反的事情发生了，即新的路径往往会靠近法平面。面对这个明显的矛盾，我们必须猜想笛卡尔的理论，光线的动量变化和物理球的动量变化是相反的，因为光线在它进入密度大的介质中时，事实上获得了动量（或者是，按照笛卡尔说的，找到了"更容易的通道"）。这个更容易的通道，他解释说，是由于介质内相对紧密或者是松散的结构，这样，一个透明物体的微小成分堆积越坚固，光就越容易穿过。这样，光线越容易穿过密度较大的介质，之前的冲量或速度与密度之间的反比例关系就必然转换成一个正比例了。

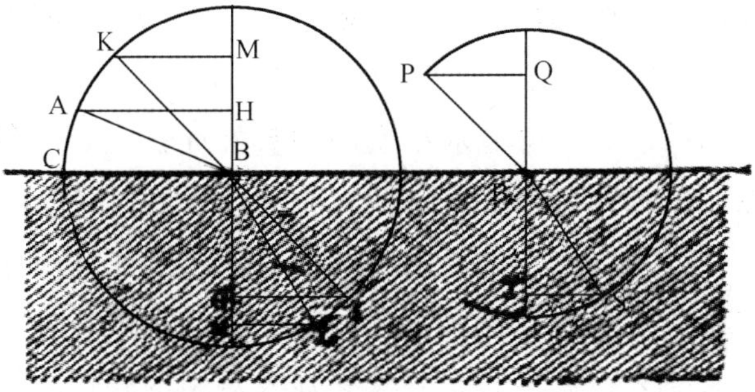

图 45

笛卡尔的论证是可以看作：在图 45[①] 中，让光线穿过 AB 和 KB 在 B 点接触到密度大的介质表面 CB，已经获得了一定的速度的光线，它们分别沿着 BI 和 BL 朝法线方向产生折射。假设密度大的介质中的速度是稀疏介质的 2 倍，以 2：1 的比率。因此，光线穿越相等的距离 BI 和 BL 是 AB 或 KB 时间的一半，这四条线都是同一个圆的半径。但是，如果速度沿着水平方向仍然是同样的，水平的 AH 将会是 GI 的 2 倍，因为沿着前者的时间是后者的

① Descartes, *The World and Other Writings*, Edited by Stephen Gaukroger, Cambridge University Press, 2004, p. 82.

2 倍。同样，KM 也将是 NL 的 2 倍，这些水平的分量是这些三角形的正弦（例如，AH 是三角形 ABH 的正弦）。因此，KM∶NL 等于 AH∶GI，又因为这个比例是在每一个例子中都实用的，因此 sin（i）∶ sin（r）是个常量。

笛卡尔上面图像化的想象把不可见的光（指其结构不可见）还原为可以理解的小球碰撞运动，正是想象让我们对事物进行联结、比较和对照，从而寻求对事物更好的解释，使得我们可以按照理性所赋予事物的次序来认识事物，想象的这种主动性、创造性的功能正是它与感觉不同的地方。更为可贵的是，笛卡尔把这种想象加以几何学化，从而使得感性的光学现象被纳入强大的几何学图像的逻辑结构之中，使得对光学的叙述进入科学的领域，对现代光学的发展具有非常重要的意义。

值得说明的是，笛卡尔在上面用想象所创造的对象并不是他所直接研究的光现象本身，即作为物自体的光，光本身也是我们不可认知的，这样想象所创造的对象才能为几何学的先验运用创造条件。这一点也非常符合康德关于"先验综合"的论述。在康德看来，数学知识虽然是涉及对象的知识，但是该这对象并不是自在的对象本身，也不是后天经验性的内容，而是由主体先验地建立起来并综合而成的对象，实际上是主体所确立起来的一种普遍必然性，一种表象之间的固定关系。康德的先验理论作为认识论的一个首要特点就是它与以前的形而上学认识论不一样，它不再论及独立于我们的认识能力之外的超越物，而是只在认识之中来谈论认识。这样看来康德是笛卡尔哲学最好的信奉者，因为前面讲过，笛卡尔认为我们对物的认识与物本身是有一个本质的区分的。对于康德和笛卡尔这样的理性主义哲学家来说，认识都具有先天形式，这是这些先天形式的存在才使得我们认识事物，然而这些先天形式（如时间、空间和范畴）并不是加在外在于主体的物自体上，而是加在主体自己所构造的内在对象上面。"想象"在主体构造的内在对象的过程中扮演着非常重要的作用。

非常有意思的是，笛卡尔的这套方法在近现代化学的科学化中又得到了再现。

第四节 从道尔顿的图像思维到化学群论——化学的科学化

道尔顿首次在化学中使用图像符号来构造化学分子的结构，虽然这种可视化图像与力学和天文学中的那种只能用心灵之眼看见的几何学图像非常不同，而且其中也缺乏那种力学的先验综合图的特征，但是它确实是对物质结构的一种大致而深刻的洞察。因此道尔顿的分子式图像也是心灵之眼在化学中的成功经典案例。

一 肇始于空气混合物分析的气体原子论的图像表征

道尔顿的原子论首先产生于对大气物理现象的观察和研究，气象学的研究引导他进一步考察了大气组分的性质。道尔顿常常感到奇怪的问题是：为什么复合的大气，两种或更多种弹性流体的混合物竟能在外观上构成一种均匀体，而且在所有的力学关系上都同简单大气一样？正是在长期坚持不懈地从事气象观测的过程中，道尔顿逐渐领悟到原子的客观存在。对于复合大气的均匀性和气体扩散现象进行了多方面的理论思考之后，经过一番缜密的演绎推理，道尔顿指出了牛顿原子论中原子相互排斥观点的局限性，以及用化学亲和力来解释大气均匀性的不合理性，提出了同种原子相互排斥和不同原子不排斥的假说，并结合不同物质的原子大小和重量都不相同，因此相互接触时形成不平衡作用力的思想，比较满意地解释了气体分压定律和扩散现象。所以库恩说："道尔顿既不是一个化学家，对化学也不感兴趣。他其实是一位气象学家，研究关于水吸收气体和大气吸收水等物理学问题。部分因为他受到不同的专业训练，部分也因为他在自己专业中的研究，他研究这些问题时所依据的范式就与当时化学家的不同。特别是他把诸气体的混合和水吸收气体等看成是物理过程，一种亲和力在其中不起任何作用的过程。"① 下面具体看一下道尔顿运用图像对混合气体的解释。

先看一幅道尔顿在《化学哲学新体系》中所附的图版 7 及其说明。②

图 46—1、46—2、46—3 是描绘组成弹性流体各种质点的配置和排列，这些质点有简单的也有复合的，但不能混合。

图 46—4 表示带有弹性气氛的四个氮原子质点，这些气氛用从固体中心原子发射出来的射线来表明。这些射线在四个原子中都完全一样，可以彼此相遇，并保持平衡。

图 46—5 代表两个氢原子，按对氮原子的适当比例画出，并开始和它们接触。显然，氢原子自身彼此间是很容易接触的，但是对氧原子就不那么容易，因为在同样条件下这些射线不彼此相遇。这就是内部运动的原因。这种运动发生于弹性流体的混合物，直至外来质点压至相当紧密时为止。③

在寻找空气同相的原因的过程中，道尔顿偏向原子被热射线包围的说法。忽略《化学哲学新体系》图 46—4 中元素周期表的原子外观，这些原子模型是道尔顿的同相气态组成解释的重要因素。这些在《化学哲学新体系》的版图 7 中的原子和它们的外

---

① ［美］托马斯·库恩：《科学革命的结构》，金吾伦等译，北京大学出版社 2003 年版，第 120 页。

② ［法］道尔顿：《化学哲学新体系》，李家玉等译，北京大学出版社 2006 年版，第 183 页。

③ 同上书，第 185—186 页。

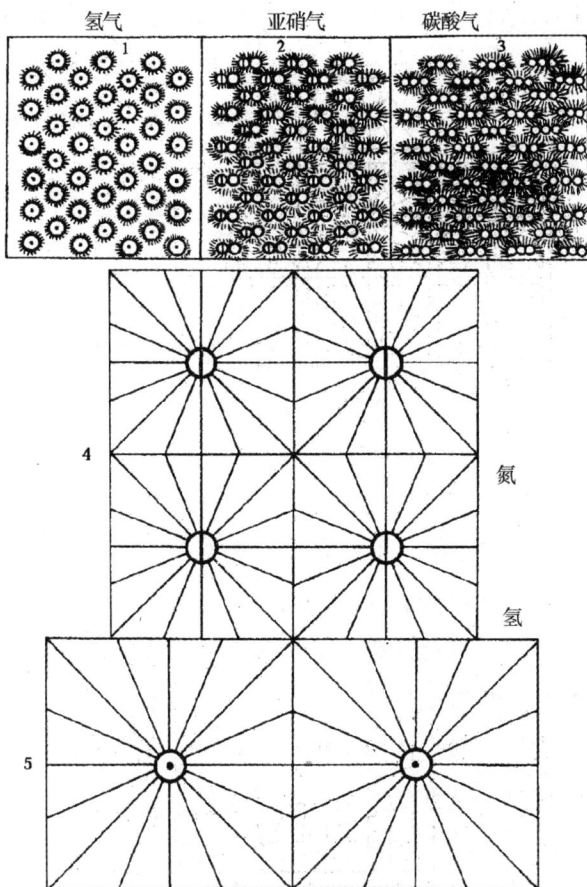

图 46

层，表明了相同大小的原子热射线如何排列（或者说"维持平衡"），以及不等大小的原子的热射线如何不能排列（"在相似环境中"不能相互接合）。这些原子间分为可度量和不可度量关系的图例，使道尔顿的"为何空气由不同密度的气体简单混合（没有化学结合），却是同相混合物，而不是较重成分（如氧气）在下层，而轻组分（如水蒸气）在上层这样的分层体系"得到了解释。

克里斯托弗·欧文·里特尔在其博士论文《再现科学：19世

纪化学中的视觉和教学实践》对道尔顿的图像实践有较为详细的文献考证。在对道尔顿的文献研究中他长引了道尔顿的一篇关于化学元素演讲中的几段文字，这段文字对空气的混合性做了较为详细的解释，由于道尔顿在《化学哲学新体系》中没有相应的原文，这里转引如下:①

　　为了协调或者调整这种大气的化学理论和牛顿互斥原子或微粒理论的分歧，我开始在纸上组合我的原子。我把一个水原子、一个氧原子以及一个氮原子放在一起，在它们外围加入热的大气，如图46；我重复操作，但很快发现水微粒用完了（因为它们在大气只占少部分）。然后我把氧原子和氮原子一对一地放在一起，但我发现氧原子一段时间后也不够用了；然后我把所有剩下的氮微粒全放在混合物中并开始考虑如何获得一般的平衡。［这是一种奇特的描述。道尔顿在纸上组合他的原子并且给予（不是简单地加入）它们一个热的大气环境。在水微粒消耗完和氧原子用完后，他给予（又是这个动词）氮到混合物中并考虑如何得到平衡——评论为克里斯托弗·欧文·里特尔所加］

　　我的水、氧和氮组成的三重化合物通过它们的重力很好地倾向于下沉在最低的位置；氧和氮组成的双重化合物倾向于在中层；单氮微粒就倾向于游向顶层。我通过增长我的较重的微粒的翅膀，也就是说用更多的热气层包围它们来矫正这种不足，以使它们能够浮在容器的任何部分；但是这种改变很不幸地使整个混合体系有着如氮气一样特定的重力——这种情况并不能稳定存在。简单来说，我被强制放弃全部的假设，因为它与现象不相吻合。

---

① Christopher Owen Ritter, *Re-presenting science: Visual and Didactic Practice in Ninteenth-Century Chemistry*, PQDT 博硕士论文全文库, pp. 69 – 70。

这就只剩一种选择了，就是说，各自为水、氧和氮微粒给予热外层，给予它们独立的排斥中心，无论混合在一起还是单物质都是这样。这个假设同样遇到了困难，因为我的氧还是在最下层，氮在氧上面，而水蒸气在上层。在 1801 年我偶然发现一个能解答这些难题的假设。

根据这个假设，我们那时候正要假设一种原子并不排斥另一种原子，但它们自己是各自独立的。这个假设更有效地提供了不同气体间的扩散，无论它们混合后的特定重力是多少，这使得任何气体混合体系都符合牛顿定律。混合物中任何气体的任何一个原子相对于同一类型的紧邻微粒而言都是一个排斥中心。所有的气体综合它们的作用来抵消大气压力，或者任何其他对抗它们作用的压力。

这个假设，尽管它的应用很美好，但是又有一种不合理的特点。

我们就假设气体中有很多不同种类的排斥力，而且除此以外，再假设在任何情况中热不作为排斥力；当然位置因素也不是很合理……

在再考虑到这个模型之上，我发现我从来没考虑过弹性流体中微粒的不同大小的效应。我说的微粒大小是指中心实心微粒和热外层一起的总大小。

我很快发现弹性流体中的微粒大小肯定有不同。通过对一份氮气和一份氧气的测量，如果它们在化学上是统一的，它们将得到将近两份氮气的测量值，并且这两份氮气的测量值并不能够比氮气或者氧气所具有的测量值具有更多的氮原子。因此意思就是所有不同种类的气体，它们的原子大小都不同；再者我们就到达了那个问题了，这个问题就是气体间扩散，但是没有引起除了热力学以外的排斥力。

从上面演讲中可以看到，道尔顿完全是在纸上利用他所画的图像进行他的思考和推理，来建构他的原子理论。道尔顿的研究主要解决一个问题："为何一个化合物气体或者一个包括两种可压缩流体以上的混合体系，能够构建出一种明显是同相的体系？"他通过假设一种水氧氮的化学组合，开始他的图像推理。由于水蒸气在空气中的相对含量较低，在构建三重化合物中他用完了水分子。道尔顿因此继续他假设的化学组合双重化合物，一种为氧氮组合物。然后因为氧相对氮而言含量较少，他在构建双重化合物的过程中用完了氧。最后，事实上他就发现只剩下过量的氮了。他假设空气由三种微粒构成，分别是三重化合物微粒"由于最大的重力很好地下沉到底层"、双重化学物微粒"倾向于中层"以及过剩的氮"倾向于上层"。很明显，这种由化学元素组合而成的空气，并不会形成我们所观察到的同相空气结构。道尔顿基于理论的图像研究，最终使他得到了一个空气同相原因的解释。空气的同相性主要是由他的原子中的两大特性得到解释。其中的一个特性就包括原子的大小：当考虑各自的热外层时，不同的可压缩流体的微粒大小一定会有所不同。另一个是热力学中的排斥力对这些原子起的作用。因此，这两个化学原子的属性，就可以解释各种气体间的扩散。

二　道尔顿为图像化原子图辩护

在道尔顿时代已经知道，氧气、氮气、水蒸气是空气的基本化学组成成分。为了使原子真实，道尔顿需要让原子可以看见。因此，原子符号相当于可视文字，可用于图示化学组合。在1808年出版的《化学哲学新体系》的第一部最后，道尔顿只花了6页纸介绍了他的可视化原子符号，但就是这简单的6页纸彻底改变了化学的思维方式。道尔顿认为化学物质是由原子组成，原子核是一种坚硬的球体。为了代表原子，道尔顿开始着手用一系列基本的甚至比 Hassenfratz、Adet 的普通文字更简单的形式来表示基本形式。他用圆圈和标有特色的标记来清晰地表示一种物质。

在道尔顿所处的时代，人们对分子中原子的相对位置所知甚少，但是道尔顿仍然选择描述它们的相对位置，他在纸上通过相对位置或几何结构阐明了这种位置关系。例如，用三个圆圈置于等边三角形的三个顶点，第四个置于三角形的中央，用这种方法来表示三氧化硫的空间几何位置。三个圆圈代表氧原子，第四个圆圈代表硫原子（图 47）。

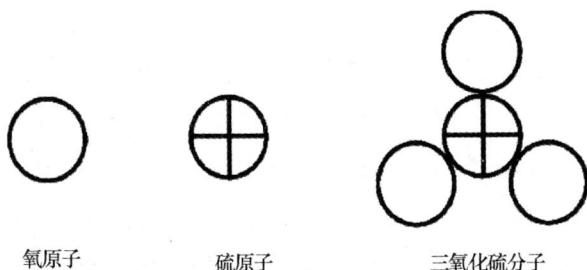

氧原子　　　　　硫原子　　　　三氧化硫分子

图 47

在道尔顿图示的范围内，关于分子形状的思考局限在二维平面内。因此，在任何情况下，分子当中原子的位置都是同平面的。这就是说，无需使用三维结构，就可以在纸面上用同平面的圆圈直接表示其相对位置。图示中圆圈的几何位置与分子中原子的几何位置是一致的。除了描述分子中所含原子的性质、原子之间的引力以及原子之间的空间关系外，道尔顿还试着在他的图示中来描述分子的另一个属性，那就是试着用圆周来表示原子的外部边界。如果它们确实表示这些边界，那么道尔顿接下来思考的问题是它们是否表示原子有坚硬的核，或者说它们是否代表原子的热边界和热环境。如果它们表示了这些热状况，那么它们并不能代表精确的大小。依据道尔顿的解释，圆圈的大小是一样的，但是不同种类的原子其热状况不同。如果圆周代表原子的外部边界，用球状分布的截面积可以对其进行解释。换句话说，用带阴影的圆圈范围来代表原子的范围。

与道尔顿体系相比，贝采里乌斯化学符号体系早于它创立并且是今天所使用的分子式的化学化合物表征的基础，它描绘了并排的分子以及原子的符号（见图 48）。

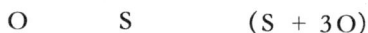

O   S   (S + 3O)

图48　用贝采里乌斯（Berzelius）符号所表示的氧、硫、三氧化硫

贝采里乌斯提出，用化学元素的拉丁文名表示元素。如果第一个字母相同，就用前两个字母加以区别。例如：Na 与 Ne、Ca 与 Cd、Au 与 A1……这就是一直沿用至今的化学元素符号系统。他的元素符号系统，公开发表在 1813 年由汤姆逊主编的《哲学年鉴》上。一年以后，在同一刊物上，他又撰文论述了化学式的书写规则。他把各种原子的数目以数字标在元素符号的右下角。例如 CO_2、SO_2、H_2O 等等。贝采里乌斯公式中的原子的符号与代表物质的原子种类是一一对应的。当贝采里乌斯的公式中没有数字时，一个不同的原子就会被赋予新的术语，它们与被代表的原子是一一对应的。有人认为这种一对一性可能使这些表征图像化，图像化即是被代表的物质的图案。因此，如果在贝采里乌斯公式中显示的一对一性能够满足被代表的物质图像化，那么一张普通列表（也许是一些句子）也可以图像化。但是我们通常不认为一张普通列表或一个句子是一幅图画。

事实上，道尔顿模型也显示了原子与它们表现形式之间一一对应的关系，只是该模型的惯用表现形式不是通过数字来表征的，而是用图像来表征的，再加上它的平面性质，所以难以刻画一些复杂的分子结构。但道尔顿模型有一个显著的特点，正是贝采里乌斯方程或多或少缺少的，那就是这些模型展现了它们所代表的分子之间的空间或者说几何关系。事实上，要使分子模型图能够成为代表分子的图像，对几何性质的表征或许是一个必要的要素，就如我们在结构化学中区别金刚石和石墨的结构一样。如果是这样的话，那么若要评价贝采里乌斯方程是否有一定的图示性质，我们就应该看它是否能在一定程度上表现几何关系。然而，一个贝采里乌斯方程并不能展现一个分子中原子排列的全部几何性质，因为该方程局限于直线型的书写形式（在当时贝采里乌斯方程也能部分地展现这种几何性质，因为它能在一维空间中表征元素成分的位置）。

对于具有形象化想象力的道尔顿来说，化学的视觉表征不仅是一个方法而且是一个目标。虽然贝采里乌斯的字母命名法后来被化学界普遍采用，但是道尔顿很不高兴，他抗议地写道："贝采里乌斯的命名法糟透了，一个学化学的青年学生也可能很快地学会和熟悉希伯来语，（它们）却会把科学内行搞得稀里糊涂，会给学生造成学习障碍，还会令原子理论的精美和清晰黯然失色。"[1] 后来结构化学的发展基本上兼顾了贝采里乌斯和道尔顿结构图示的优点。

道尔顿对原子结构图像的提出在化学界是具有深远意义的，依凭他超凡的想象力从肉眼无法看见的现象力中设想出可视化的原子结构，为理论化学奠定了坚实的基础。英国研究道尔顿的著名学者罗斯科（H. E. Roscoe，1833—1915）对道尔顿这样评价："（道尔顿）似乎是用他的手开始做实验，然而却是用他的头脑来结束这些实验的。"[2] 道尔顿的理论思想方法与当时坚持狭隘经验论的化学家形成了鲜明的对照，他们只擅长于实验研究，忽视心灵之眼的理论思维，而道尔顿是化学中运用心灵

---

[1]　[美]丽贝卡·鲁普：《水土火气——元素发现史话》，宋俊岭译，商务印书馆 2008 年版，第 49 页。

[2]　Roscoe, H. E., *John Dalton and the Rise of Modern Chemostry*, the New York Times, June 16, 1895.

之眼的典型代表。

三 化学群论——化学的几何学化

数学是一门推演性很强的学科，其强大的逻辑之网把力学、光学、运动学、天文学等带入严密的逻辑推演体系之中，使得数学与物理学的联系达到水乳交融的程度，现在几乎每一个物理学家对数学知识都是非常精通的。相比较而言，由于化学在其发展过程中的历史原因及其学科知识本身的驳杂性，所以似乎数学在化学中的应用并不是很广，但是随着化学的发展，当人们的目光逐渐由传统化学中对宏观现象的研究，转入到更深层次的对造成这些宏观现象的物质分子间的相互作用的研究中去的时候，数学中那种精巧的逻辑推演方法开始派上用场。化学群论就是其典型的代表。

化学分子的结构大都具有某种对称性，化学家们借助于图表来定义对称元素和相应的对称操作，讨论对称操作之间的关系，进而演绎出相应结构的分子化学性质。群论是一门抽象的数学，它是研究对称性的最好工具，一些物质的对称性之间的联系形成了一个群，化学家们借助于群论来研究化学中的对称性就成为化学中推演性较强的一个分支学科，即化学群论。群论对化学的重要性体现在能根据分子的对称性质来对分子进行分类，并能对许多分子的性质进行预测。

分子的对称性依赖于分子结构反映出分子中原子核和电子云的分布状况，因而分子的一切性质或多或少地必然要受分子对称性的深刻影响，而这些影响又是化学家们所关心的。一般而言，化学家们运用群论解决如下一些问题[1]：①分子的光学活性的判

① 肖鹤鸣：《群论基础及其化学应用》，兵器工业出版社 1987 年版，第 101—105 页。

断。许多物质能够转动平面偏振光的偏振面，亦能够改变偏振光的偏振方向，通常称这些物质具有旋光性，或者说它们是光学活性的。在研究有机化合物的立体化学及其反应历程中，旋光异构现象是最重要的现象之一。②分子偶极距的判别。分子的偶极距属于向量性质，其大小决定于分子正负电荷重心间的距离与电荷量，其方向规定从正到负。因为分子所具有的对称性是分子中原子核和电子云对称分布的反映，分子正负电荷重心必定处于分子的对称元素上，所以根据分子对称性即可判断分子有无偶极距。③取代物的类型判别。化学上的等价基团可根据分子对称性加以判别，通过分子的对称操作能达到彼此互换的各种原子或基团一般是等价的。④化学位移等价性的判别。质子或其他（质量数和电荷数并非全为偶数）的原子核，在一定的交变磁场作用下，由于在分子中所处的化学环境不同，从而将在不同的共振磁场下显示吸收峰。这一现象谓之化学位移。化学位移是核磁共振波谱中反映化合物结构特征的重要信息之一。

　　下面举一个例子看看群论是怎么解决这些问题的。如何判断分子的光活性在立体化学发展的初期，曾用有无对称碳原子直接与四个不同的原子团相连的碳原子来判断分子的光活性。这是简易方便的，然而并不全面，有些分子具有不对称的碳原子但却没有旋光性，例如酒石酸的内消旋体，它的三种稳定构型如图49：

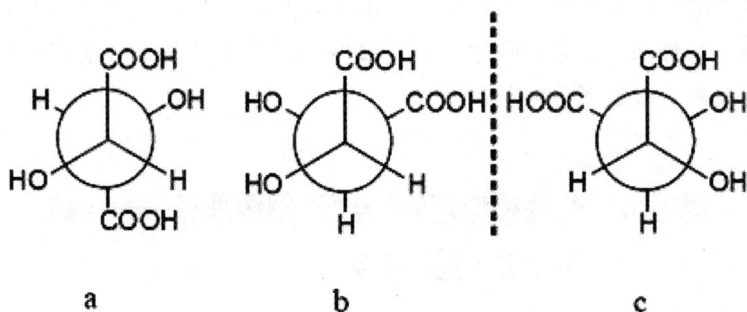

图 49

其中 a 构型没有旋光性（有对称中心），构型 b 和 c 虽然分别具有不对称碳原子，但从图 50 中可以看出，它们互为镜像，所以称为内消旋。此外也有些分子并不具有对称碳原子，但却有旋光性，例如 D_2 群的分子：

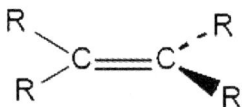

图 50

由此可见，具有旋光性的分子也可以具有某些对称性。实验和量子理论证明，分子具有旋光性的充分必要条件是它不能和它的镜像重合，然而怎么检查分子能否和它的镜像重合呢？依照在纸面上画投影图的方法往往会出现差错，而做出分子的镜像模型再加以直观地对照又相当费时费力，所以较好的方法是根据分子的对称性来判断它的旋光性。

群论对其他化学问题的解决这里就不赘述了。

如果说道尔顿的对不可见的原子图像化想象还是和笛卡尔一样，只是用心灵之眼想象原子的结构并解释一些物理现象，还未进入一种非常严格的科学性中，那么，化学群论则把化学带入一种严格的科学性中，其原因还是前面已经反复说的，是因为进入到了一种强大的几何学图像逻辑之网中，真正达到了与感性世界的分离，具有了先验的特征。

第五节　维特根斯坦的"看作"图像理论——一种另类的心灵之眼

前面已说笛卡尔的拐杖比喻主张心灵之眼所见的东西与肉眼

所见的东西是不一样的；胡塞尔的本质直观也认为直观到的意义不同于感性直观，感性直观最多也就是对于本质直观之意义的充填，因此胡塞尔与笛卡尔一样，他们都是在理性意义上使用心灵之眼，即心灵之眼所见到的东西是柏拉图理念世界中的东西，而现实的感性世界只是理念世界的摹本。在笛卡尔那里，现实的感性世界与理念世界之间的联系是通过想象做中介；在胡塞尔那里是在被给予的感觉材料的基础上重新构造出理念世界。所以，笛卡尔和胡塞尔的心灵之眼所见的世界与现实世界还有千丝万缕的联系。但是维特根斯坦在其后期哲学中则取消这种联系，即其著名的语言意义的游戏理论，这里且不谈维特根斯坦的游戏理论，而谈一下与本书主题有关的维特根斯坦的"看作"图像理论。看作图像理论认为我们看一幅图像的时候，我们的看完全是根据我们约定的规则来看的，图像的意义完全依据约定的规则来定，这样，任何图像（包括几何学图）几乎没有对现实的意指性，其意义缺乏感性世界与理性世界的二重划分和关联。由于所见的东西的意义由看图规则来确定，拉开了与感性感觉的距离感，在结果上又与笛卡尔和胡塞尔的心灵之眼异于感性肉眼所见之结论相同，再加上维特根斯坦的看是规则束缚之下的看，因此就有理由称为"另类的心灵之眼"。

　　维特根斯坦的另类心灵之眼在科学日趋抽象化的今天对于某些现象的说明会有其特殊的意义。科学家除了用科学素描图以感性的方式来表征自然现象及其规律以外，更多的时候是和伽利略一样，用数学公式或符号来表征自然界。那么用数学公式来表征自然和用素描图来表征自然有什么区别呢？显然，数学公式的符号所表征的自然在公式本身中是不能以感性看入的方式知觉到其意义的。数学公式表征自然之所以可能，完全在于我们如何把数学公式当作自然的一种表征，这种以完全不相似性作为基础的图像表征正是维特根斯坦的图像论所要揭示的。

一 维特根斯坦的"看作"图像理论

这里参照卡尼（James D. Carney）在《维特根斯坦的图像表征理论》一文所阐释的，以三幅简单的绘画来阐释维特根斯坦的"看作说"图像表征理论。[①]

凭相似性直觉经验，绝大多数人都认为图 51 描绘了一只猫在一个垫子上。那么，图 51 是否描绘了一只猫正在垫子上这一事实呢？维特根斯坦否定了这个图像必须看起来像一只猫正在垫子上这个视觉解释。维特根斯坦认为，一幅图即使看起来不像 X，它也能描绘 X。虽然图 52 看起来不像一只猫正在垫子上，但它还是能描绘成一只猫正在垫子上。我们可以让一个方形代表垫子，圆圈代表猫，图中圆圈和方形的关系就代表 X 位于 Y 上。因此，只要我们假设了适当的对应规则，图 52 就可描绘成一只猫正在垫子上。按维特根斯坦对图像描绘的分析，在图 51 中进行描绘时，我们就已经假定了规则，只是我们做的这些假定在图 51 中更易懂或从中更容易看出来。当然，我们也可以使这些易懂的规则更为清楚，如 ⟨ 代表了一个垫子（规则），🐱 代表一只猫（规则），图中的关系代表了如果我们看到一只猫在垫子上（附加规则），我们就应该从某种角度来看。

图 53 是由一个点构成的，方框中没有其他明显的图形。维特根斯坦认为，图 53 不能代表或描绘成一只猫在垫子上。据维特根斯坦的图像论，只有当一个图像的各个组成部分和与其所描绘的主题相关的部分有同样的逻辑多重性时，那个图像才能代表或描绘一个相应的主题，另外还要有"投影规则"来把图像与相应的主题对应起来。但是图 53 在另外一种

---

① James D. Carney, "Wittgenstein's Theory of Picture Representation", *The Journal of Aesthetics and Art Criticism*, Vol. 40, No. 2 (Winter, 1981), pp. 179 – 185.

场景中可以表征一只猫坐在垫子上，让一只猫坐在垫子上的图像变得越来越小，在远处慢慢消失，最终以一个点作为系列图片的结尾。在这样一个背景下，一个点可以代表一只在垫子上面的猫，只是这样的表征只有从上下文中所提供的整个组合中才能得到理解。

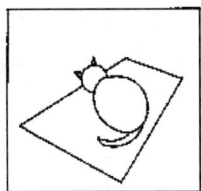 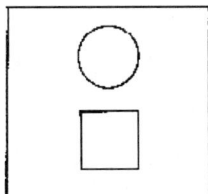 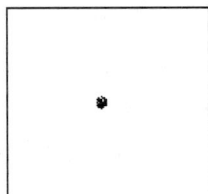

图 51　　　　　　　图 52　　　　　　　图 53

由此，可以把维特根斯坦的图像表征论哲学简单地概括为：对图像的认知是依据约定的投影规则来认知的，绘图的艺术家或者默认某些规则，或者制定新的规则来描绘图像；反过来，观者需要了解历史背景来了解和掌握一幅画的意义，也就是说，要把胡塞尔"看入说"中的文化积淀用清晰的规则表达出来才能理解一幅图像。另外，只要约定好投影规则，就能解读出图像的意义，图像描绘某一个事物是具有任意性的。这种读图方式，学术界一般称作"看作"（seeing-as）。

二　以"费曼图"为例的科学影像的看作认知

《爱因斯坦·毕加索》一书通过穿梭于艺术与科学之中来对两个介于古典（具象）与现代（抽象）的科学家和艺术家之间做了精彩的比较描述。实际上，维特根斯坦的图像表征理论早就被现代艺术理论家们用以探讨一些抽象派画家如蒙德里安、波洛克等的绘画。它们本身不能以看入的方式把它看作是对某个景观的摹写，也就是说不能以指称某个景观来猜测这些画的意义，而是要放到一定的背景中考察它们的意义。

在科学哲学理论中，早就有"观察渗透理论"这一说法，而且通常是用维特根斯坦的鸭兔图来验证这一理论的。只是因为维也纳学派的科学哲学家们专注于用语言描述的科学事实，反而很少用它来讨论科学研究中的图像事实。现在在科学研究中的宏观领域（如天文）和微观领域（如基本粒子）中，科学家们所能获得的绝大多数是影像资料，对于这些影像资料的解读就成为一个很大的难题。

图 54 是两个电子相互排斥这一情形的不同表现。图 54（a）是凭我们对电子的感性意象设想出来的，这种设想图带有很多我们在日常物理理解中所画到的看入性示意图特征，但是对于电子的作用而言，它并不是恰当的，而且这种作用图对于我们的数学垢解决量子力学中的理论问题是一个障碍。从经典物理学向量子物理学转变的过程中，物理学家们用视觉图像来表征他们的抽象理论的时候都会出现这种情况。正如阿瑟·I. 米勒所说："狭义相对论和广义相对论中的视觉形象与洛仑兹电磁理论和牛顿力学中的视觉形象是一样的。这种视觉形象建立在我们实际上用感官加以见证了的现象的基础上，它被强加于这些理论上。比如让我们看两个电子是怎样相互作用的。宏观世界告诉我们：带同电物体相斥。洛仑兹理论对这种观察的表现如图［图 54（a）——引者注］：斥力由相反方向的箭头表示。电子被假定如带电的台球一样运动，这是对带同电的物体相斥这一观察的推断。"①

图 54（b）才是恰当的视觉表现，是展示两个电子如何通过交换一个光量子而相互排斥这一深层结构的，称作费曼图。费曼

---

① ［美］阿瑟·I. 米勒：《爱因斯坦·毕加索》，方在庆译，上海科技教育出版社 2003 年版，第 273 页。

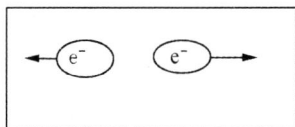
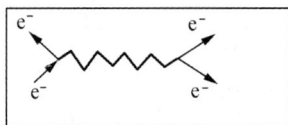

图 54（a）　　　　　　　　图 54（b）

提出一种图解方法，把 M 矩阵①的每一项都与一定的费曼图联系起来，由确定的图，可以根据费曼规则很快地写出相应矩阵元的表达式，而且由费曼图可以清楚地得出该过程的物理解释。在量子电动力学中，在费曼图里用一根带箭头的实线代表电子，带反箭头的实线代表正电子，虚线代表光子，电子、正电子和光子的每一次相互作用都相交于一点的两根实线（箭头分别指向和指离交点）和一根虚线来描写，该交点称为作用顶点。代表初态或末态的线只有一头连接顶点，称为外线，而介于两个顶点之间的线称为内线，内线描写传递相互作用的中间过程的粒子，称为虚粒子。在任一费曼图中，沿实线箭头方向移动，实线或者连成圈，或者由外线引向另一外线，它不会在任一顶点终止，这反映了在反应过程中电子数是守恒的。费曼图的顶点数目称为费曼图的级数，n 级费曼图代表 M 矩阵展开式中 Mn 的一项。例如两个电子的散射过程，如图 54（b）所示，它描写一个电子先放出一个光

①　费曼图是在量子场论微扰论中所用的一种图解法。在量子场论中，系统的总哈密顿量 H_i（能量算符）包括自由场哈密顿量 H_f 和相互作用哈密顿量 H_i 两部分：$H = H_f + H_i$。忽略各场之间相互作用时的哈密顿量称为自由场哈密顿量 H_f，而场之间的相互作用由相互作用哈密顿量 H_i 来描述。H_i 中包含一个系数，称为耦合常数，它描述这种相互作用的强弱程度。由 H_i 可构成 S 矩阵，与具体物理过程的初末态相联系的 S 矩阵元决定着这一特定物理过程的跃迁几率。在 S 矩阵元中，提出一个反映由初态向末态转化过程中能量动量守恒的因子 δ^4（Σp）后，便得到 M 矩阵元，具体物理过程的跃迁几率直接与｜M｜^{2} 成比例。一个重要而又困难的问题是建立一种计算方法，去具体计算各种反应的 M 矩阵元。在量子电动力学中，H_i 的耦合常数就是电荷 e，它的二次方给出精细结构常数 $\alpha = 2\pi e^2 /（hc）\approx 1/137$。M 矩阵可以按电荷 e 展开，而且因为 α 很小，如果 M_n 不无限增大，那么只要计算前几项就足以描写反应过程了。

子，这带有一定能量动量的光子传递到另一电子，并被后一电子所吸收。这样，两个电子的电磁散射，不是它们的直接作用，也不是超距作用，而是由电子场与电磁场的相互作用，通过发射和吸收光子的过程来实现的。作为中间过程的光子，它被发射以后很快被第二个电子所吸收，它与可以被实验仪器直接观测到的物理光子不同，称为虚光子。利用费曼发展起来的这套方法，可以系统而方便地计算各种电磁过程几率，而且物理意义十分明确。

由上可见，最后是量子力学的数学产生那个恰当的视觉形象，但这个视觉形象完全由事件的图形表征组成，而不是由物体的形象组成。费曼图的数学抽象生成性是十分明显的，但是作为视觉图像，它又具有某种感性特征，只是其感性特征不是靠我们的日常生活的感知所能得到的，我们用"看入"读图理论是没有办法把它看懂。因此，在未弄懂量子力学的数学意义的前提下是看不懂费曼图的，费曼图的物理意义只能通过维特根斯坦的"看作"理论来加以解释。然后，物理学家又进一步把费曼图作为读图规则用来指导发现 Z^0 介子。

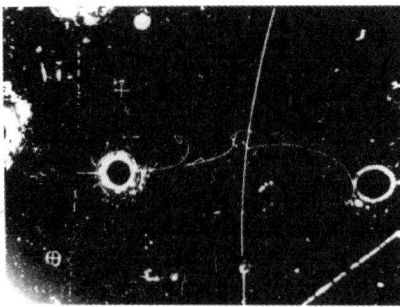 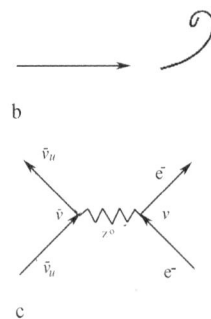

图 55 （a）　　　　　　　　　　图 55 （b）

图 55（a）是一张气泡室照片。1973 年，科学家面临一个重要的也是基本的问题是寻找这张照片里的深层结构，即图像后面

的意义。这张照片描绘了一个电子（e⁻）和一个 μ 子反中微子的碰撞。图 55（b）显示 μ 子反中微子从左边进入泡沫室然后撞击一个电子，这个电子的轨道在外来磁场的作用下弯曲。但是由于试验装置的复杂，图 55（a）这张气泡室照片与两个基本粒子相互碰撞的原始过程隔了许多层，也就是说，这张图片是高度技术化生成的一个结果，它掩盖了许多原始经验层面上的东西，以至于我们利用胡塞尔的"看入"图像理论无法对这张气泡室照片作出解读。如何解读这张照片呢？物理学家将图 55（b）的费曼图当作指导，即把费曼图作为读图规则，采用维特根斯坦的"看作"读图理论，有效地得出了图 55（c）。根据这个图，μ 子反中微子（$\bar{v}_\mu$）通过交换一个叫 Z⁰ 介子的粒子与一个电子（e⁻）进行相互作用。解释气泡室照片里这种现象的理论——即所谓的电弱理论——于是预测了 Z⁰ 介子的存在，Z⁰ 介子在这之后很快被发现了。这进一步证明了费曼图不仅仅有助于记忆或作为计算机的图形辅助，而且也预示了表象之外更深层的现象。所以"费曼图"表现了一个受我们的感官知觉限制的形式之外的世界，它不是像过去经典力学中那种凭生活世界中的文化积淀就能以"看入"方式读懂的，它必须从非常抽象的作图规则入手以"看作"读图的方式才能读懂。费曼图的出现，又为我们进一步感知一个陌生的世界做了有效的暗示。这里似乎也印证了柏拉图模仿理论的第一层模仿，即感性自然是对数学理念世界的模仿，"如果没有量子力学的数学，我们不知道怎样去画费曼图。量子理论出现之前的视觉形象是强加于理论上的，结果让人混乱不清，也不正确；而量子理论的视觉形象是由该理论的数学生成的。物理学转了一个满圈儿回到柏拉图那儿。柏拉图曾论证说，数学是使自然直观化的关键"。①

---

① ［美］阿瑟·I. 米勒：《爱因斯坦·毕加索》，方在庆译，上海科技教育出版社 2003 年版，第 275 页。

尽管维特根斯坦的"看作"图像理论在解释大部分现代高度技术化的科学图像方面可以做出有效的说明，我们甚至可以从胡塞尔的"看入"说中的文化积淀部分挖掘出作图规则来把"看入"说变成"看作"说，就如同维特根斯坦会认为图53也是"看作"出来的一样，但这会显得很不自然，似乎有些悖理。事实上，维特根斯坦的"看作"图像理论有一个缺点，就是只要我建立一个对应的"看作"规则，我们就可以把任何东西都能够看作是某一特定对象的表征。这将使得图像的"看作"理论变得十分的任意化，而在我们阅读科学图像的时候是不可能这样任意的，里面总是有稳定的感性结构的成分。即使在费曼图中也仍然存在感性看入的成分，否则它在指导读气泡室照片的时候是无法找到感性结合点的，这里笔者受专业水平所限，无法仔细追寻费曼图的感性积淀。实际上，应该重点探讨的是如何在一个高度数学化的抽象公式之后寻求公式的具有感性物理意义的图像的问题。因为它是高层次意义上的直觉，或者说是技术世界层次上的直觉，也是高度抽象的数学能够被应用的基础，以及在高度复杂的技术背景中寻找经验的基础。

第 三 章

身体化视觉与技术进化的视觉动力

前面的探讨主要是围绕理性的心灵之眼来探讨科学的发生，近些年随着梅洛-庞蒂的身体现象学研究的展开，人们对肉体化的视觉予以重新的关注，或者说对天生的感性之眼给予重新的关注。在心灵之眼中与其说是视觉，还不如说是"证明"，但是肉眼视觉不同，它强调肉眼视觉的感性、直觉的瞬间性和动感性。随着计算机图像理论的迅速发展，肉眼视觉在现代科研中，特别是在现代数量化科学研究中扮演的作用越来越大。

第一节　梅洛－庞蒂身体隐喻中的视觉

前面已经讲过，在笛卡尔看来，精神性的思想从不与可见者发生直接的关系，而是根据它赋予可见者的意义的模式重建了可见者。笛卡尔注意到，视网膜中的影像与事物的相似是次要的，因为大脑是用心灵之眼来看事物的。心灵之眼看事物最后所形成的知识就是符号化的"判断"。梅洛-庞蒂的视知觉与笛卡尔的大为不同，他更为重视身体化的视觉，即肉眼的视看功能。

一　梅洛－庞蒂对笛卡尔理性知觉的批判

在看梅洛－庞蒂对笛卡尔的理性知觉进行批判之前，先看一下他对经验主义感觉论的经典分析的批判。经验主义通常是把知觉还原到感觉那里，把知觉解释成一种客观的自然事件，解释成一些物理对象刺激我们的感官，从而在我们身上引起感觉，知觉是我们对这些感觉材料进行联合而建立起来的。感觉对于经验主义来说是一种进行构造的基本原子。如在洛克看来，感觉就是刻写在白板上的痕迹，如果刻写出两个痕迹："太阳晒"和"石头热"，而且这两个痕迹又总是联系在一起，就可以说："因为太阳晒，所以石头热。"梅洛－庞蒂不赞成经验主义把知觉还原成感觉。借用现代格式塔理论的"图形"与"背景"的结构辩证法来解读梅洛－庞蒂知觉的"现象性"。

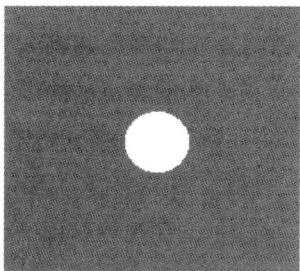

图 56

　　假设在一块灰色的背景上有一块白斑（图56），白斑之所以凸显气象出来正是在于其颜色异于背景，但是，它既是背景的一部分，同时又是一个完整的图形，这决定了它含有比自身更多的意义。白斑的这种处境决定了它只有作为整个背景的一部分才能被感知。所以，不可能有仅仅针对"白斑"的"纯粹感觉"或"纯粹印象"。"知觉到'某个东西'总是处于另一个东西之中，它总是属于一个'场域'的一部分。一个绝对均匀的平面不能提供任何可感知的东西，不能呈现任何一种知觉。……视觉场不是局部视觉构成的。"① 也就是说，我

---

① ［法］梅洛－庞蒂：《知觉现象学》，姜志辉译，商务印书馆2001年版，第10页。

们所知觉到的东西一定是在现象领域中凸显出来的一部分，而不是一个个抽离出知觉环境的"被感知物"。这就是知觉的现象性，也正是知觉到的东西获得理解的先决条件，所谓纯粹印象或纯粹感觉其实不过是一种没有根据的假想，因此我们应当放弃用纯粹的印象来定义感觉。我们可以说我们确实看到了颜色、光线、大小等，也确实听到了各种声音，但是我们感知到的这些性质是我们体验到的周遭背景，即现象场域不可分离的一部分。它们是通过我们的感知角度得以从背景上被凸显气象出来的。所以，这些性质不可能孤立存在。然而，传统的经验主义却认为这些性质是孤立存在的，可以单独拿出来加以认识，而所谓的对象就是这些性质的集合体。

在背景结构中的图形绝非多种性质组合而成的结果那么简单，因为，图形在其背景中是在向不定、含混不清的现象域开放，它所具有的意义因此不但超出自身，而且也是不定的。图形的轮廓不仅是当下所与的综合，而且图形与背景的交融决定了现有的所与还会引起其他所与来拓展、填充它。在此，我们可以借助格式塔理论颇为著名的一个实例来说明这一问题。在图 57 中，弧线上 A、B、C 三个点，在空间中如此这样的分布让人想起其他类似的点（如 D 点），引发我们早已有之的体验，使我们想到一个圆。但是这种联想不是由此及彼，像笛卡尔的坐标空间一样展开的，相反它是从生存背景的完形结构中凸显气象出来的，因为对于圆的体验是我们早已有之的，这些点实际是通过唤起我关于圆的体验，来召唤这些点的出场，它们与我对于圆的体验相互交流、重合，才使我"看到"一个圆。

另外，梅洛－庞蒂认为笛卡尔把知觉看成是由心灵之眼作出的判断所构成的，这并不能真正地解释我们的实际知觉。"判断"在梅洛－庞蒂看来和知觉是两种不同的东西。在知觉的时候，我们是直接与对象相关联，判断则要和对象保持一种距离，因此，不能从判断构成知觉。梅洛－庞蒂说："在共同的体验看来，判断是采取的立场，旨在认识在我生命的每时每刻对我来说和对存

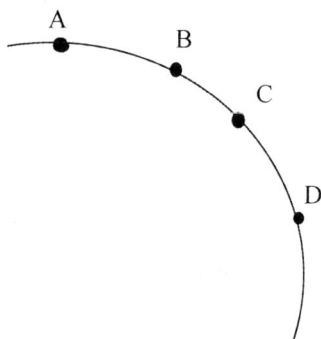

图 57

在着的以及可能存在的其他人来说有价值的某物；相反，感知则致力于显现，而不试图占有显现和了解显现的真实。这种区分在理智主义那里消失了，因为在没有纯粹的感觉的地方，就有了判断，也就是说判断无所不在。"①

知觉如果是由感觉和判断所引起的，判断行为就应该在知觉行为之前，然而，实际上是知觉行为在前，判断行为在后。更根本的是引入判断并不能解释为什么会有错误存在的问题，比如就不能解释泽尔纳错觉的情况。泽尔纳错觉是说，如果我们画两条平行的线，并在这两条平行线上画一些辅助线，在这种时候，主体不能认出两条主线是平行的（图 58）。

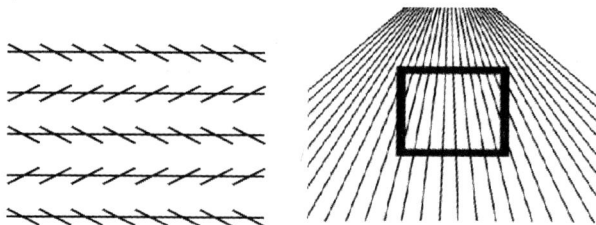

图 58

① ［法］梅洛－庞蒂：《知觉现象学》，姜志辉译，商务印书馆 2001 年版，第 60 页。

理智主义把这种幻觉看作是主体受到辅助线的影响而导致了错误的判断，是"我"使辅助线与辅助线和主线的关系发生了作用。梅洛－庞蒂认为，这是假定在实际的知觉发生之前就存在着平行线的感觉，这是颠倒了知觉和判断的顺序，无视概念、判断的存在论基础，对此，梅洛－庞蒂认为："理智主义看不到被感知的物体的存在于共有方式，看不到贯穿视觉场、暗暗地将视觉场各部分联系在一起的生活。"①事实上，一旦添加上了各种辅助线之后，图形就发生了变化，知觉主体与这种新的图像的共有关系也就发生了变化，于是就产生了这组平行线看上去不平行的错觉。但是，这种错觉也还是一种知觉，只是打破了以前的共有关系而建立在新的共有关系的基础上形成的。错觉指出了几何学对平行线的测量并不能决定视觉的内容，对梅洛－庞蒂来说，错觉要比解释后获得理解所"还原"的视网膜影像具有更高的优先性。"应当承认，添加了辅助线之后，主线不再是平行线，它们失去了原有的意义，获得了另一种意义，辅助线在图中引入了一种新的意义，从此以后，新的意义就留在图形中，不再与图形分离。"在梅洛－庞蒂看来，如果用判断来解释知觉，认为感觉的错误是通过判断改正了的话，我们就无法区分真的知觉和假的知觉，因为说我们感觉的错误是由理智的判断所改正的，实际上也就是认为当我们看到了某物的时候，并不是我们真的看到了某物，而是我们判断说我们看到了某物（如笛卡尔所言）。理智主义把知觉看成是一种理智的构成活动，但梅洛－庞蒂认为，理智主义想象的世界的构成并没有实质性的内容，理智处在知觉活动之外，知觉的主体仍然没有参与到知觉活动之中去。

其实，上述关于知觉的现象性分析已经表明我们对于世界片

①　[法] 梅洛－庞蒂：《知觉现象学》，姜志辉译，商务印书馆 2001 年版，第 62 页。

段的知觉或意识都不可能离开我们所处的视觉场域，但是，这一场域绝非清晰剔透、一目了然的，在那里，有一种未确定的视觉，一种说不清楚的视觉。显然，与通过光学、几何学之类虚构的明了、精确的世界片段相比，知觉场域试图告知我们的则是含混、模糊不定。我们的知觉事实上是一种不断去肯定的努力，从如此氛围中呈现出来的性质必然是具有含混不清的意义，但是它却具有一种表达的价值，而非逻辑的意义。经验主义却无视性质由其场域带来的模糊性，将其视为意识的对象，并以此来界定感觉；科学意识同样视性质为自己的客观对象，不过是对这一思路的继承和阐发。

二 梅洛-庞蒂的身体隐喻的视觉

梅洛-庞蒂强调，我们不能够像笛卡尔那样把视觉抽离开身体整体的运作而只把它视为一个独立的原因，因为这样的想法也预设了视觉只是灵魂理性的功能，而未能看到它与身体运动之间的关联。前面说过，笛卡尔那里心灵之眼的视觉成了对感觉给予的相应于身体刺激的符号的解释，心灵之眼真正说来就是一种符号功能，这种符号功能是心灵之眼不同于肉眼的一种独特的能力，但是梅洛-庞蒂认为这种符号功能是建立在肉眼视觉的内容之上的。这样，视觉和灵魂或思维的关系并不是一般所以为的内容和形式的关系：思维是形式，视觉是内容。而且视觉成为思维的必不可少的基础。"视觉更不是灵魂展现一种在它之中的无条件能力的一个单纯原因。视觉内容在思维方面被一种超越视觉内容的符号能力采用、利用和升华，但这种能力只能在视觉的基础上形成。内容和形式的关系就是现象学称之为奠基的关系，符号功能建立在视觉上，这不是因为视觉是符号功能的原因，而是因为视觉就是灵魂在绝望时应该利用的、应该予以一种全新的意义、灵魂不仅仅需要它来体现自己而且也要靠它才能存在这种天赋。"① 因此，现在原本建立在理性思维之上的形式与内容的关系，就必须要被身体知觉的原则加以重建。那么，身体知觉的原则是什么呢？如果以视觉为例，就是，与视觉相关的不是理性判断，而是身体运动。于是，梅洛－庞蒂宣称说，在笛卡尔的命题"我思故我在"中，"我思"和"我在"这两种肯定是完全等值的，并没有先后关系，而且这种等值关系并非"我思"包含"我在"，相反是"我思"被纳入"我在"的身体运动中。因此，在梅洛－庞蒂看来，"看"的思维和纯粹的思维都离不开身体对世界的投入。

上面的结论可以从梅洛－庞蒂所举的施奈德病例上加以说明。施奈德是一个严重的运动机能障碍病的患者，他只能做一些具体场景所要求的活动，而不能做和实际场景无关的活动，不能做抽象的活动。比如在实验中，人们要他做一个行军礼的动作时，他做不出这一动作，但是，如果让他置身于军队当中，真正地作为士兵队伍中的一员，他就能做这一动作了。他能从口袋里掏出手帕来擤鼻涕，但是，如果不让他先触摸到自己身体的某个部位，就不能指出自己身体上的这个部位，比如，如果我们想让他指出自己的鼻子，但不让他在指出之前摸鼻子，或是只让他用一个小木尺来触摸鼻子，他就不能指出自己的鼻子。他在日常的职业生活中，可以完成正常人工作量的四分之三，他可以伸手去拿放在桌子上的一件工具，然而，在闭上眼睛的时候，他却不能按照实验的要求伸开或弯曲手指，不能活动胳膊和腿。在日常生活中，蚊子叮咬他的时候，他能迅速地去拍打蚊子叮咬的位置，但是当医生用小木尺刺激他的皮肤的时候，他却不能说出医生刺激了他身体的哪个部位。总之，他只能限于具体的场景，但不能设想其他的存在，在做和具体场景无关的活动时，需要做一些准

---

① ［法］梅洛－庞蒂：《知觉现象学》，姜志辉译，商务印书馆2001年版，第170页。

备活动才能进行。施奈德在运动机能上所出现的病症，在传统精神病理学上称为"精神性盲"①，因为他并非丧失了所有的运动机能，他所丧失的是较为困难的"抽象"运动层次，在这个层次里所要求的不只是身体的本能或直接反应，而必须涉及较高层次的语言和抽象能力的转换。因此，梅洛－庞蒂在这里提出"身体图式"这个概念。身体图式就是借由我对自己身体部位的空间位置的想象，大致形成的对自己身体经验的概括。例如，我的背很痒，我能够不假思索并且准确地挠那个部位，然而我的背部是看不到的，我用的就是我对自己身体相关位置的想象。值得说明的是，这种身体图式必须在动态，亦即运动中实现，而且这种身体的运动是有特定方向和目标的朝向对象的活动。在朝向对象的过程中，身体进入对象。对于视觉来说就是视觉投入对象。

对于笛卡尔而言，我不能确信那里一定有一只烟灰缸或一只烟斗，但是我能确信我看到了一只烟灰缸或一只烟斗，因为我可以反思到我"看"的这种活动，而且对于这个"看到"的知觉我是无法怀疑的。所以笛卡尔要把"我面前有一只烟斗"与"我认为我看到了在我面前的一只烟斗"区分开来，认为第一句话不够确实，第二句话才够确实。然而，梅洛－庞蒂要说，把看的行为本身和看到的对象（如烟斗）分开是不可能的。我们不可能把"看的思维"的明证性放在关于被看到的物体的任何判断之外。所以梅洛－庞蒂说："知觉和被感知物体必然是同一种存在方式，因为我们不可能把知觉与知觉具有的，更确切地说，知觉要达到的物体本身的意识分开。问题可能不在于坚持知觉的确实性，否认被感知物的确实性。如果我在'看'这个词的完全意义上看到一只烟灰缸，那么在那里应该有一只烟灰缸，并且我不能制止这种肯定。看，就是看某种东西。看红色的东西，就是看现实中存

---

① ［法］梅洛－庞蒂：《知觉现象学》，姜志辉译，商务印书馆 2001 年版，第141 页。

在的红色的东西。"① 梅洛-庞蒂的意思并不是说，我们不可能看错东西，而是说，看的知觉活动本身，并不等同于一种判断或推理活动。当我们看到一个红色的东西时，我们不是只看到红色本身，而是看到红色所处的环境，否则我们根本看不到红色，尽管我们不见得能一下子辨识得出那个环境是什么，可能是气球、云彩、烟雾等。因此"看"不是一个孤立的判断活动，事实上，视觉本身就是一种行动，在这个行动中，视觉同时自我把握，同时也投入对象。"视觉返回本身，和被看到的物体相连接。对视觉来说，重要的是自我把握，如果做不到这一点，视觉就不成为视觉，但是，对视觉来说，重要的也是在一种模棱两可和黑暗中自我把握，因为视觉不自我拥有，而是消失在被看到的物体中。"②

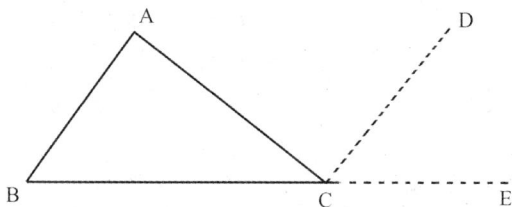

图 59

现在，既然对外在世界的知觉活动不能把"看"的行为与"看到"的对象分开，梅洛-庞蒂就继续探问，在几何学思考活动中，思想与思想的对象就不会涉及外在的知觉了吗？当我们证明三角形的内角之和等于 180°时，我们通常会画出上面那个图形（图 59），即过 C 点作 AB 的平行线 CD 并延长 BC 至 E，因为角 ACD = 角 BAC，角 ABC = 角 DCE，又因为角 ABC、角 ACD 和角 DCE 处于同一条直线上，三者之和就等于 180°，所以三角形内角

① ［法］梅洛-庞蒂：《知觉现象学》，姜志辉译，商务印书馆 2001 年版，第 470 页。

② 同上书，第 473 页。

之和等于180°。通过这个证明，我确信得到了正确的结果，而且我得到的这个正确的结果是通过我作辅助线构图得到的。这个证明在笛卡尔看来，对这样一个证明的把握需要一个把这个证明的各个步骤统一在一起的精神活动，不然的话，这些证明的步骤仍然是暂时分离的顿悟。但是，梅洛－庞蒂认为，数学的理解活动是一个想象的感知行为，它已经超出了纯思想的主观性，其本身在本质上联系于一个超越的客体之上（如纸上的构图）。就上面的证明而言，实际上发生的并不是人们凭借着对一个三角形的定义分析进行的认证，例如，我们并不从"三条边围起的平面图形"这一概念开始进行认证并发现包含在其中的特性，即三角形的内角之和等于180°。与此相反，这一特征被一系列构图（如画辅助线）所揭示，从这一系列构图中，这一特性显现出来。这一论证确实使内含于三角形中的东西变得明晰，但是，它是作为在我的生活中的一个超越的客体的三角形，而不是作为一个形式上定义的观念化的三角形。

因此，我们必须承认，即使是数学的理解力也是产生于活的感知经验。在三角形内角和定理的证明中，三角形并不是一个完全的思想观念，它是我的身体运动（当我为证明进行构图的时候）以之为方向的极点，而且，作为这一极点，它是我的空间世界的一部分。因为我只能通过我的身体处在这一世界之中，所以，人体是几何知识的可能性条件。当我们进行几何学运算的时候，其中像"在……之上"、"通过"等词语具有运算的意思，归根究底，仍是根据我身体在世界的运动："构图不是根据三角形的定义和作为概念，而是根据三角形的形状和作为我的运动的极，阐明有关三角形的可能性……构图是一种行为，也就是说，实际的笔画向外面表达一种意向。但这种意向又是什么？我'考虑'三角形，在我看来，三角形是一个有向线条系统，之所以诸如'角'和'方向'等词语在我看来有一种意义，是因为我位于某一个点，我从那里看到另外一个点，因为空间位置系统在我看来是一个可能运动的场。我就是以这种方式理解三角形的具体本质，三角形的具体本质不是客观'性质'的总和，而是一种态度的表达方式，我把握世界的某种方式，一种结构。在构图的时候，我把三角形的具体本质放到另一个结构，'平行线和正割'结构。这如何是可能的？这是因为我对三角形的知觉，可以说不是固定的和一成不变的，画在纸上的三角形图案只不过是三角形的外壳，它是被力线贯穿的，没有画出的和可能的方向从三角形的每一个地方产生。因为三角形包含在我对世界的把握过程中，所以三角形具有无限的可能性，已经实现的构图只不过是其中的一个特例。"① 这样，梅洛－庞蒂把我们平常对观念和对具体知觉事物的经验的关系反过来了，因为传统理性派哲学认为观念或理念才是永恒不变的，而经验事物只是理念世界的不完美的摹本，但是梅洛－庞蒂却把这种主次关系平等看待，即观念的形成不能无视我的身体运动的经验，因为只有两者的共在才使三角形具有各种无限的可能性，而我们所以为是理念的几何学三角形只是这无限可能性的其中一种而已。

对于梅洛－庞蒂而言，他对笛卡尔的重视和笛卡尔这样的理性主义者对视觉的特殊看待的重要差异是：笛卡尔要克服的是视觉经验上的盲点，而梅洛－庞蒂却要凸显这个盲点在视觉经验上的意义，因为他看到盲点在整个知觉经验中所占有的特殊地位。他说："如果视觉角度是物体得以隐藏起来的方式，那么它也是物体得以被揭示的方式。看，就是进入一种呈现出来的诸存在的世界，如果它们不能在其他存在的后面或我的后面隐藏起来，它们就不可能显现出来。换句话说，注视一个物体，就是留住它，再根据其他物体朝向它的面把握其他物体。"② 所以，盲点不但不是视觉上的缺陷，相反，从视觉经验上来看，盲点还是我们可以

① ［法］梅洛－庞蒂：《知觉现象学》，姜志辉译，商务印书馆 2001 年版，第484—485 页。

② 同上书，第100 页。

看到东西的相关条件。

对肉眼视觉的优先强调，梅洛－庞蒂在《眼与心》中表达得更为完整。在笛卡尔那里是从"眼"到"心"，然后把"眼"归之于"心"；梅洛－庞蒂则是从"心"到"眼"，让心向眼开放。梅洛－庞蒂说："视觉于是一分为二：有我对其进行思考的视觉，我只能认为它是思想、精神审视、判断、征兆解读，而不是别的什么；还有一种实际发生的视觉，作为一种名誉性的或被构成的思想，它被挤压在它的某一身体之中，人们只在运用它时才会了解它，而且它在空间与思想之间引入了由心灵和身体复合而成的自主秩序。"① 很清楚，在第一种对待视觉的态度中，"看"的行为从根本上被归属于精神的秩序，即我们看的目的并不仅仅在于其自身，而是必须超越于单纯的视觉经验去发现其中所呈现出来的观念和思想形式。正如笛卡尔对于"蜡"的分析中所强调的，仅仅是"看"并不能真正确立起对象自身的明确性，相反，我们对于对象的领会正是对其进行观念上的把握。但是通过这种思索，我们并没有真正把握"视觉"行动的本质，毋宁说，"视觉"只是被降格成了实现"精神"目的和形式的一个次一级的从属性的功能。所以，梅洛－庞蒂会说，在这种对待"视觉"的态度中体现出来的是来自更高层次的精神监控。因此，我们必须转向第二种视觉理论，即"行动中的视觉"。如果说第一种视觉理论是把视觉从属于思想，那么，在梅洛－庞蒂看来，必须把思想放回到"视觉"的活动中，这正是指精神或心灵之眼不再发挥监控的功能。当然，这并不是说要走到另外一个极端从而放弃思想，而是说，我们必须在视觉的行动基础上来重建思想自身。

总之，"视觉是投入对象之中，而非与之保持距离"。以及"承认视觉的盲点"就可以确定，梅洛－庞蒂所说的视觉并不是

---

① ［法］梅洛－庞蒂：《眼与心》，杨大春译，商务印书馆 2007 年版，第 63 页。

一种想要掌控、控制，甚至把对方加以客体化的宰制力量。相反，视觉具有一种温柔、亲近和开放的属性。其中的关键在于梅洛－庞蒂所主张的视觉并不是一个孤立的意识或心灵，而是一个"身体主体"，亦即身体隐喻意义上的视觉。

第二节　可视化技术成为一种新的
认知方式的现象学分析

可视化技术是指将抽象的事物或过程变成图形图像的表示方法。现代的数据可视化（Data Visualization）技术指的是运用计算机图形学和图像处理技术，将数据转换为图形或图像在屏幕上显示出来，并进行交互式处理的理论、方法和技术。可视化技术虽然是一个相对年轻的学科，但已经向多个方向扩展，它可以帮助我们看到对于我们来说过小和过于复杂的东西，例如看到结构复杂的分子，或者对于我们来说太大而不能看到的东西，如地球本身。它还可以支持存在于我们想象中的事物可视化，不需要"真实"世界中的等价物，而是对现实的虚拟。可视化还可以用来使本身不可见或不可感觉的现象形象化，如数学结构或信息间抽象关系的可视化。可视化甚至已被称为第二次计算机革命，因为它已超越了计算机传统的用途，挺进了"认知"领域。历史证明，人类的视觉在人类的科学发现中发挥过重要的作用，通常在可视化方面，关键技术的出现，就是重大科学发现的前奏，因为海量的数据只有通过可视化变成形象，才能激发人的形象思维，从表面上看来是杂乱无章的海量数据中，找出其中隐藏的规律，为科学发现、工程开发、医疗诊断和业务决策等提供依据。随着可视化技术的日益普及，一些著名的技术哲学家开始思索可视化技术的哲学问题，如伊德从一种扩展解释学的角度来思考、德雷弗斯从身体现象学的角度来质疑这方面机器本身的图像识别能力。德雷弗斯的质疑虽然有道理，但人工智能技术毕竟还是在高速发展，下文则试图从德雷弗斯的身体现象学的角度反过来考察可视化技术中人机互动对于认知的贡献这一现象。

一 心灵表征计算理论

胡塞尔在其建立的意向性结构理论的基础上把柏拉图、笛卡尔的心灵之眼的思想充分地展示出来。如果说自洛克以降的英国经验主义哲学家主要集中于心理主义浓厚的"表象"，那么，在胡塞尔哲学中就因其对心理主义的批判变成了"代现（represen-tation）"或"表征"。表征与表象不同的是表象与所表象之物之间总是具有相似性，就像一幅画与它所摹绘的对象之间具有相似性一样，但是代现或表征与被代现或被表征者之间却不必具有相似性，如"芒果树"这个词或"足球场上有学生踢球"这句话是符号代现或表征，却不是表象，这种代现或者指向"芒果树"概念所具有的抽象意义，或者指向"足球场上有学生踢球"所表征的事态。代现或表征所指向的本质性的意义是通过心灵之眼所见到的东西。

现代计算机的发展可以说把笛卡尔和胡塞尔的思想发挥到了极致，因为计算机是一种符号操作机，它们能仿真所有被精确描述的过程。计算机制造出来之后本来首先是用于科学计算的，然而 20 世纪 50 年代末期，艾伦·内威尔和赫伯特·西蒙等研究者开始认真地对待把计算机作为普通符号操作机的时候，他们看到人可以用符号来描述世界上的基本事件，并用规则来描述它们之间的联系，那时计算机可根据这些规则或程序来推论那些事件是如何相互影响的，以及当这些事件改变时所发生的变化。通过这种方法计算机逐渐被用来模拟逻辑思考，这样的计算机我们称之为"逻辑机"或者"推理引擎"。现代人工智能的发展无论是专家系统还是神经网络都是仅仅处理那些可以通过人精确定义的情景，用笛卡尔或胡塞尔的话来说就是人脑可以通过心灵之眼清晰地表征的东西。

　　德雷弗斯通过对人工智能与胡塞尔思想之间的联系进行考察，他认为胡塞尔是人工智能和认知心理学的预言者，指出在胡塞尔的现象学态度（指现象学的悬置）与福多的方法论的唯我论之间有许多亲缘关系，而且胡塞尔是第一个特别强调心理表征的指向性的思想家，德雷弗斯说："胡塞尔在他最完整的意向性说明中，称心灵借以面对对象的抽象结构为 Noema……由于这项工作，胡塞尔终于被认为是现今对意向性感兴趣的先驱，是第一位在语言哲学和心灵哲学中提出心理表征作用一般理论的人。作为将心灵表征的定向性置于其哲学之中心地位的第一位思想家，他也开始作为现今认知心理学和人工智能的研究之父而出现。"① 德雷弗斯把胡塞尔的意向性理论划分为两个发展阶段。第一个阶段恰好对应于福多在他的方法论的唯我论的文章中所称的心理表征理论；第二个阶段则与福多的心灵表征计算论（CTM）有关系②。CTM 把"表征和规则"两个中心概念作为特征化心灵的关键，规则可以简单地理解为一系列命令，表征是具有内容的符号。在计算中，人们根据他们对表征的运用来遵循规则，因此，计算是受规则控制的对表征的操作。这样，人类的智力像一台计算机一样具有可计算性，特别是大脑处理那些相关在一起的符号来形成外部世界的表征。因此，根据这一观点，认知通过吸收由环境提供的信息而把它们组编成表征，然后这些表征能够被处理并提供逻辑的响应。它基于四条原理——在心灵与身体之间存在一种笛卡尔的划分；思考是由对抽象的表征的操作组成的；这些操作可以用形式的语言加以表达；所有这些都充分决定性地体现在机器中。这一方面可以说是人脑认知的计算机隐喻，另一方面也说明

---

① Hubert L. dreyfus ed. , *Husserl*, *Intentionality and Cognitive Science*, The MIT Press, p. 2.

② Ibid. , p. 3.

了计算机对信息处理（可以借拟为"计算机认知"）的一种特征。

二 德雷弗斯对计算机图像识别能力的质疑

从柏拉图到笛卡尔再到胡塞尔的心灵之眼可以说主宰了西方理性眼睛的历史，西方哲学的这种视觉隐喻也造就了西方的理性的科学，这种理性的科学在人类对人工智能的展望中得到了最大程度的体现。例如，内威尔和西蒙相信，这样编程的计算机不但可以证明逻辑定理，而且在理论上，它们还能解决问题，识别图案，理解故事，确切地说，可以做一个有理性的人能做的任何事情。正是在这一点上德雷弗斯在《超越机器的心灵》一书中提出了他的质疑。他认为，计算机操作符号的方法所必需的准确性带来巨大的优点的同时也存在着严重的局限。

德雷弗斯质疑的哲学基础是梅洛－庞蒂的身体现象学。梅洛－庞蒂对传统的笛卡尔和胡塞尔式心灵之眼的清晰表征进行了批判，而给予视觉的肉身化以合法地位。梅洛－庞蒂认为世界的存在总是先于对世界的反省思维，非概念化或非表征化的知觉作为观察和认识世界的手段与思维同等重要。这种非概念化或非表征化的知觉是人的认识活动发生之前的意识，它才是思维的前提和基础。由此，梅洛－庞蒂进入到了他自己的宏观知觉领域之中，这种宏观知觉是通过意向弧（intentional arc）和达到一种最佳把握（maximal grip）的倾向来实现的。意向弧是身体和世界之间的紧密联结，例如活动的身体获得技巧，那些技巧被"储存"，但不是作为表征储存在心灵之中，而是对世间境况的要求（solicit）作回应的倾向。德雷弗斯以他自己的方式，通过其著名的学车五阶段说来阐释梅洛庞帝的身体现象学理论。德雷弗斯认为技艺的获得实际上是身体意向弧的建立过程，他为此讲述了一个人获得某种技艺的故事，获得某种精熟技艺的过程包括五个阶段：生手、进阶初学者、熟手、能手和专家。下面简要地介绍这五个阶段。

第一阶段称为生手（novice）阶段。处于这个阶段的学习者只能在不发问、与语境无关的环境里，根据规则来操作自己正在学习的技能。以学习手动挂挡汽车为例，需依据下列规则来驾驶车辆，比如说在达到某个速度之后应该换到第几档，以及应该与前面的车辆保持多少距离等等。他对速度的认识就是"当速度表上的指针指到'10公里/小时'时就换到第二档"。生手的操作很容易被看出来，仍以开车为例，生手的驾驶会使车子的进行不顺畅，同时在运用换挡的规则时，也不懂得将发动机声响或路况等语境因素纳入考虑，而且也不管交通流量的疏密，只是依据指示与前面的车辆保持同样的距离。

第二阶段称为进阶初学者（the advanced beginner）阶段。随着生手获得应付真实情景的实际经验，他所遭遇到的含义丰富的境域就会逐渐被他注意到并用来充实那些指令性的含义。在看到足够多的例子之后，那些指导性的指令现在能够根据对这些经验的认知来指示一些新的境况。例如，这个进阶的初学驾驶者不仅根据他的调挡规则来了解车速（非境域性的），他也根据发动机的声音来了解车速（境域性的），并依据交通流量来衡量该与前面的车辆保持的距离。发动机的声音并不能通过语言来充分地把握，所以语言并不能替代对这种经验的学习。进阶初学者与生手阶段的学习者之间的最大差异在于，虽然两者都需要依据规则来行动，但进阶初学者已经能在必要时，依据境况的变化修正某些规则。

第三阶段称为熟手（competence）阶段。具备更多的经验之后，那个学习者能够认知的潜在相关成分的数量获得巨大的增长。在这一点上，既然在任何特殊境况中是重要的感觉都见不到了，行为开始变得极端令人头痛并且令人疲惫不堪，并且那个学徒有充分的理由开始惊愕，其他人究竟是如何掌握这个技艺的。为了应付这种超负荷的经验并且获得开车能力，人们通过指令或经验来设计一个计划或选择一个角度来决定那个境况的哪些成分被认为是重要的，哪些成分又是可以被忽略的。熟手因此需要融合新的规则和推理程序来决定一个计划或视角。但是这些规则并不像初学者在课本或课堂中给予的规则那么容易得到，因为存在巨大数目的境况（比能够被命名或精确定义的境况多得多），它们相互之间只存在细微的差别，对于学习者没有人能够在每一种可能的境况中列出一个清单。因此，熟手必须由他们自己来决定，在每一种境况中该选择什么样的计划，而且并不确定那个计划一定适合那个特殊的境况。例如，一个驾驶汽车的熟手从一个拐弯的斜坡离开高速公路，经过考虑车速、路面状态、时间的紧急程度等，他可能觉得车速太快，于是他不得不决定是否减速、移脚或踩刹车，如果他安全拐弯，他就会放下心来。处于熟手阶段的人仍然得依据规则行动，但至少当一切状况正常时，会以相当有弹性的方式来运用规则。这个阶段的人不会单纯地依据规则从一个动作变到下一个动作，也不会在每一步都有意识地决定下一步行动（这是生手与进阶初学者的共同特征）。相反的，他们对自己所运用的规则通常都具有更为整体的理解。属于熟手阶段的汽车驾驶能够依据好的目标来开车，同时会注意到发动机声音和交通流量的变化，来决定是否换挡和保持适当的行车车距。然而这个阶段的学习者仍需将大部分的注意力放在驾驶上，因此尚无余力来顾及乘客的舒适、驾驶礼貌，甚至行车安全和交通法规等等。此外，他对突如其来的紧急状况恐怕也处理不好。熟手驾驶员对自己所从事的驾驶活动具有完整的了解，并能自由地选择相关的规则，因此较有涉入感，对于后果也觉得该负责。生手和进阶的初学者在出了纰漏时，通常会推卸责任，辩说自己只是依据规则照章办事而已。

第四阶段称为能手（proficiency）阶段。随着学习者实践他的技艺，正面的或负面的结果将加强成功的反应而抑制不成功的反应。学习者关于由规则和原则来表征的那种技艺的理论将逐渐由对境况发生快速反应的辨识力来替代。当经验被以这种非理论的方式加以吸收，并且直觉行为替代推理反应的时候就发展到能手了。驾驶员能手在一个大雨滂沱的雨天驶近一个弯道的时候，可能会直觉地认识到他的快速驾驶的危险性，然后决定松开油门或赶紧踩下刹车。虽然减速或急刹车的行为必须牵涉到有意识的决定但能手所作出的决定，却是源自过去经验积累而来的无意识或本能。驾驶能手与一个驾驶熟手相比当然更能安全地通过那个弯道，因为那个驾驶熟手为了确定汽车的速度是否太快，他要用额外的时间来考虑速度、坡度和感受到的重力。在大部分情况下，处于这个阶段的那些能手都不会运用规则。相反的，他们拥有充分的经验能够辨识出目前所遇到的情况，以前也经历过许多类似的情景，并用许多训练有素的反射动作解决问题。

第五阶段称为专家（expertise）阶段。"遵循规则"、"决策"、"机械步骤"、"已知事实"等词语都不适用专家阶段的人，相反的，我们应该以"技能"、"直觉"、"本能"等词语来描述专家的行动。专家并不依据规则来行动，通常也不会知觉到有任何规则在主导活动，但却能在下意识里顺畅且毫不费力地进行完整的活动。作为能手的技艺操作者沉浸在他那充满技艺活动的世界中时，他看到需要做的事情，但是要决定如何去做。专家则不仅看到由于境况辨识的巨额数量的全部技艺所需要完成的事情，他就会立刻看到如何达到他的目标。因此，作出更加细微和精确的辨识的能力是专家不同于能手的地方。例如，驾驶专家在一个出口斜坡上立即感到何时要慢下来，他根本不需要计算和比较众多的选择，也能知道如何执行适当的操作。驾驶专家在开车时不会意识到车子的存在，而只经验到驾驶的乐趣，有时甚至对自己正在驾驶汽车的事实浑然不觉，完全与车子融为一体。当一切情况正常时，专家不必依据任何规则做出任何决定以解决任何问题，只要继续做平常该做的事。即使临时有突发状况出现，专家也可以不假思索地根据本能做出正确的反应。

值得注意的是，德雷弗斯对专家的定义是非常严格的，他并不认为专家就是能够有效依据规则行动的人。相反的，他认为专家在专家知识阶段是没有规则的，不需要规则，即使在下意识里，也不是跟随规则行动。① 规则只是帮助我们学习如何执行任务而已，当我们变成了专家之后，就再也不需要规则的辅助了。规则就好比小孩学骑脚踏车时安装在后轮两边的辅助小轮，起初两个小轮子紧紧贴着地面，随时为脚踏车上摇摇晃晃的小孩提供支撑，而随着骑术越来越进步，小轮子的位置也越调越高。等到小孩子完全学会脚踏车后，我们就可以将这些小轮子拆掉，因为这时小孩子的技艺已经使得小轮子成为多余。

因此，一个精于驾车的司机在高速公路的一个出口斜坡上立即感到何时要慢下来，他根本不需要经过考虑车速、路面状态、时间的紧急程度等等来计算和比较众多的选择，就能知道如何执行适当的操作。这种反应来自于实际的知觉和操作，而不是一种理性的算计，就像我们观看某一幅画的时候并不是先在头脑中算计出一个最佳的观察角度而是凭本能自动地找到一个最佳观察视角一样。与人相比，计算机中符号所描述的东西必须绝对地准确，程序员也必须非常清晰地知道他让每个符号所代表的意义，当我们考虑到这种计算机处理图像和识别相似或类似的图像所用的方法时，这些局限性就会显示出来。

首先，计算机可以用一系列的点来储存一张图像，也可以旋转图片，一个设计师也可以使用计算机通过任何理想的角度来观察同一个物体，但为了知道一张图像所描述的内容，计算机必须识别出图片中有什么物体。要编程使计算机分析背景并识别出当中的物体是相当困难的，因为背景分析程序需要大量的数据，并且在特定的情况下才有效。德雷弗斯说："然而这只是问题的开

---

① 张帆：《科学的人文社会学研究迎来的第三次浪潮——与美国现象学家休伯特德雷福斯访谈》，载《社会科学报》2009 年 7 月 9 日第七版。

始。计算机用来模拟逻辑思考时，只能根据事件清单来做出推断。也就是说，你要读一份报纸，必须细读每个单词，在字典中找出它的意思，组织每条句子，标识出所有词性。大脑好像并不是这样分解语言或图像，但逻辑机没办法。由于无法通过图像做推断，在下结论之前，逻辑机必须把图像分解为它们所包含的对象，和关于这些对象特征的描述。然而，在转换一张图片到一个描述的过程中，许多信息丢失了。"①　例如，对于一张相片，人可以立即看到哪些物体在另一些事物之间、后面或前面，所有这些关系必须列在计算机的描述中，否则在每次需要的时候都要重新计算这些信息。

此外，人类不只能在复杂背景中识别物体，还能用图像来预测世界上一些事情的结果，当然计算机也能用它们的逻辑能力来做出预测，但它们的处理方法是完全不同的。例如，地面上一个大箱子上放置一个小箱子，如果问一个人：大箱子移动之后会发生什么情况？他能想象到小箱子随着大箱子的移动而移动。如果还增加一个条件：用一根绳子把小箱子系在门上，那个人也能够把这添加到他思维图像之中并且进一步地想象到另外一个结果。然而，这些如果让一台计算机来做，计算机就需要一个有关箱子的一些准确事实的列表，像箱子的大小，重量和摩擦系数，还有绳子的一些事实如弹力和张力，还有在不同的运行条件下它们之间是如何相互作用的。当给予足够多关于箱子和绳子的准确信息后，计算机能推论在不同的情况下小箱子是否会随着大箱子的移动而移动。当然，人类如果必须考虑那些从未见过也不能想象的关系时，他们也要与计算机一样做清晰的、有条不紊的思考。然而，人类在处理他们熟悉的情况的时候，好像根本不需要对诸事件、诸规则列出一个详细的清单再做出一个逻辑的结论。

---

① Hubert L. Dreyfus and Stuart E. Dreyfus, *Mind over Machine—— the power of human intuition and expertise in the era of the computer*, New york: the free press, 1986, p. 62.

另一项计算机不能模拟的人类技能是辨别两张整体图像相似度的能力。辨别两个图像的相似度，这在人类是个能直接处理的过程，对于逻辑机却是个很复杂的过程，因为每个图像的每个特征都要根据客观的特征很详细地加以定义，只有这样计算机才能通过预先选中的特征来决定当前图像和其他图像是否匹配。以面部识别为例，人不仅可以形成一张面部的图像，还可以辨别出一张图像和另一张的相似处，有时候这些相似度取决于特殊的特征，像两张脸都有明亮的蓝色眼睛和胡须。当然，计算机如果被编程设计为可以从面部图像中提取这些特征，也可以识别这种相似度。但是，对于一些面部表情特征，计算机就显得束手无策了，因为这些面部特征不是像"蓝色"和"胡须"这样一些可以抽象出的元素，例如两张脸可能因为一样都有着温柔的、虚假的或者疑惑的表情而看起来很相似，识别这种情形就不需要找出它们所共有的某些特征，事实上，也没有理由认为在这些表情里有一些像蓝色眼睛或胡须这样的成分性的特征，因此也就不可能假设逻辑机可以捕捉到比如表情这方面的相似性，而这些是人类可以立刻辨别出来的。

德雷弗斯对计算机图像识别的质疑实质上是对计算机能否把我们人能识别的一个图像转变成程序语言的怀疑，一方面，计算机不可能把一幅图像的所有信息转变成为程序语言，另外一方面即使能够把某一个推理场景转变成程序语言，也将会使得推理变得十分烦琐，而这些对于一个具有丰富生活经验的人而言是一个十分简单而且可以瞬间完成的过程，这种简单是相对于一系列可清晰表征的计算机程序而言的。德雷弗斯的质疑可以用一句简单的话来概括，就是心灵之眼有条理地逻辑地得出的结论在肉体之眼看来是瞬间就可以得出的，而且肉体之眼能够得出的结论有时是心灵之眼所不能得出来或很难得出来的。

三　可视化技术中人机互动提供了一种新的科学认知方式

上面德雷弗斯的质疑似乎给人工智能一个暗淡的远景，然而德雷弗斯并没有考虑通过可视化技术而造成人机互动的时候对于科学认知的促进作用。因为计算机把因为没有身体而造成的完全表征式的逻辑描述转化成图像传递给人之后，实际上就是把心灵之眼所看到的东西（表征）转化为肉体之眼所见到的东西（屏幕上所显示出来的图像），有身体的人就会通过背景知识来观看或操作那些图像来理解那些仅凭清晰的表征所不能把握到的东西。这种人和计算机对话的图像界面设计也是计算机不断拟人化的一个标志，代表了整个计算机领域发展的特点。例如，1975 年世界上首台"ALTAIR 8800"微型计算机面世时，形状像个烤面包机，连键盘和显示器都没有，人们通过界面上的 16 个开关直接控制面板和 16 个指示灯，到 1981 年，IBM 推出了正式以"PC"命名的个人计算机，人们通过键盘和显示屏幕与计算机对话。但是其界面以数位语言作为交流形式，使用者必须先掌握 BASIC 语言，才能与之沟通。自从微软公司（Mi-crosoft）开发出"视窗"（Windows）操作系统以来，人机之间的对话就变得一目了然和亲切友好，极大地拓宽了计算机使用者的范围，从而加速了计算机信息技术向多媒体和网络化的发展，"视窗"是一个象征，象征着视觉图像首先在人机对话中，进而通过网络在全人类之间的相互交流中，发挥着不可估量的作用和影响。这也就是说，计算机的视窗化发展事实上在人机互动中已经完成了计算机单独所不具备的"具身认知"的功能。

较为原始的图像和算法语言相结合的例子体现在笛卡尔的解析几何学中。欧几里得的几何学可以说大量地利用了我们的视觉思维中的一些特征，这一点阿恩海姆在《视觉思维》一书中做过详细的论述。阿恩海姆说："在思维活动中，视觉意象之所以是一种更加高级得多的媒介，主要是由于它能为物体、事件和关系的全部特征提供结构等同物（或同物体）。视觉形象的多样性和变化性方面堪与语言发音相比。然而更重要的原因在于，它们能够按照某些极易确定的形式组织起来，各种几何形状就是最确凿的证据。这种视觉媒介的最大优点就在于它用于再现的形状大都是二度的（平面的）和三度的（立体的），这要比一度的语言媒介（线性的）优越得多。"① 当然，欧几里得的几何学图形是观念化的图形，它的意义也是一种观念化的意义，我们通常证明几何题的时候画在纸上的图形用胡塞尔的话来讲只是对那种观念化或极限化的图形的一种充填，例如画在纸上的一条直线和一个圆的切线明明是一段圆弧，可是我们通过心灵之眼所看到的刚好是一个点。但是画在纸上的图形对于我们思考或证明却起着非常重要的作用，有一些结论我们可以直接从图中得出。欧几里得几何被笛卡尔代数化之后（即解析几何），那种观念化的几何就转变成了纯粹的代数学公式，这种代数学公式是对观念化几何图形的精确描述，它也可以编制成计算机算法语言，即那些可清晰地表征出来的符号。计算机还可以把那种算法语言转化成光点投射在荧屏上形成我们所看见的视图，这种视图具有"准观念化"的图形特征，人们可以直接从上面获取信息，如曲线变化的走势或一些直接可见的一些证明结论。

　　较为原始的数学方程和图形之间的转换人们可以很容易看出来，如直线的方程与画出来直线之间，圆的方程与画出来的圆之间，人的思维能够很好地在符号表征与图形之间发生转换，但是对于复杂的测量数据，人对于符号表征几乎是不能理解，而只能理解其相对应的图像。可视化技术最初出现也是因为"无从理解的信息"的困境。因为随着数据数量的大幅度增长和来源的复杂化，如

---

　　① ［美］阿恩海姆：《视觉思维》，藤守尧译，四川人民出版社 1998 年版，第309 页。

卫星、医学扫描仪和超级计算机，使得能获得的数据量远远超过科学家或专家处理它们的能力，然而，大分子、人的大脑和身体、地球气候或宇宙的大尺度结构，它们自身都是日趋复杂的实体，对它们的研究又需要收集大量的数据，对于这些海量数据以及它们之间的联系必须转换成图像才能让人理解。另外，科学家之间交流结果的方式以及随着这种情况的来临，科学家和计算数据分析之间需要提供密切的互动关系，而经过长时间的探索，交流和互动的界面以图像最为有效。"科学家需要对数字做出选择。技术上现实的今天和认知上势在必行的明天就是对图像的利用。科学家对复杂计算和模拟的想象能力是绝对必要的，以确保分析的完整性，从而引发更深的见解以及与他人对这些见解进行交流。"① 因此，随着描述的复杂性的增加和交流的方便，计算机把描述性结果转换成图像是非常必要的，在科学的发展中这已成为不言自明的事实。这种转换是由心灵之眼向肉体之眼的转换，也是由计算机那种一维的时间中发生的表征的计算序列（由计算机中央处理器中的时序来控制或由胡塞尔的内在时间之流来承载）转变为空间中的能由视觉直接作出判断的多维的空间图像思维的转变。

一旦我们把视觉思维看作认知的源泉和对信息进行加工的过程，加强或提高这种认知能力就意味着增加、扩大或改进这一资源的各个方面。可视化技术能在多种方式上达到这种要求："可视化可以通过直接利用视觉系统资源来扩大处理能力，或者通过把工作从（符号）认知过程卸载下来间接地工作，或者通过使工作记忆外部化或可视化来减少对一个任务的工作记忆的要求……可视化可以使一些在其他情况下不那么容易的推论变得容易。"②

① Bruce McCormic, Thomas DeFanti, and Maxine Brown, "Visualization in Scientific Computing", *Computer Graphics*, Vol. 21, No. 6, Nov., 1987, p. 7.

② Card Stuart, K., Mackinlay, Jock D., and Shneiderman, Ben., *Readings in Information Visualization——Using Vision to Think*, San Francisco: Morgan Kaufmann Publishers, Inc., 1999, p. 16.

这超出了计算机计算和存储大量数据的原始能力，通过人类和机器越来越紧密的结合，未知的或鲜为人知的"大脑与心灵"的潜力将被发现并被投入使用。通过具有特殊性能的各种形式的图像，并在可能的情况下，通过允许超越日常手法的形式的相互作用，引发潜意识的视觉机制并使它们的工作成为可能，并因此提高我们的认知和思维能力。现有的可视化机器在有限的范围内已取得了这样的成果。正如弗雷德霍夫和威廉·本基写到的那样，"计算机图形在视觉系统大量的处理能力和数码计算机能力之间提供了无缝的融合……由于它将思维和机器联系成一种独特的伙伴关系，计算机图形学创造出了一种全新的思维方式"①。

在现代科学研究中，计算机在科学家与自然打交道的过程中扮演了一个非常重要的中介角色，这种中介在开始的时候还表现为心灵之眼的延伸，因为它把清晰可表征的东西集结为一系列的算法程序，然后算法程序给出一个计算结果。后来，随着程序的复杂化，程序员的专门化，计算机内在表征的东西在人而言已经变得不可理解或很难加以理解，然而，计算机无论是专家系统还是神经网络靠其自己做出和人一样的思维判断都是可以遭到德雷弗斯式的质疑的。但是以图像为界面的人机对话可以弥补人工智能的局限。可以说，仅靠计算机的程序设计不可能使计算机具有真正和人一样的智能，但计算机生成的图像在人与计算机互动的过程中让人与机器的认知能力大大提高了，一方面计算机能够弥补人的符号表征能力的不足，另一方面人的空间图像的思维能力又能弥补计算机所不具备"具身认知"的不足，真正的人工智能也许只能走人与机器从图像界面结合互动的途径。

---

① Friedhoff, Richard M. and Benzon, William, *Visualization*, *The Second Computer Revolution*, New York：Harry N. Abrams, Inc.，1989，p. 82.

第三节 肉眼视觉与技术的进化

上面一节仅仅是从心灵之眼极端化的计算机发展中，肉眼视觉所具有的重要的弥补功能。事实上，肉眼视觉在技术发明中有其固有的作用。

一 一位自闭症发明家图像思维的自述①

肉眼视觉思维在技术发明中的作用在学术界鲜见探讨。在研究视觉思维的时候有一位叫坦普尔·格朗丁的美国发明家细述过他在发明中视觉思维所产生的作用，在探讨视觉思维在技术发明中的作用之前，先看一下他对自己使用视觉思维的描述。格朗丁的描述非常有意思，他详细地描述了设身处地的对动物的观察并用图像思维去设计牲畜养殖用具的过程，他的很多设计都优于那些仅用头脑做概念思考的设计师们的设计。因为他描述得特别仔细，我这里就长引了他的描述。

> 我以图像的形式思考问题。说话对我来说就像第二语言。我把语言和文字转换成情节丰富的电影，并且配上音效，它就像一个磁带录像机在我头脑中运转。当有人对我说话，我会立即把他的话转化成为影像。语言思想家常常觉得这种现象很难理解，但我作为畜牧业方面的设备设计师，视觉思维是一种巨大的优势。
>
> 视觉思维使我在想象中能够建立整个系统。在我的职业

① Temple Grandin, *Think in Pictures* (Chapter 1: Autism and Visual Thought), http://www.grandin.com/inc/visual.thinking.html.

生涯中，我已经设计出了各种设备，从用来处理大农场中的牲畜的畜栏到医治牲畜的程序和杀戮时候处理牛和猪的系统。我已经为许多重大的畜牧公司服务过。事实上，在美国有三分之一的用来处理牛和猪的设备是我设计的。我服务过的一些人甚至不知道他们的系统是一个患有自闭症的人设计的。我重视我在视觉思维方面的能力，我再也不愿失去它。

对大多数自闭症患者而言，他们拥有很强的视觉空间技能，但在语言能力方面表现的很弱。当我还是一名儿童和十几岁的青年时，我以为每个人以画面的形式在思考，我也不知道我的思维过程是不同的。事实上，直到最近我才认识到这种差别。在会议和工作中，我问他们是怎样从记忆中获得信息的。从他们的答案中，我知道我的视觉思维能力远远超过了其他大多数人。

我相信我的视觉思维能力能在我的工作中帮助我更好地了解动物。在我的早期职业生涯中，我用了一个照相机拍下动物穿过斜道时的视觉特征，以便于之后的兽医治疗。有了这些照片，我能弄清楚是什么东西使它们感到恐惧，如阴影和阳光形成的亮点。那时我用的是黑白胶卷，是因为20年前，科学家们相信，牛不识别色彩。今天，研究表明，牛可以看到色彩，不过照片通过一头牛来提供了看世界的独特的优势。他们帮我弄清楚了为什么动物不走斜坡而是会自动地选择另外一条道路。

我解决的每一个设计方面的问题都和我能以形象化和可视化的方式看世界有关。当我还是小孩的时候，我就开始设计东西，我总是尝试着发明各种新的风筝和飞机模型。在小学，我将一个毁坏的木制飞机改装成了一架直升机。我为它装上了螺旋桨，直升机沿着直线飞升了约一百英尺。我也制作鸟形的纸风筝，我骑自行车的时候将其放在后面来带动它们飞舞。这些风筝是我从一大张绘有很深图案的纸张中裁剪下来的，然后穿上线就可以放飞。我尝试用不同弯曲方式的翅膀来增加飞行性能。最后发现将两端的翅膀弯起来，风筝会飞的更高。30年后，这个相同的设计开始出现在商用飞机上。

如今，在我尝试着设计任何设备之前，我都会在我的想象中将其测试一下。我想象着我的产品被用在每一种可能的情况下，如不同大小和不同品种的牛以及在不同气候条件下。这样做，使我能够在制作之前纠正一些错误。今天大家对新的虚拟现实计算机系统很感兴趣，他们沉浸在游戏行动中。对我来说，这些系统就像经过加工的卡通作品。而我想象的作品犹如计算机图形程序所创造了栩栩如生的侏罗纪公园时代的恐龙。当我在我的想象中做一个模拟设备或者是处理工程问题时，就好像是在我脑海中放映一盘录像带。我可以从任何角度来看，把自己放在高于或低于设备并且同时旋转它。我不需要花哨的图形程序来制作三维设计模型。我可以在我的脑海中做得更好。

我所创造的新想象是靠我头脑中储存的许多零散的图片拼凑起来的。我对我曾经工作过的每一个项目都记得很清楚，如铁门、围栏、门插销、混凝土墙等等。为了创造新的设计方案，我从我的记忆里提取出零散的有用的东西，并把他们合并为一个新的整体。随着我头脑中所具有的更多的可视图像，我的设计能力在不断地改善。我可以想象的大到各种器材的运作情况，比如挤压槽，装车斜道与各类牲畜的设备。我和这些操作设备接触得越多，我的可视化能力就越强。

我第一次将这种能力用在我早期畜牧设计的项目是帮助亚利桑那州的约翰－韦恩的红河饲料厂设计制造一个浸渍桶和畜牧处理设施。浸渍桶是一个狭长的7英尺深的游泳池槽，这样牲畜可以排成一列纵队进去。浸渍桶中放入了杀虫剂来杀死牲畜身上的虱子和其他寄生虫。1978 年，浸渍桶的设计很差。动物往往惊慌失措，因为它们被迫进入又陡又滑的混凝土斜坡。它们将拒绝跳进浸渍桶。工程师设计设备时从未想过为何牲畜如此恐惧。

我到达饲育场所做的第一件事就是把自己置身于它们的位置并以它们的视角看问题。因为它们的眼睛在头的两侧，它们的视野很广阔。我花了近六年来研究牛怎么样看世界和观察数以千计的牛群穿越在亚利桑那州的各种设施时的反应。这样让我明白了为什么它们会感到害怕。这些牛感觉就好像它们被迫跳下飞机坠滑入海洋。

牛会对光明与黑暗的强烈反差以及人和物突然快速地移动感到恐惧。我见过牛进入两种相同的处理设施时候的不同反应，一种牛漫步其中，一种牛是惧怕而掉头。唯一不同的两个设施的向阳面不同。牛拒绝通过斜道是因为很深的阴影覆盖在上面。直到我做出这种观察，没有人能在饲养业已经能够解释为什么一个兽医工作设施优于其他。这是一个小细节但却能产生很大的差别。在我看来，浸渍桶的问题则更为明显。

我设计的第一步是搜集所有出版的关于浸渍桶的资料。在做其他事之前，我总是先了解到关于这方面的最新发展情况，以免做一些无用功。然后我转向畜牧业刊物，一般都是非常有限的资料。靠着关于其他类型的设备的经验，如斜卸货卡车，我发现牛心甘情愿地走上斜坡，而这些坡道不能滑，能够提供足够的安全。滑溜造成它们的恐慌和后退。目前的挑战是设计一个能鼓励牛走在自愿跳入水中的入口，水的深度要足以淹没他们，使包括它们耳朵里的虫子也能被清除掉。

我在我的想象中启动了三维视觉模拟，想象着牛经过不同的设计入口时候的情景。最后三种图像合并起来形成了最终设计。它们分别是亚利桑那州的尤马使用的浸渍桶，在杂志上看到的一种轻便的浸渍桶和一个我曾经在亚利桑那州的迅速肉品包装厂里头所使用的斜道。我的设计包含以前没有的三个特点：一个不会使动物感到恐惧的入口，一种改进的化学过滤系统，以及保证了它们离开浸渍桶时不会变得过于兴奋和激动。

我所做的第一件事是用混凝土来代替钢材做坡道材料。最后的设计采用向下倾斜25°角的坡道。这样粗糙度提高了就使得安全度提高了。坡道看起来是缓缓的进入水中，但实际中在到水面处就马上没有了。因为水是用化学物质染过色的，所以动物不能看到坡道的急剧断开。当它们掉到水中时会很平静，因为他们的重心已经进入了水中，因此它们无法回头。

在建造浸渍桶之前，我在脑海中将入口的设计测试了好几遍。许多在饲养业的牛仔怀疑我的设计。他们对我的设计进行了改动，因为他们认为我的设计是不对的。他们将金属板安装在坡道内，这样又回到了旧的入口设计方式。在第一天使用它时，两头牛就淹死了，因为他们惊慌失措总想往回走。

当我看到金属板，我要他们取了出来。这样一来斜道的工作情况大大改善，他们对此目瞪口呆，每头牛都顺利的通过。我开玩笑地将这一设计命名为"牛踏水"。

多年来，我看到很多饲养者认为吸引动物进入处理设施的唯一的办法是强迫它们。管理者很难理解装置的改善能够让动物心甘情愿的进入处理设施。我可以想象得到动物的感受，如果我有一个小牛的身体和蹄，我走在一步一滑的金属坡道上也会害怕。

但我还要解决动物离开了浸渍桶之后的一些问题。出来之后的平台通常是用围栏划分为两个区域，一边用来给牛干燥，另一边隔离待要干燥的牛。没有人明白为什么动物出斜道时候会变得非常激动，但我想这是因为他们想跟在正在进行干燥的伙伴的后面，就像在操场上将小朋友的同伴强行分开。我安装了实心的篱笆将它们分开，以防止在一边的动物看到另一边的动物。这是一个很简单的解决办法，而使我感到惊讶的是在我之前从来没有想到过。

我设计的过滤和净化牛的毛发的系统是基于一个游泳池过滤系统。我想象了我曾经操作过的两种特殊的游泳池过滤系统，其中一个在美国亚利桑那州我姑姑的牧场，另一个在我们的家。为了防止水从浸渍桶溅出来，我仿照游泳池弄了个混凝土顶盖。这个想法，像我的许多最好的作品，在我睡觉之前显得那么清楚。

作为一个自闭症患者，我接收信息的方式不和大多数人相同。相反，我在头脑中存储信息的方式就像一盘录像带。当我要回想起我所知道的，我只需在想象中重新播放这些录像就好。录像带在我的记忆里总是具体的；举例来说，我记得麦克哈尼家畜公司的处理牛群的设施。我清楚地记得动物在这种特定的情况的行为，以及斜坡和其他设备。钢材围栏和两边的电讯设备也在我的记忆中。我可以运用和学习这些图像并用它们来解决设计上的问题。

如果我让我的思想放飞，让其自由联想，从建筑围栏到我曾经见到过的一个焊工老约翰工作的焊接商铺。如果我继续想着老约翰焊接铁门，就会进而想到我所接触过的一些关于建筑大门的项目。每一个联想都会引发其他一系列的联想，我做的白日梦就会远离设计问题。下一个想象可能就是听约翰和其他的建筑员工谈论一些战争故事。

这个联想的过程可以很好地说明我的思维偏离了主题。患有较严重自闭症的人很难跳出这些想象。我却能够停止这一切让思维回到正轨。当我发现我的思维远离了设计问题，我就努力地解决问题，我只是告诉自己要回到这个问题。

采访那些有良好的演说能力并能清楚的表达自己的想法

的患有自闭症的成年人时，发现他们大多数以图像的方式想问题。更为严重受损的人，他们能演讲，但都无法解释他们的想法。查尔斯哈特，《毫无道理》一书的作者，其中讲述他的自闭症儿子和弟弟，总结自己儿子的思想就是一句话："泰德的思维过程是不符合逻辑的"，泰德声明："我并不害怕飞机，是为什么它们飞这么高的原因。"在他的心目中，飞机飞得高，是因为他不怕它们；他将飞机飞得高和他是不会害怕两者结合起来。

许多自闭症患者在解决拼图问题的时候具备不寻常的能力，能够在一个城市中找到他们的方向，或者只要一瞥就能记住大量的信息，这些都能说明视觉思维是处理信息的主要方式。我自己的思维方式就像罗亚的书《一个记忆主义者的心灵》描述的那样。这本书描述一名曾经担任报社的记者有着惊人的记忆。像我这样的可以把所听到的或看到的以图片的思维方式进行想象。罗亚写道："当他听到或看到一句话，可以将其变为视觉形象。"伟大的发明家特斯拉也是视觉思想家。当他设计的电动涡轮机发电的时候，他把每个汽轮机都建立在自己的头脑中。他在脑海中想象着运转它们并且不断的更正错误。他说，不管水轮机是在他的脑中测试还是在店中测试，结果将是相同的。

在我的职业生涯的早期，我曾与其他工程师在肉品包装设备有些争议。我无法想象他们会这么笨，竟然没有看到在安装设备之前的图纸上的错误。现在我明白这不是愚蠢，而是缺乏想象的能力。我被这家生产肉类加工设备的公司炒了鱿鱼，因为我和其他的工程师们对一项设计的意见不能统一。而这个设计的设备后来却使得1200磅的肉牛在最后的传送环节坍塌了，这样造成了极大的损失。在之前也对其加固，但是仍然不能解决最根本的问题。我尝试着提醒他们，但是他们没有听我的，后来终于造成这样严重的后果。

……

大约在两年前，我受雇于改造一套设备，这套设备是严格按照犹太教规的方式屠杀牲畜用的。屠杀之前，活的牛被吊起来，后腿被锁链拴住，这个场面如此恐怖，我都不忍心看。在办公室和停车场都可以听到受到惊吓的牛的发狂的吼叫声。有时，在吊的过程中，牛的后腿会被拉断，这种可怕的做法，完全违背了犹太教规屠杀的人道主义原则。我的工作是改造这个残忍的系统，我用一个滑槽将牛扶持住，然后拉比（犹太教中的屠夫）完成屠杀工作。如果做得好，就会很安静，不会使牛受到惊吓。

这个滑槽是一个窄的金属做的牛棚，用转向机构控制，有卡箍固定住牛的头部，后推锯架推转向机构入卡箍，又像起重机似的制约装置。操作人员在操作制约装置时，要将六个水力控制的杠杆推到合适的位置，开关门，并操作限制牛的头和身体在正确位置的装置。三十年之前就有滑槽的基本设计，在此基础上，我增加了压力控制装置，并改变了一些关键直径，以便使动物感到更舒服，也可防止压力过大。在真正操作这套滑槽设备之前，我在一家机械店见到过它，即使没有牛，我也可以存储视觉和触觉的关于操作这套设备的记忆。在操作这台设备 5 分钟之后，我在大脑中已对设备的门和其他部分的移动有了准确的意象，并且我对推杠杆时的感觉有了触觉记忆。水力阀就像乐器，不同牌子有不同感觉，就像不同型号的风力设备。在机械店操作这台空设备，使我以后可以通过大脑意象来练习。我将这台设备的操作可视化，想象我的手推杠杆，我可以在头脑中感觉我需要用多大的力来移动锯架。我在头脑中不断演练，不同大小的牛进入滑槽的情况。

设备运行第一天，我可以熟练的操作它。当我潜意识地操作水力杠杆时，它运行得很好，就像用我的腿走路一样，如果我想到杠杆，我就会手脚大乱，推错了位置。我必须强迫自己休息，让这些制约装置成为我身体的一部分，而完全忘记这些杠杆。当动物进去之后，我全神贯注地慢慢移动装置，以便不吓着它，我观察它们的反应，以便用合适的力，多余的力会使它们不舒服。如果它们的耳朵翘了起来或它们在挣扎，我知道我挤压的太厉害了。动物们对水力设备很敏感，它们会感觉到控制杠杆的些许移动。

机械延伸了我的手和脚，使我能够扶住动物。当我用卡箍将它们的头箍住，我想象我把手放在它们前额和下巴下面，小心地将它们摆在合适的位置，身体界限好像不存在，我没有意识到我在推杠杆，后面的锯架和卡箍变成了我的手的延伸。

自我中心主义者会遇到身体局限问题。他们不会凭着感觉判断他们什么时间坐在了椅子上，就像一个失去手臂的人仍感到他的手臂存在似的。从这个意义上说，设备的各个部分就像我身体的延伸，类似于手臂幻觉效应。如果我将注意力放在温柔地扶住动物并使它们平静，我就能很娴熟地操作这套设备。

因为注意力高度集中，我听不到机械的噪音。我感受不到亚拉巴马州夏季的炎热。无论什么都是那么的宁静。那简直是一种虔诚的经历。我的工作就是轻轻地扶住牛，拉比的任务就是执行屠宰。我轻轻地扶住动物，尽可能使它们在生命的最后时刻感到舒适。我参与了古老的屠宰仪式。新的一扇门打开了。感觉就像行走在水面上。

……

二 身体化视觉思维与技术发明

在上面坦普尔·格朗丁的自述中，我们可以找到在机械设计中利用视觉图像来思考的最为直接的证据，如果用梅洛－庞蒂的身体现象学来分析坦普尔·格朗丁的自述，会发现几乎每一个发明环节都非常值得分析，下面仅仅简单地分析两点。

首先，格朗丁的发明并不是依靠现存的"概念"来发明的，例如以往的发明家设计牛群进入浸渍桶的斜坡时仅仅凭概念或应用几何学来设计，没有设身处地对牛的行走过程加以设想，因此当牛群被迫进入又陡又光滑的混凝土斜坡时，它们往往惊慌失措，拒绝跳进浸渍桶。格朗丁在设计之前，把他自己置于牛的位置并以牛的视角看问题，花了近六年时间观察数以千计的牛穿越各种设施的反应，然后发现牛会对光明与黑暗的强烈反差以及人和物突然快速的移动感到恐惧，牛拒绝通过斜道是因为很深的阴影覆盖在上面。正是通过这种设身处地的观看，而不是仅仅凭借现存的概念进行设计使得坦普尔·格朗丁成功地设计出一条牛群安静地进入浸渍桶的通道。有时格朗丁甚至是感同身受，例如他说："我可以想象得到动物的感受，如果我有一个小牛的身体和蹄，我走在一步一滑的金属坡道上也会害怕。"在这里，格朗丁设计的身体现象学特征是非常明显的，因为他不是用理智或概念来主宰自己的设计，也即不是像笛卡尔所主张的那样用理性的判断来裁判自己的观看，而是相反，让设计概念屈从自己的肉眼观看。

其次，也是最为重要的一点就是格朗丁多处反复强调的他在发明设计的时候所使用的视觉思维，这里如果对他的描述加以重复就显得多余了。不过需要强调的是，这种视觉主要不是心灵之眼的理性之觉（绝大多数的设计都很难排除理性设计的成分），而是身体化特征非常强的肉眼的感性之觉。例如在设计屠宰场的水力杠杆时，他脑子里储备的就是机械店里见过的水力杠杆的视觉图像，但是当他真正设计屠宰场的水力杠杆时，他说："我在大脑中已对设备的门和其他部分的移动有了准确的意象，并且我对推杠杆时的感觉有了触觉记忆。"这里的视觉是融入了身体触觉的视觉。然后同样的："我将这台设备的操作可视化，想象我的手推杠杆，我可以在头脑中感觉我需要用多大的力来移动锯架。我在头脑中不断演练，不同大小的牛进入滑槽的情况。"最后格朗丁设计出了屠宰动物之前让动物感到非常舒服的控制动物的压力控制装置。

当然，如果仅凭某一个发明家的叙述我们会很容易把机械设计的视觉思维当成一种主观的或私人的见解。幸运的是，近年来的认知心理学家通过心理学测试发现了运用图像思维的客观规律，即著名的心理旋转实验。心理旋转是一种想象自己或客体旋转的空间表征转换能力。对于心理旋转能力及其性质的研究在理解人类空间认知行为方面具有重要的理论意义。

1971年美国斯坦福大学的心理学家罗杰·谢帕德（R. Shepard）和梅茨勒（Metzler）等做了一系列实验。实验的材料是一对对不同方位的立方体的二维形式图（见图60）。要求测试被试判断所用的时间。图60中的A和B是两对完全相同的图形，所不同的仅仅是它们的方位，A中两个物体在平面上相差80°角，B中两个物体的深度上也相差80°角。C中的一对物体是两个方位和结构都不同的物体。谢帕德和梅茨勒制作了1600对此类图片，他们请了8位成人被试者进行判断实验。被试者报告了他们判断时使用的方法：首先是把一个物体图形在心理旋转，直到与另一物体的方位相同，然后进行匹配比较，从而作出完全相同或完全不同的判断。以被试者对800对同物图片判断的结果，可以看出，无论图片所示的物体是在平面上调转（即通过旋转画纸就可以实现），还是在三维深度中旋转（把物体方位旋"进"画纸中去），判断所用的时间同两物体图片上的角度差异呈线性关系，即旋转的度数越大，反应所用的时间越长（见图60）[①]。这就是著名的心理旋转实验。

---

① 王苏、汪安圣：《认知心理学》，北京大学出版社1992年版，第214—215页。

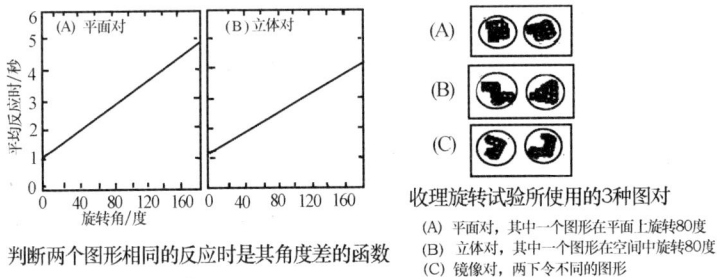

判断两个图形相同的反应时是其角度差的函数

收理旋转试验所使用的3种图对

(A) 平面对，其中一个图形在平面上旋转80度
(B) 立体对，其中一个图形在空间中旋转80度
(C) 镜像对，两下令不同的图形

图 60

　　1973 年谢帕德和库珀（Cooper）合作，以不同倾斜角度的正向和反向的字母 R 为实验材料，对心理旋转作了进一步的研究。（见图 61），左边为六个正写的 R，但 R 的倾斜度各不相同，右边为反向的字母 R，倾斜度与正向的 R 相同。把这 12 个字母随机地呈现出一个，要被试者判断它是正向还是反向的。被试者报告说，他们的头脑中，先把这个字母旋转到正常的正立位置，然后才能作出判断。主试者记录他们每次判断所用的时间。这一实验结果也证明了字母在心理旋转的角度越大，作出的判断所用的时间就越长[①]。

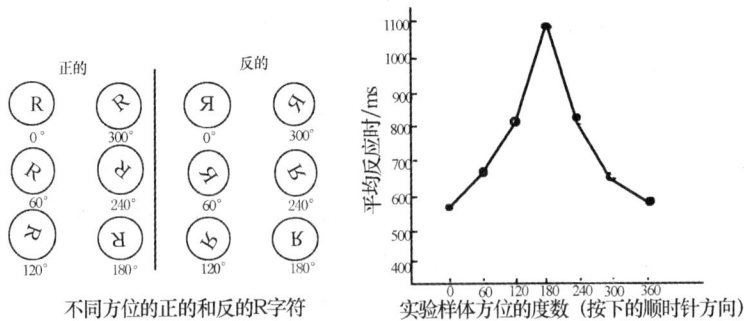

不同方位的正的和反的R字符

实验样体方位的度数（按下的顺时针方向）

图 61

① 王苏、汪安圣：《认知心理学》，北京大学出版社 1992 年版，第 218—219 页。

心理旋转实验指出，人们思考时在一些情况下使用图像而不是描述。当要求比较两张图像并观察它们是否相同时，实验者做出决定所用的时间与一张图像和其他图像重叠要旋转多少成比例，也就是说对图像的表象在心理不断旋转并在时间中延续。此外，实验者说他们在心里旋转其中的一张图像来观察它是否与其他相配。因此谢帕德的实验说明人们思考问题时实际上形成图像并使用图像。

后来一些认知心理学家研究机械中的视觉图像推理，因为在机械推理中，被表征的世界原本是空间的。机械推理依赖于可视的空间信息，例如物体的位置、形状和关联。这意味着所表征的事物的空间关系对应于被表征的事物的空间关系。例如，图 62 所示的空间表征可表征五个齿轮链。[①]

图 62

在描述性的（判断性的或命题性的）表征中，表征的世界是一组事实或对被表征世界的陈述。他们可能是用语言表达的，例如，上面的图像可以描述为："有五个齿轮并列在一起，每一个齿轮都与两侧的齿轮相互啮合，最左边的齿轮顺时针旋转。"在

①　Mary Hegarty and Maria Kozhevnikov, "Spatial Abilities, Working Memory, and Mechanical Reasoning", In John S. Gero and Barbara Tversky, editors, *Visual and Spatial Reasoning in Design*, 1999, p. 99.

这种情况下，被表征世界与表征世界的映射是基于约定俗成的一些词语的含义（如"齿轮"和"五"两个词的含义）。由空间表征和描述表征所做推论的包括不同的认知过程。由空间的表征所做的推理是由空间的转化而来的，像心理旋转，例如，某人可能通过心理旋转连接的齿轮来推断在齿轮链中的齿轮运动。相反，由描述性的表征所做的推理依赖于推论规律，例如相互啮合的齿轮往相反的方向运动的规律，此规律也可用于推理相连接齿轮的运动。

认知心理学家们在考察图像化的机械推理时通常用图 63 的两个图像来测试人们对它们的认知①：

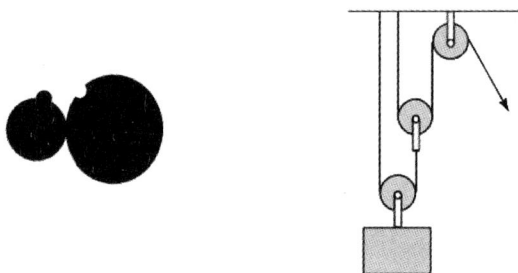

图 63

（1）齿轮旋转问题。此图为两个连锁的齿轮。如果齿轮向内旋转，最左边齿轮的凸起会与右边齿轮的凹槽啮合吗？

（2）滑轮问题。此图描述了一个滑轮系统，当自由端的绳子被拉时，底部的滑轮会顺时针转动吗？

通过上面两个问题的测试寻找空间图像思维的关键论据是看它们是否具备和谢帕德实验相似的时间效应。对于第一个问题的测试，发现当人们推断两个连锁齿轮（一个齿轮上的凸起是否会

---

① Mary Hegarty, "Mechanical reasoning by mental simulation", *Trends in cognitive sciences*, Vol. 8 No. 6, June 2004, p. 280.

与第二个齿轮上的凹槽相啮合）的旋转速率时，它们的反应时间也与旋转的角度成比例。而且当人们被培训使用相似影像方法来完成齿轮任务时，反应时间函数与那些未被培训者的一样，这说明影像是完成此任务的默认方法。

对于第二个问题的测试，即如图所示的滑轮系统。当你拉滑轮系统的绳子时，所有的部分都立即动起来。如果心理模拟过程包括系统运动的整体表象，那么系统的所有部分都必须在表象中立即动起来。当要预言系统的某一部分如何运动时，人们只能产生影像并查看该部分如何运动。如若是这样的话，推断某一部分的时间应该与推断所有其他机械部分的时间接近。然而，与此相反，海加蒂（Hegarty）发现人们推断图中较低的滑轮需要用的时间比中间滑轮的时间多，而且推断中间滑轮的时间比上面滑轮的时间多。人们逐步的推理构件的运动是合理的，开始时想象绳子被拉，然后通过事件的因果链分析系统的运动。与这种观点一致的，当要推断某个特殊构件（像中间滑轮），视线方位显示出人们看着那个构件和事件因果链前面的构件（如上部绳子和滑轮），而不是事件因果链后面的构件。因此机械推理包含连续的传播构件之间的局部相互作用，人们用视像在心理模拟复杂机械系统是逐步的而不是整体的。

通过上面的测试分析，海加蒂得出结论说："概括的说，近来的研究已为心理模拟作为机械推理的方法提供了证明。这种推理类型与基于描述性认识的推理无关，在这种推理中，它依赖不同的能力和记忆存储，用姿势表达会比用语言表达容易，展示了相似的性质，并且人们在没有正确的描述性认识时可得出正确的推论。"①

需要说明的是，尽管这些测试证明了图像思维在机械推理中

---

① Mary Hegarty, "Mechanical reasoning by mental simulation", *Trends in cognitive sciences*, Vol. 8 No. 6, June 2004, pp. 283 – 284.

可独立进行，但并不是说机械推理的规则在机械推理中就不发生作用。可以把独立的在图像思维中进行的机械推理看作波兰尼的默会知识（tacit knowledge），而机械推理规则则是明言知识，这种明言知识是对默会知识进行总结得出来的，正如"相互啮合的齿轮往相反的方向运动"的规律是在图像思维的基础上总结出来的一样。

如果检测古代技术专家留下来的一些发明图像，就可以发现很多图像都具有这种图像思维的特征，以希腊时期的海伦的一些机械设计图像为例足可以说明。希腊时期大规模的建设项目刺激了新技术的发展，并为新技术的应用提供了广泛的机会。此外，在这一时期制造的机器很多涉及楔、轮轴、杠杆、螺丝和滑轮组这五个机械的创造性结合。海伦通过对五个机械的建造描述开始了对它们的记录，以下这些图[①]（图64、图65、图66）都来源于海伦的记录。这三组图的左图为原图，都不是采用透视原理描绘出来的，右图为后人根据透视原理描绘出来的与左图相应的图像。

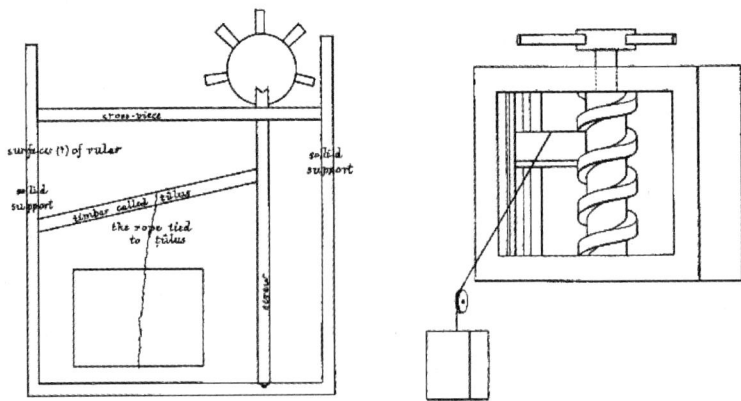

图 64

---

① W. R. Laird and S. Roux（eds.），*Mechanics and Natural Philosophy before the Scientific Revolution*，springe，2008，pp. 15 – 49.

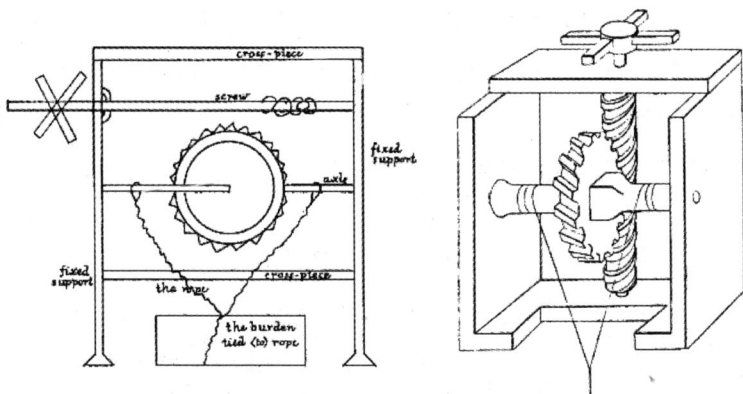

图 65

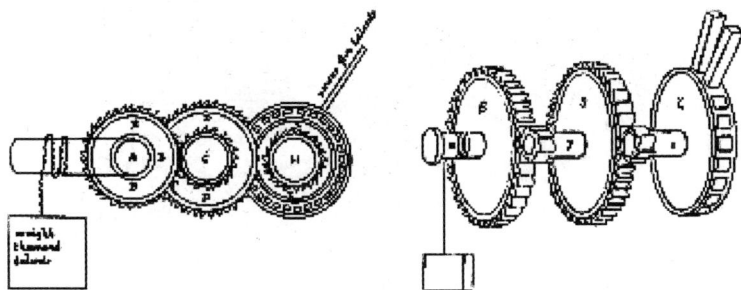

图 66

　　在中国古代也有很多相似的图像可以显示机械设计的图像思维特征，图 67 就来自《天工开物》。

　　另外，作为艺术家的达·芬奇在技术史上的崇高地位怎么强调也是不过分的。据考证，19 世纪机械时代起源开始于 15 世纪意大利文艺复兴时期。在锡耶纳和佛罗伦萨，艺术家工程师如马里亚诺塔科拉、弗朗西斯迪和达·芬奇，创造收集了数以千计的机器和零件的图纸。其中达·芬奇的手稿形式在他死后仍保持很好，但达·芬奇的手稿被分解了，最后被分散在整个欧洲。一些著名的机械方面的达·芬奇手稿是米兰的大西洋古抄本。法国的巴黎手稿 B 和西班牙的马德里手稿 I，前两个包含了著名的飞行器图纸。最为独特的是马德里手稿，它将机械解构为基本的零部件或机构。Francis C. Moon 所著的《达·芬奇与勒洛的机械》一书中详细地介绍了达·芬奇的这部分内容，其中所展示的图像能够生动地展示达·芬奇的视觉创作过程。

图 67

　　许多现代的机械都可以在达·芬奇的机械设计图纸中找到原型。以电动牙刷为例，如图 68 是 2001 年由德国布劳恩公司制造的第一把机动牙刷的高级模型[①]。它是一个微型机电一体化设计的奇迹，机器的设计目标是把机械运动转换成振荡来清洁牙齿。机械部分有三个运动机构：①一个铜齿轮机构；②一个四连杆机构；③一个三维球联合机构。这些机械装置使牙刷产生了运动的变化：①高速连续旋转变为低速旋转；②在曲柄四连杆机构转换

----

　　① Francis C. Moon, The Machines of Leonardo da Vinci and Franz Reuleaux, Springer, 2007, p. 22.

成摆动从动连杆在连续旋转运动；③三维球连锁振荡转换成在处
理振荡约一个"旋转"刷横纵坐标轴运动的方式，该方式最终帮
助清洁牙齿。

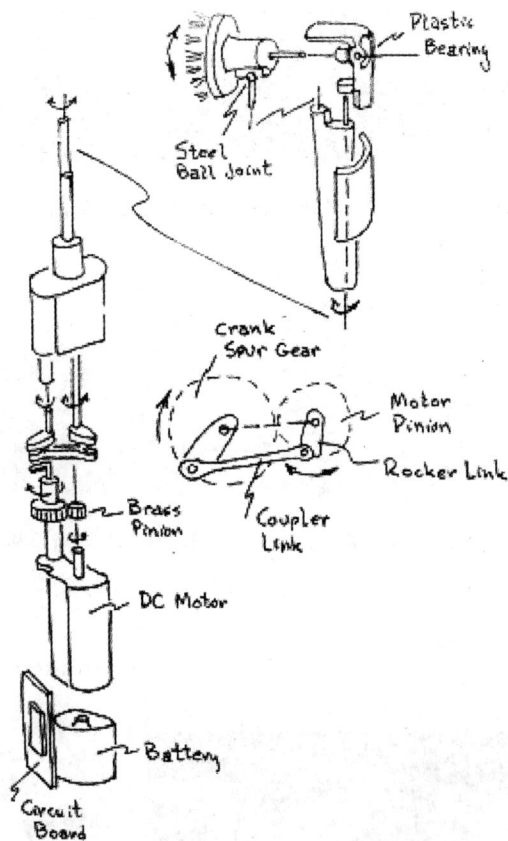

图 68

根据 Francis C. Moon 的研究，上面的这些机械单元都可以在
达·芬奇的设计图中找到①：

①　Francis C. Moon, The Machines of Leonardo da Vinci and Franz Reuleaux, Spring-
er, 2007, pp. 24 - 25.

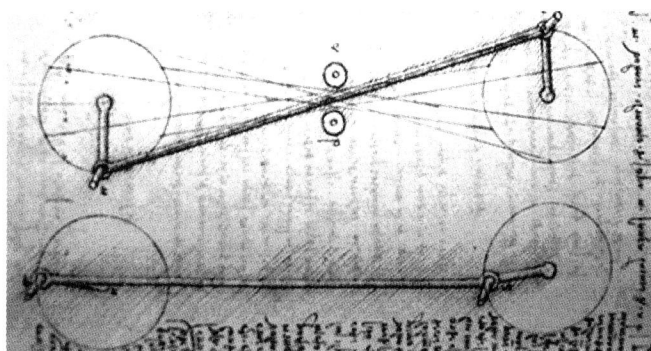

图69 达·芬奇的四连杆机制（马德里手稿 I）

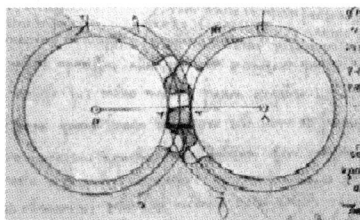

图70 齿轮和小齿轮
（马德里手稿 I）

图71 曲柄滑块机构
（马德里手稿 I）

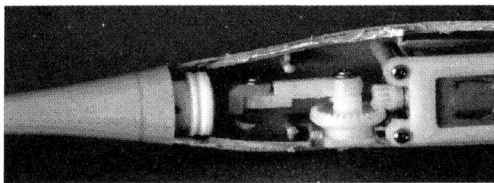

图72 有冠齿轮、小齿轮和曲柄
滑块机构的牙刷

图73 达·芬奇的冠齿轮和
小齿轮（马德里手稿 I）

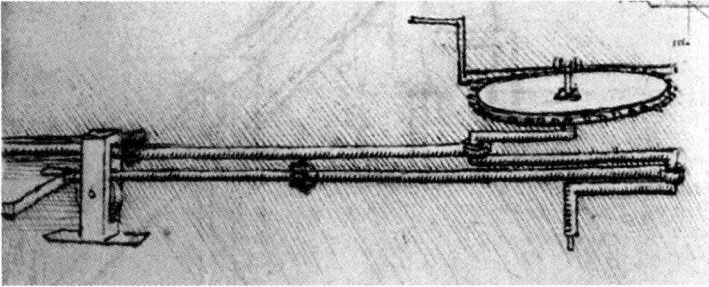

图74 达·芬奇的双曲柄滑块机构和蜗杆齿轮
传动（马德里手稿Ⅰ）

值得注意的是，作为几何学家的海伦，还有像阿基米得等，他们设计的机械图并没有几何学的精确性，但是达·芬奇的设计图却有几何学的精确性。

上面几幅图像都能够表达技术可以在肉体化视觉基础上得以形成的图像证据，这些图像笔者前面称之为"后验综合图像"。事实上还有很多身体与技术的非常密切的联系是没有留下其图像表征的，或者根本就不可能有图像表征，而只是一种纯粹身体的活动，如古代的冶金技术，也可以说是化学技术，这种技术没有任何形式化的征象，只具有质料，后面将会论述到它。

身体使得技术进化的可能性在很大程度上也是由技术的本性决定的，因为技术主要是功能的集成，它主要是由想达到的目标或功能来实现的。目标或功能本身可以由意向性来加以构造。这一点也许美国的哲学家塞尔表述得更为清楚。在塞尔看来，技术物体和社会物体是由特定功能的人类所构建的实在，每一种人造工具都具有结构和功能双重属性，结构属性是工具的自然属性，而功能属性是由人的主观意向所赋予的。例如，在我面前的物体（锅铲、铁锹和螺丝刀）有一定的质量和一定的化学成分，是它的内在结构特征，它部分由木头组成，其细胞由纤维素组成；部分由金属组成，金属本身由合金分子组成。但是，一旦我把它描绘为一把螺丝刀或铁锹，我是针对其功能而言的。① 它是一把螺丝刀仅仅因为人们使用它作为一把螺丝刀，或者为了螺丝刀的目的而制造它，或者认为它是一把螺丝刀。即作为一个有特定功能的物体，是相对于观察者而言的，是由有意识的观察者和使用者从外界分配的。技术的功能集成性使得它与科学有很大的不同，科学往往寻找前提条件，要求在结果上对出现的结果有一个清晰地演绎和证明。因此，在科学中的"看"与技术中的"看"有很大的不同。在科学中的看是对结构②的看（与其说是"看"还不如说是心灵之眼的"想"），而在技术中的看主要是对功能的看（肉眼的看）。因此，就其认知而言，功能主要涉及外在的看，而不是内在的想，这正合维特根斯坦后期哲学中所谓的"不要想，只要看"的口号。

　　维特根斯坦的口号是与他后期的语言游戏相关的，因为游戏

---

　　① 塞尔辨析出三种不同类型的功能分配，产生了功能的三种分类：施事功能、非施事功能和状态功能。他说，物体的施事功能涉及我们有意识地使用这些物体。施事功能的例子有技术功能，像螺丝刀、浴缸等等。非施事功能，例如，心脏抽血这个生物功能，不是分配的，因为他们用于实际的用途，可是在物体的理论解释过程中被分配到自然发生的物体。还有一种叫状态功能，例如，"雪是白色的"是状态功能。技术物体（如螺丝刀），和社会物体（如一张 10 美元的钞票）属于施事功能；它们的功能由使用者根据实际目的分配。可是根据塞尔，在两种功能之间有一个重要的区别。对于有技术功能的物体来说，在功能和自然结构之间有一种强烈的联系；它们能够表现它们的功能仅因为它们有合适的自然结构，例如，锅铲能够炒菜（功能）是因为它具有柄（像手臂）和铲（像手掌）的结构，这些功能因此被称作因果施事功能。对于社会功能来说，情况是不同的。一个有社会功能的物体，例如一张 10 美元的钞票，不会根据它的自然特征表现它的功能。一张 10 美元钞票没有任何一个内在特征与它作为经济货物交换中介的功能相关。这可以由这样的实证佐证：几乎每一个自然物体都可以作为钱；寻找金钱的各种不同表现形式的共同自然属性是很困难的，由于所有东西都可以充当钱的作用。一张特定的纸能够表现它作为金钱的功能仅因为带有特定功能的状态赋予了它，而且这个新的状态被集体所确认。

　　② 这种结构不是构成机械的结构装置，因为机械装置的结构还是肉眼所能看到的，而是思维推理的结构，就像一道几何题的证明结构一样。

并不是一开始就按照一个固定的规则来玩的，而是边玩边体味游戏规则。他举了一个例子。他首先用一般的游戏规则来说，比如像我们通常玩下棋，以中国象棋为例，在玩中国象棋的时候，别人告诉你，棋盘就是这样，这是棋子，每一个棋子应当怎么走，比如像马只能够走"日"、象只能走"田"等等这些最简单的游戏规则，你跟某一个不会下棋的人说完以后，他还是不知道怎么下棋。他会说"你下给我看一看"，好，只要有一个人下给他看，哪怕不用解释，告诉你某一个棋子应该怎么走，他一看就明白了。那么他在玩这种游戏的过程当中，实际上就向他显示了这些规则。它不是通过说出来的，而是通过显示表达出来的规则。维特根斯坦的"看"既不是康德的先验直觉，也不是胡塞尔的本质主义的本质直观。也就是说维特根斯坦的"看"不是笛卡尔的心灵之眼。为了搞清楚维特根斯坦"看"的含义，先看一下与之相对的"想"，也即笛卡尔意义上的心灵之眼（维特根斯坦对笛卡尔的思想是非常了解的）。本书一开始讲心灵之眼的时候曾提出心灵之眼是从几何学"证明"开始的，这里解析维特根斯坦的"想"和"看"也从几何学证明开始。

例如证明直角三角形的斜边大于直角边。如果你问为什么直角三角形的斜边大于两直角边，你就要找出一个依据，即"大角对大边"，这样直角三角形的直角最大因此它所对的边也应最大，但是"大角对大边"这个定理也需要证明，这样你还得要借用其他的几何学原理，最后一直穷追到欧几里得几何的五个公理，而五条公理还要通过神秘的"直觉"才能看到。还有，第 5 条公理还不是很明确，还可以变换它而约定成其他的公理体系，所以维特根斯坦很烦，他说你"想"什么，你看看不就行了吗，例如你拿一个圆规以斜边的两个端点为圆心，以直角边为半径画一段弧线，你就会发现圆弧与斜边的交点在斜边的中间（见图 75 左），这个定理也就因此而被"看到了"。类似的例子还有很多，如："这单纯的图像：（图 75 右）有时被看作有 4 行，每行 5 个圈；

有时看作 5 列，每列 4 个圈，它可使人确信交换律。"① 在这里，
看就是从结果上看功能，而想就是想清晰地证明的结构。

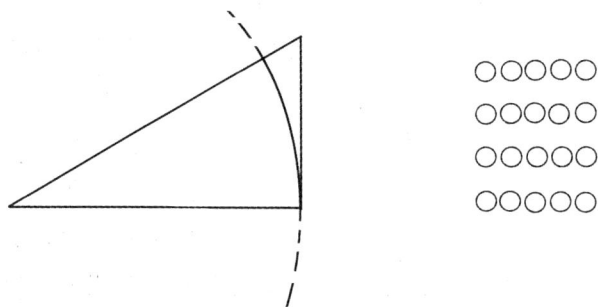

图 75

另外，维特根斯坦在《论数学的基础》一书中也考察了一种
与传统数学证明不同的"证明"，这种证明是通过"看"来证明
的，而不是通过心灵之眼的"想"来证明的，就像我们用肉眼来
观察一张机械图一样。维特根斯坦也画出了一种简单的机械装
置，即一根连动杆两端的运动轨迹。

考察一种机制。例如这样一种机制：

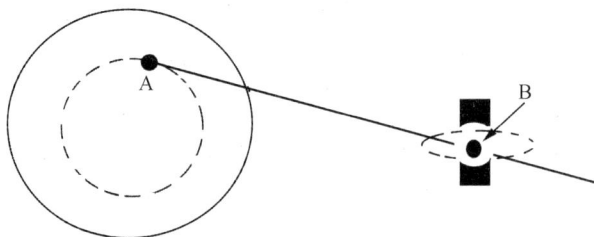

图 76

---

① ［奥］维特根斯坦：《维特根斯坦全集》（第 7 卷），徐友渔等译，河北教育出
版 2003 年版，第 170 页。

当 A 这个点画一个圆圈时，B 画出一个 ∞ 字图形。我们把这个作为一个运动学命题写下来。

当我操作这种机制时，它的运动给我证明出这个命题；像纸上的作图所作的那样。这个命题用 A 和 B 这两个点画出的轨迹与这种机制的图像相对应。因此，它就某个方面而言是那种运动的图像。它把这个证明使我确信什么这一点记录下来。或者说，它把为什么是使我确信这一点记录下来。

如果这个证明按照规则把这个程序记录下来，那它便以这种方式产生一个新的概念。

当一个证明产生一个新的概念时，它就使我确信某事。因为，对这种确信而言，重要的是，这个程序按照规则一定总会产生相同的图像。

与这一点相联系的是，人们可以说，证明必定表明一种内在的关系存在。因为这种内在的关系是那样一种操作，它把一种结构从另一种结构中产生出来，被看作与这种转化本身的图像相等值。因此，按照这个图像系列进行转换，就是按照那种操作规则进行的转换。

当这个证明产生一个概念时，它就使我们确信某件事情。它使我们确信的那件事情在它所证明的那个命题中表达出来。①

维特根斯坦用图 76 的机械装置图来表示数学证明的过程，在他看来这幅关于机械装置的图像完全能够使我们确信，当安装好这台机械装置并使它运转时，它的某一部分必然会如此这般地运动："当 A 这个点画一个圆圈时，B 画出一个 ∞ 字图形。"需要

---

① ［奥］维特根斯坦：《维特根斯坦全集》（第 7 卷），徐友渔等译，河北教育出版 2003 年版，第 341—342 页。

注意的是维特根斯坦在这里所说的"证明必定表明一种内在的关系存在"并不是说像柏拉图所言是一种理念的本质的必然的关系，而是体现在一种身体操作的明证性中的关系，因此证明可以转化为一个操作明证性的规则序列，而且这个规则序列可以像图像的系列转换一样被看得见。

因此，技术的进化可以看作是在诸多的技艺的游戏系列中完成的，在事先并没有一个清晰的规定性的游戏规则来演绎推理，而是在肉体之眼的"看"的游戏中显示出一些推理规则。

三 技术进化的视觉动力

如果说书面语言是被一个群体用于编制和传送信息所采用的一系列图标的话，那么相应的，机器的设计图形就是被普遍用于机械设计的通用语言。机械设计的通用语言始于古巴比伦和古埃及，他们最早开始画出一些简单的机械设计的图形符号，如杆、轮、螺杆、滑轮和斜面。在中世纪晚期和文艺复兴时期，这种图形机器语言开始高度发达起来，在 13 世纪维拉尔·德·奥内库尔的随笔集和贾札里的机械制图中可以发现一些复杂的机器结构的图像表征。到 15 世纪早期的意大利文艺复兴时期，这种图像表征在机械设计师和建筑工程师的作品中达到了成熟，而且在 15、16 世纪的机械类书中可以看到对机械机构相同的分类，而这些作者分别来自欧洲不同的地方。泵、蜗杆、齿轮副、链条、时钟操纵系统和许多别的机器构件构成了通用的机器语言。在各种不同的达·芬奇的随笔集中，如马德里手稿中都有成百上千的齿轮结构的图。类似的这些图像表征也出现在中国的技术文献中。

设计图像表征最为丰富的领域是在建筑领域，设计者们把一系列相似的图形工具与静态的建筑结构关联起来，把一些几何结构如矩形、三角形、圆弧用来形象地描述建筑物、水坝、炮台、教堂等。因此，文艺复兴时期的一些首席机械设计师，如布鲁内莱斯基等既是建筑师也是机械工程师，这并非偶然。我们还可以看到在达·芬奇上百本素描书中的几何形状与建筑物、水坝和机械设计有关。机械和建筑学之间的这种关系可以在剑桥机械理论家罗伯特出版的关于机械动力学和英国大教堂建筑的历史这本书中找到，如图77和图78两个图都显示了建筑设计的构件在机械设计中的运用①，从而显示出机械设计在视觉图像上的延续性。

图 77　建筑构件在蒸汽机上的设计　　**图 78　机械轴承基座的设计**

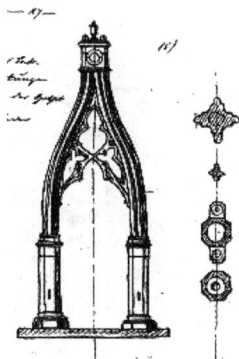

技术人工物在演化方向上呈现出的延续性的特征，技术史家巴萨拉为我们提供了技术人工物延续性的丰富的史料分析。如原始的金属锯是模仿石头工具参差不齐的刀口而制成的，惠特尼发明的轧棉机与印度"手纺车"的工作原理是相同的，都是依靠手摇曲柄的两个轧棍做工。即使是蒸汽机的发明也不是突然一下子冒出来的。纽可门蒸汽要发明之前，炉膛、汽缸、活塞、导管、连杆这些东西以及大气压力的发明和蒸汽作用的研究结果早已存在。瓦特蒸汽机是在纽可门矿井蒸汽机的基础上改进而成；以至

————————

① Francis C. Moon, *The Machines of Leonardo da Vinci and Franz Reuleaux*, Springer, 2007, pp. 176 – 177.

于李约瑟说"没一个人可以称为'蒸汽机之父',也没一种文明可独揽发明蒸汽机的大功"[1]。

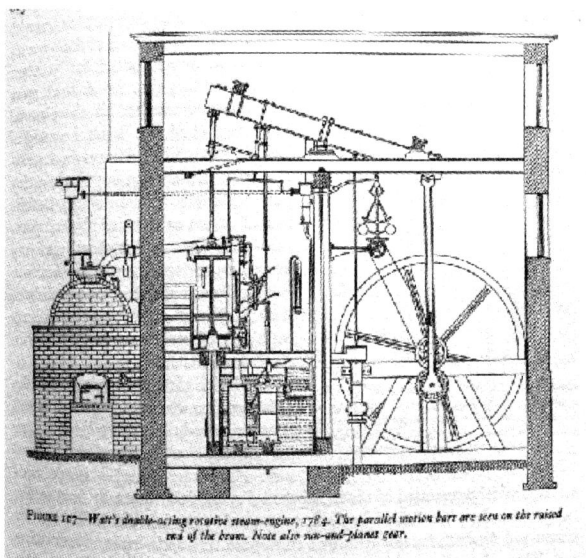

FIGURE 127—Watt's double-acting rotative steam-engine, 1784. The parallel motion bars are seen on the raised end of the beam. Note also sun-and-planet gear.

图 79　1784 年詹姆斯·瓦特蒸汽发动机部件草图

19 世纪早期的转臂电动机的工作方式出现在瓦特摇臂蒸汽机的转动方式上(如下图所示)。[2]

运动化机器的设计经验又为计算机的设计奠定了基础。人们通常并不能领会到计算机和计算用机械在运动学中有它们共同的起源。在 19 世纪,运动学与数学之间一个重要的联系就是利用机械运动学的数学表达。机械运动学的联系可以被设计基尔特来体现三角函数与多项式函数的加、乘和复制,同样可以执行综合的运算。运动学计算机器的输入可以被设计成利用几个齿轮的转

① ［美］乔治·巴萨拉:《技术发展简史》,周光发译,复旦大学出版社 2001 年版,第 206 页。

② 同上书,第 46 页。

A--瓦特的摇臂蒸汽机（1788）　　　　　　B--19世纪早期的转臂电动机

图 80

动，同样输出可以由连接或齿轮的几何运动来记录。第二次世界大战中著名的诺登投弹扫描器就是这种装置。图 81 是 19 世纪的机器理论家罗伯特·威利斯（Robert Willis 1800－1875）在他的草图集中为查尔斯·巴贝奇著名的差异机器计算器设计的图纸①；图 82 是鲁洛的托马斯计算器的设计图②。它们都是运动机械在计算机设计中的延续运用。

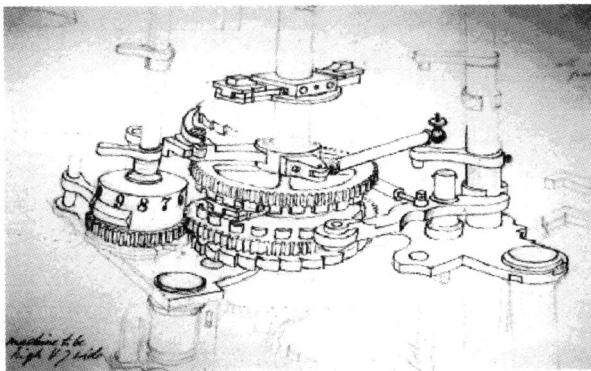

图 81　威利斯为巴贝奇设计的差异型机器计算器构件

---

① Francis C. Moon, *The Machines of Leonardo da Vinci and Franz Reuleaux*, Springer, 2007, p. 224.

② Ibid. , p. 242.

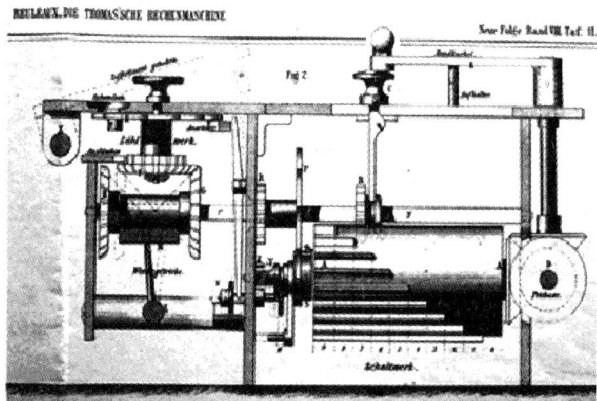

图 82　鲁洛（1862）的托马斯计数器

　　著名的视知觉理论家阿恩海姆在《建筑形式的视觉动力》一书中对建筑设计的视觉理论作了详细的描述，其理论论述洋洋大观，这里没有足够的篇幅介绍其建筑设计中的身体化视觉理论。值得强调的是，阿恩海姆的视觉理论源于格式塔心理学，而格式塔心理学又源于梅洛－庞帝的身体现象学。因此这里仿照阿恩海姆的话说"技术进化的视觉动力"，实际上远未深入阐发，好在它不是本书所要论述的主要内容。

第 四 章

技术化科学及其认知特点

    科学的发展除了使用理性的心灵之眼进行逻辑推理之外，还有一个非常重要的方面就是科学实验的推动，科学实验是依靠技术的发展而发展的。技术的产生要远远早于科学，可以说自从人类诞生以后就出现了技术，因为人类诞生之后就必须制造简单的工具来谋生，例如木镖、石器等；科学的产生才两千多年的历史，而且科学与技术在 15 世纪之前基本上没有什么联系。亚里士多德认为科学的产生是需要条件的，这个条件就是社会上有一部分人（主要是奴隶主）从生存式的技术劳动中解放出来之后有了自己的闲暇时光，此时他们开始追问一些与自己的生存毫无关联的问题，如"世界的本源是什么？"或"地球是圆的还是方的？"等。可见最早的科学出现确实需要与自己的感性身体实践保持一段距离。在 15 世纪以后，由于实验科学的发展，技术开始在科学的发展中扮演重要的作用，非常重要的如伽利略的斜面实验、富兰克林的避雷针实验等。19 世纪中叶以后，技术与科学的关系开始出现高度融合的状态。一方面是尖端科学理论促进了尖端技术的发展，如广义相对论促进了原子能技术的发展、数理逻辑促进了计算机技术的发展等；另一方面技术的发达也促进了科学的长足发展[①]，如望远镜技术和显微镜

---

    ①   在古代，技术对科学的推动之所以看不出来，特别古代中国是一个技术强国，但是这些技术并没有催生古代中国科学的发展，其原因笔者认为是因为古代（特别是中国）的技术不成体系。不过这只是笔者的一点主观印象，缺乏文献论证。

技术促进了现代天文学和生物学的发展等，以至于现代的科学研究有这样一种趋势，即有多么先进的实验室条件就会有多么先进的科学研究成果。下面主要探讨身体化技术对科学发展的影响及这种科学的认知特点。

第一节　实验科学两种类型及其典型代表

上面只是从一些简单机械来看身体化的活动在技术进化中的作用，事实上要还原任何一种机械的身体化视觉思维的发明过程都是非常复杂的，这里面还夹杂一些视觉和触觉、听觉等其他感知的混杂过程。在这里，笔者无意于探讨斜面技术、计时技术、温度计、气压计等的发明过程，因为这里面涉及一些几乎是难以寻找的史料，但是又不能像前面对力学的数学分析那样做先验的图像分析。因此，这里只是探讨一些重要的以实验为基础的科学发展。如果前面的心灵之眼所做的科学发现是科学发展中的数学传统，那么这里所探讨的是科学发展的实验传统。实验科学分为两种类型，即验证性实验和非验证性实验（库恩称之为"培根科学"）。

一　伽利略的斜面实验

伽利略的斜面实验能否被称为实验化的科学，在科学史上是有争议的。一般文献把伽利略称为实验科学之父，最为著名的就是他的斜面实验，到目前为止，中学教材还把伽利略的斜面实验当成是验证自由落体运动规律的验证实验。然而，库恩以及科瓦雷等一些著名的科学史家认为伽利略实际上还是在数学传统中（其数学传统笔者在本书第二章第二节已做分析），库恩说："它们所以特别有效，往往归因于它们接近于古典科学中的演化着的理论，正是这些理论促成相应的实验。托里拆利的气压计实验以及伽利略的斜面实验，其结果多被前人预见到……科学史家科瓦雷和巴特菲尔德的下述看法将会被证明是正确的。古典科学在科学革命时期的转变，更多地归因于人们以新的眼光去看旧现象，而较少得力于一系列以前未预见到的实验发现。"[1] 库恩的说法不无道理，包括伽利略本人也说"我们下面会知道，作者曾经对它预测并且作了证明"。但是，伽利略的斜面实验毕竟是一种验证实验，如果伽利略的自由落体运动理论没有这个实验的验证，而只是几何学推理和证明是很难让其他人信服的。这里按照伽利略对实验的原始叙述把他的实验摘抄下来。

取大约 12 库比特长、半库比特宽、三指厚的一个木制模件或一块木料，在上面开一条比一指稍宽的槽，把它做得非常直、平坦和光滑，并用羊皮纸给它画上线，羊皮纸也是尽可能地平坦和光滑，我们沿着它滚动一个硬的、光滑和非常圆的黄铜球。把这块木板放在倾斜的位置，使一端比另一端高出 1 或 2 库比特，照我刚才说的把球沿槽滚下，并用马上将要描述的方法记录下落所需的时间。我们不只一次地重复这个实验，为的是精确地测量时间，以使两次观测的偏差不超过 1/10 次脉搏。在完成这种操作并且确认它的可靠性之后，我们现在仅在槽的 1/4 长度上滚下这个球；在测得它下降的时间后，我们发现它精确地是前者的一半。接下去我们尝试别的距离，把球滚过整个长度的时间与 1/2、2/3、3/4 或者任何分数长度上的时间作对比，在成百次重复的这种实验中，我们总是发现通过的距离之比等于时间的平方之比，并且这对于平面，即我们滚球的槽所在平面的所有倾角

---

① ［美］库恩：《必要的张力——科学的传统和变革论文选》，范岱年等译，北京大学出版社 2004 年版，第 40—41 页。

都是对的。我们还观察到对于平面不同的倾角的下落时间相互之间的精确比例，我们下面会知道，作者曾经对它预测并且作了证明。

为了测量时间，我们用一个大的盛水的容器，把它放在高处；在容器底部焊上一根小直径的能给出细射流的水管，在每一次下落的时间内，我们把射出的水收集在一个玻璃杯内，不管是对槽的整个长度还是它的部分长度，在每一次水下落后，这样收集的水都在非常精密的天平上被称量；这些重量的差别和比例给了我们时间的差别和比例，我们以这样的精度重复操作了许多次，结果没有可感知的差别。[1]

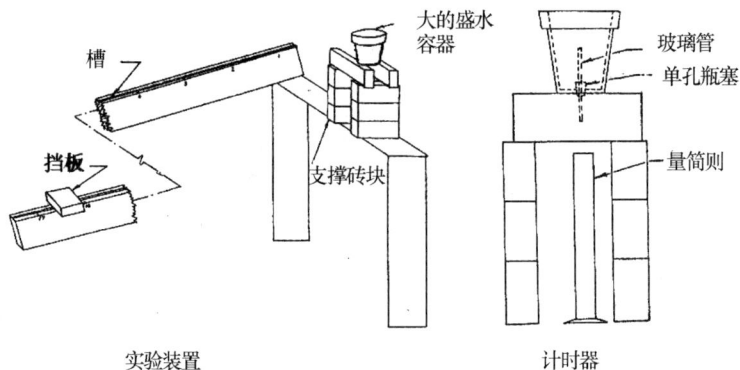

图 83

二 疯狂的实验者——普利斯特里

与上面伽利略验证式实验不同的是发现性实验，它是库恩所特别强调的，库恩称之为"培根科学"。如让太阳光通过一些装满水的球形容器以产生各种色光，当笛卡尔和牛顿探测棱镜色光

---

[1] ［意］伽利略：《关于两门新科学的对话》，武际可译，北京大学出版社 2006 年版，第 164—165 页。

现象时（事实上早在古代，尤其是中世纪人们发现过这种现象并探讨过），他们并非为验证某个理论而做某个试验，而是在所使用的工具偶然揭示了某个现象之后来对该现象进行解释。还有就是磁学研究，库恩说："培根科学对古典科学的发展也许贡献甚少，然而它却开拓了许多新的科学领域，它们往往植根于以前的技艺。磁学研究就是一个实例，磁学的最初资料来自于以前海员运用罗盘的经验。由于人们努力探寻磁体吸引与摩擦后的琥珀吸引粗糠之间的关系而发现电。而且这两个科学领域后来的发展，都依靠人们掌握了那些更有效和更精密的新仪器。这些是典型的新的培根科学。"① 培根模式的科学研究者如吉尔伯特、波义耳和胡克等，他们做实验时很少为要验证某个已知的情况，也很少为了确定某个为发展已有理论所需要的细节。不过，下面介绍一个少有人注意的典型的培根主义试验大师，就是普利斯特里，普利斯特里是一位与试验工具打交道的化学家。古代化学的试验操作性非常强（事实上现代也是这样，现在许多物理学家还可以坐在家中做理论研究，那么化学家则很少有坐在家中做理论研究的），当时的化学家就是用试验操作生产出一种新的物质或确认某种以前从未确认过的物质，其结果常常以实物的形式出现，它不像物理学常常是以理论的形式出现。因此，如果从工具（或科学仪器）对新的未曾预测的东西的揭示来看，化学家是最为典型的培根主义科学家，其所有的成果（实实在在的化学物质）是操作仪器生产的结果。

16世纪末，玻璃制造工艺已非常发达，像试管、曲颈瓶、镜子、透镜和棱镜等都开始运用于化学、物理学和光学等实验室中，造成早期科学的滥觞。艾伦·麦克法兰和格里·马丁在《玻璃的世界》一书中对玻璃与早期科学的滥觞作了具体的描述，他

---

① ［美］库恩：《必要的张力——科学的传统和变革论文选》，范岱年等译，北京大学出版社2004年版，第41页。

们说："没有玻璃的实验室简直不可想象。假若没有那些曲颈瓶、长颈瓶、容器、镜子、透镜、棱镜之类，实验室里能有什么呢（除掉书籍和测量工具）?"[①] 当然要回顾这些玻璃器皿的制作过程在这里是不可能的，但要说明的是，这些玻璃器皿绝不是科学理论指导的结晶，而是身体实践的结果，包括视觉实践。

图 84　普利斯特里的实验室一部分　　图 85　　普利斯特里的集气
　　　　　　　　　　　　　　　　　　　　　　槽盒其他仪器

　　普利斯特里的实验科学可以说正是 18 世纪玻璃滥觞之科学的典型代表，也是标准的培根科学的代表。普利斯特里在化学、电学、自然哲学、神学等方面都有很多著作，但是普利斯特里对气体的化学研究是最为著名的。他利用制得的氢气研究该气体对各种金属氧化物的作用。普利斯特里还将木炭置于密闭的容器中燃烧，发现能使五分之一的空气变成碳酸气，用石灰水吸收后，剩下的气体不助燃也不助呼吸。由于他虔信燃素说，因此把这种剩下来的气体叫"被燃素饱和了的空气"。显然他用木炭燃烧和碱液吸收的方法除去空气中的氧和碳酸气，制得了氮气。此外，他发现了氧化氮（NO），并用于空气的分析上。还发现或研究了氯化氢、氨气、亚硫酸气体（二氧化碳）、氧化二氮、氧气等多

---

　　① ［英］艾伦·麦克法兰、格里·马丁：《玻璃的世界》，管可秾译，商务印书馆 2003 年版，第 48 页。

种气体。1766 年，他的《几种气体的实验和观察》三卷本书出版。该书详细论述了各种气体的制备或性质。由于他对气体研究的卓著成就，所以被称为"气体化学之父"。

在气体化学的研究成果中，普利斯特里最重要的是对氧气的发现。1774 年，他得到了一个大型凸透镜（火镜），开始研究某些物质在凸透镜聚光产生的高温下放出的各种气体。他研究的物质中有"红色沉淀物"（氧化汞）和"汞灰"亦称水银烧渣，也就是氧化汞。普利斯特里把氧化汞放置在玻璃钟罩内的水银面上，用一个直径 30 厘米、焦距为 50 厘米的火镜，将阳光聚集在氧化汞上。很快就发现氧化汞被分解了，释放出一种气体，将玻璃罩内的水银排挤出来。他把这种气体叫做"脱燃素的空气"。他以排水集气法，把这种气体收集起来，然后研究其性质。发现蜡烛会在这种空气中燃烧，火焰非常明亮，老鼠在这种气体中生活正常，且比在等体积的普通空气中活的时间长了约 4 倍；他还亲自尝试了一下，感觉这种空气使人呼吸轻快、舒畅。他对实验的全过程作了详细的描述。

其实早在 1771 年，普利斯特里把硝石加热对，已经制得了氧气。他在题为《各种空气的观察》一文中，曾提道："在我从硝石得到的一定量（的空气）中，不仅蜡烛能点燃，而且火焰增大，还听到了响声，好像硝石在明火中烧爆的声音。"但由于他当时把这种气体混同于一般空气，所以未能发现氧。普利斯特里认为空气是单一的气体，助燃能力之所以不同，其区别仅在于其中含燃素量的不同。从汞烧渣中分解出来的是新鲜的、不含一点燃素的空气，所以吸收燃素的能力和助燃能力都特别强。因此他把这种气体叫做"脱燃素空气"。而寻常的空气，由于经过动物呼吸、植物的燃烧和腐烂，已经吸收了不少燃素，所以助燃能力就差了：一旦空气被燃素饱和，那么它就不再助燃，变成"被燃素饱和了的空气"（指氮气）或叫"燃素化空气"。在后来的研究中，普利斯特里发现，绿色植物在阳光中也能放出"脱燃素空气"，成为光化学作用研究的基础。

一般的看法是，普利斯特里是个缺乏理论总结能力的狂热的实验者和幼稚的经验论者。而且，他一再被刻画为冒失的发现者，纯粹是一个不谙世故的自然哲学家，他的科学研究缺少了方法论、逻辑性和基础性的理论。然而，普利斯特里用他的实验开创了一个化学新时代。当他做气体实验时，普利斯特里是按他自己的方式：要么系统地做实验，要么刻苦撰写他的实验报告。科学史家这样评述普利斯特的实验特点：由"事实上的瞎闹造成的'手'承担了'思想'的重量"①。出于对实验的坚定信念，普利斯特里说："给我一桶水或者一盘水银，或许能发现比地球引力更具深远影响力的原理。"② 这几乎可以让人想到阿基米得发现杠杆原理时所说的话："给我一个支点，我可以撬起地球。"

普利斯特利号召所有的实验者不要仓促地建立理论和"得出结论，形成假设"。根据他的实验推理方式，他建议实验者们要首先考虑到"对新事物认识还很少，暂时不要对它们发生的原因做出自己的判断"③。然而，他并没有反对做出大概的猜测，而是警告（符合他终生的宗教和政治信仰）不要犯实验和认识论方面的教条主义错误。普利斯特利把实验比作"打猎"，把实验者比作"冒险者"，并且提到"出现在我们面前的现象"是他在获取知识的方面对实验和实践因素执著的部分结果。

第二节　以技术为中介的科学认识论的变化

技术本身对世界的揭示是值得现代科技哲学家加以注意的事

---

① Victor D. Boantza, "Collecting airs and ideas: Priestley's style of experimental reasoning", *Studies In History and Philosophy of Science Part A*, Volume 38, Issue 3, September 2007, pp. 506 – 522.

② Ibid..

③ Ibid..

情。在我们的日常生活中，现在要我们的感官直接而没有中介地观察外部世界已经很难了，例如我们看电视、打电话、听MP3，实际上是一个漫长而复杂的不同信号转化和转换的过程。在科学领域更是这样，我们通过技术延伸我们的身体的感官官能去看世界，我们通过仪器设备做实验来控制和模拟自然现象等等。随着现代技术的迅猛发展，它在科学发现和研究中的作用越来越大，已成为许多科技哲学家如伊德、阿克曼、皮特等等）关注的问题，即科学的技术中介问题。海兰（Heelan）早在20世纪60年代早期就直接强调科学是一种嵌入技术的事业，通过读解那些仪器技术，那些曾经未被感知过的实在开始得到感知。海兰甚至还说，一种科学地建构的对象只能是通过工具或技术建构起来的对象①。科学的技术中介之所以引起众多科学哲学家与技术哲学家的注意，笔者认为大多数是为了找出技术嵌入之后所引起的人对自然认识的变化，基于这一点我想以康德的认识论为线索来探讨技术中介后的科学认识论的变化。

康德是西方近代认识论的集大成者，他融合了经验主义和理性主义的认识论观点来考虑"人为自然立法如何可能？"康德的认识论首先由先验的时空概念加在给予的模糊的感性杂多之上形成明晰的感性材料，如"太阳晒"、"石头热"及它们的先后时间顺序，然后由先验的知性范畴加在这些经过时空范畴整理过的感性材料之上形成知性判断，如把因果范畴加在前面的"太阳晒"和"石头热"上得到"因为太阳晒，所以石头热"。最后由人类的理性原则作为调节原则把这些知性判断统一成一个知识体系。可以说这样的整个认识论过程都发生在人的意识领域里，是一种典型的私人认知，在这种认识过程中，人能体验到自己的认知活动，可以说它具有认识论的私人透明性。

---

① Don Ihde, Philosophy of Technology: An Introduction, New York: Paragon House Publishers, 1993, p. 74.

然而在康德那里的认识论实际上已经有了技术的基础，因为康德的先验范畴就是不透明的东西，是一种先验预设，是主体人拿来处理感性经验材料的工具。关于这一点胡塞尔曾加以批判，胡塞尔说："康德并没有认识到，他在他的哲学研究中是立足于一些未经考察的前提之上的，而且他理论中的一些确定无疑的重要发现，只是处于隐蔽的形态中……同样，他的理论本身也不是完成了的成果，不具有最终的科学性形态。"① 胡塞尔当然要把康德所预设的先验范畴在绝对自明的意向活动中构造出来，以此建立严格的认识论基础，在某种程度上可以说胡塞尔的现象学认识论是彻底的透明认识论。尽管如此，胡塞尔的哲学著作大都只是给出范畴建构的自明性基础，对于范畴建构好了之后进一步的认识论却未见详细的意向性描述，因此我的讨论还是以康德的认识论概念作为讨论的框架。

一 以技术为中介的观察（感知）的变化

前面反复讲过近现代科学的发展早已不是我们只是用肉眼看看，用手摸摸，用耳听听的私人认识，在这种私人认识里，我们的身体是接收器，我们的观察局限于一个狭小的信息范围（我们的身体天生就能探查到的可见光和可听见的声音）。现代的科学观察是由大量科学仪器构架起来的观察，我们的视觉早已超出了可见光的光谱范围，我们的触觉也渗透进了分子、原子操作的领域（纳米技术）。以现代天文观察为例，现在用射电望远镜对天体进行观察时并不是天文学家对着天文望远镜目镜的观察，现代的目镜被冷却的氮或氦的 CCD 光谱仪所取代，天文学家是在一个分开的房间观察他们的计算机屏幕，当某种

---

① ［德］胡塞尔：《欧洲科学的危机与超越论的现象学》，王炳文译，商务印书馆 2001 年版，第 126 页。

奇怪的东西出现在屏幕上时，天文学家不能用那台望远镜来观察。大多数时候，天文学家甚至不能看见屏幕上观察到对象的图片，而仅仅是一些图形，是一些通过电压耦合器探测到的光谱然后由计算机绘制出来的图形。天文学家在荧屏上见到的图形已经经过光子的多样转换和计算机的电子变形，直到最后，电子回到计算机的荧屏成为图像管里的光子。所以整个天文观察是非常间接的事情。

以射电望远镜技术作中介的观察与康德和胡塞尔等哲学家的那种私人观察是不一样的，我们可以把它与光学显微镜的天文观察加以对比。由一组透镜组成的光学望远镜，按伊德的说法它与人的关系是一种"具身关系"（在具身关系中，人、技术、世界三者的关系为"［人—技术］世界"）。跟戴近视眼镜差不多，人借助眼镜或光学望远镜看世界，人并不意识到他所使用的工具的存在，只有当它们出毛病时人们才意识到它们的存在，因此，在正常情况下使用光学望远镜进行观察的结果具有私人透明性，也就是观察到的东西以及观察活动是观察者当下能意识到的，具有当下的确定性。另外，通过"具身关系"的工具进行的观察与用我们自己的身体器官的观察总体感觉差不多，只不过使我们天生的感觉更清晰、更精确，所以具身关系下的观察和感知并没有偏离康德的感知概念。然而射电望远镜与人之间的关系按伊德的说法是"诠释关系"（人、技术和世界的关系为人［技术—世界］），就像读温度计一样，我们读到的不是对世界的真实的温度感觉，而是由温度计显示出来的对世界的数字化温度，我们对世界的观察最终要依赖于对技术显示出来的数据加以诠释。通过射电望远镜观察的技术中介要比温度计复杂得多，整个观察可以说是淹没在技术的海洋之中，因为真正大型望远镜需要大量的厂房，需要高度复杂的基础技术来生产机器和镜片，还需要电力来带动仪器，而且，一旦启动摄影机，所有零件都要准确配合来得到高质量的夜间相片，此外还要有解释产品的光学理论，需要协调系统方位和综合信息得到图片的计算机等等。与人的直接身体感知的当下确定性相比，在这种强大技术介入的情况下我们的观察发生了什么变化呢？

笔者认为变化主要表现在人对观察的认知体验与对观察的信念巨大的分离上。在传统认识论中这两者通常是结合在一起的，例如我看到某种颜色的时候，我同时能体验到我看的活动，并且我对这种体验确信不疑（笛卡尔的"我思故我在"），这种信念最后导致对所见东西的信念，如"我确实见到了某种颜色"。夏佩尔说："哲学通常所使用的'观察'术语传统上具有两个方面。它有知觉的一面：'观察'正如大量哲学分析所坚持的，仅仅是知觉的一个特例，通常被解释为在知觉上附加一种额外的集中注意的因素……'观察'一词另有认识的一面：人们认为它在获得知识或有充分根据的信念方面，或在支持已经获得的信念方面，发挥着证据作用。因为认识论中的经验主义传统认为，一切知识（或有充分根据的信念）都'建立在经验之上'。这里经验被解释为感知。在这一传统中，正如事实上在多数其他哲学中一样，这两方面的作用被认为是一致的：信念或知识的观察基础问题被看作知觉如何引起知觉或支持信念的问题。"[1] 然而在科学中这两方面是被分开的，由于亲身体验的感知虽然具有当下的确定性，但是常常不够精确（如水平面仅凭直接的人体感知是不准确的，准确的水平面要靠水准仪的测量才能得到），因此，随着认识到可以接受那些不为感官所直接认识的信息，科学就越来越尽可能排除"直接感知"在获取观察证据方面所起的作用，即科学越来越依赖于其他适当可靠的接收器。[2]

---

[1]　[美] 夏佩尔：《理由与求知——科学哲学研究文集》，兰征译，上海译文出版社 2001 年版，第 378 页。

[2]　利用仪器的观察并不一定就不会出错，如从 1894 年到 1924 年罗威尔（Percival Lowell）一直称在火星上发现了人工设计的运河，一些在名望很高的天文台工作的天文学家也宣称发现了运河，现在被证明是错误的。

　　如果所有的接收器像简单的光学望远镜、温度计和水平仪一样，那么观察的结果很容易还原到直接感性感知经验，有时候虽然观察的两个方面相分离，但克服这种分离还不是太困难。如我通过对水平仪的观察我很容易把通过它观察到的水平面的意义还原到我日常感知到的水平面的意义，而且由于水平仪的工作原理非常简单，我通过它测量的知觉意义可以一下子尽揽眼底，由此我同时产生对这种测量观察的确信。随着这种接收器的复杂化，那种还原就非常不容易了。如果我要对观察结果保持确信，我就要对最终观察结果进行回溯恢复，即要对射电望远镜的每个组成部分的工作原理、科学原理以及计算机接收光电信号后的作图程序进行详细的了解和防范，确保它们对观察信息的零污染。本来，按康德的认识论，我们人类无法认识本体论意义上的世界，因为我们观察到的现象是受到过我们的感性时空范畴污染的现象，文章一开始我讲到胡塞尔对康德的批判就是这个意思。但是康德的污染是近距离的污染，因为他的先验范畴先于经验但能用于经验，而且先验时空范畴的运用是直接的，是我们自己可以亲自体验出来的（如时间），我们能当下体验这种认知，而且因此对这种体验充满确信。现在我们面对复杂技术的观察需要通过多重防范和信念的转移，最终使信念完全转移到外在的东西上去而与个人的认知体验相脱离（因为一个人几乎不能够对每个环节做到准确的了解与确信），这样上面夏佩尔所讲的观察的知觉认识功能与信念功能更加分离开来，造成现代强大技术基础的科学研究认识论的两难：一方面，如果我们对污染信息数据的因素防范太多，我们将得不到任何东西；另一方面，如果我们不防范，我们就不能使用这些数据，因为我们对这些数据没有必要的信心，它们不能作为我们进一步工作的依据。这种两难也可以这样来说，尽管我们知道这些数据不值得信任，但我们还得相信它，而且如果我们不相信这些数据，我们的工作不知还能开展多久。

　　另外，我们人类的感受器天生具有一种功能，就是能把感受到的信息组成具有意义的观念或表象，现代科研通过仪器观察的结果有时并不具有感性的意义，而是一些纯粹数据和信号，因此通过接收器接收到的信号，都必须经过仪器的终端转变为人可以理解的形式。这样如果信号是以弱相互作用传送来的，则它必须转换为可见波长的电磁信息，或可听见的声音，或可读出的计算机打印输出等等，有时计算机上的数字结果我们的直觉无法理解，还必须依赖于以图像演示数据的可视化技术才能被我们直接理解或被我们的大脑智能消化。然而现在宇宙论的一个热点问题就是：由天文学提供的宇宙视觉图片与所预测的宇宙物质无法一致起来。这说明强大技术介入的科学观察结果的形式化越来越强，越来越不好把握，人对观察结果的感性理解越来越难。

二 以技术为中介的科学判断（相当于知性判断）的变化

理论与观察的关系为许多哲学家讨论过，科学理论按波普尔的说法是"世界3"里面的客观知识，它在知识体系中具有一种预设的性质，或者说是我们透视世界的一种凭据，相当于康德的先验范畴，我们获取科学知识的过程就是一个对新的科学观察加以理论吸收的过程。在康德那里，先验范畴与感性材料的连接是通过"图形"连接起来的，也就是说，先验范畴与感性材料具有同构性，由此使知性判断得以可能。如果撇开仪器技术来用康德的认知模式谈科学认识，科学认识的过程就是科学家本人在获取许多感性经验之后，然后把这些感性经验纳入理论体系形成新的科学判断。逻辑经验主义者避开康德的心理主义的谈论方式，在语言层面上谈论理论术语与观察术语的鲜明区分，然后寻找理论术语还原的可能性。

现在我们让康德式的认识过程加入技术中介，看看科学判断会发生什么变化。戴维斯·贝尔德（Davis Baird）在《压缩知识：

直接阅读分光计》一文中开宗明义地表达了他的器械知识论的观点："科学仪器本身是知识的表达。"[1] 贝尔德讲述了分光计及其发展的故事，分光计是用来做元素的化学分析用的，因为每种元素燃烧时释放出它自己的特征波长，由此可以分析光源中元素的属性和含量。如何设计出一个快而准确的方法来确定镁合金中钙的含量呢？传统的化学分光光度法需要很长的时间，于是一个研究者试图用光电倍增管来代替照相胶片，在解决了一系列问题之后，1944 年一种直接阅读的分光计开始投入使用，每个月可以分析 4000 个镁样品。贝尔德的目的在于论证：仪器和理论一样是宇宙知识的表达，理论通过语言的描述和论证的功能来表达知识，而直接阅读分光计表达一种光谱分析的知识，它是一种理论的理解和操作技能（know how）的混合物。

我们应该如何思考像这种直接阅读知识的物质表达呢？贝尔德把工具归于波普尔的"世界 3"，波普尔的"世界 3"原来主要指由语言描述和记录的客观知识和理论，既然工具不是由语言建造的，它就不能归于"世界 3"，但是贝尔德认为波普尔有时也将工具包含在他的世界 3 中，理论和工具都是表达世界的知识，直接阅读分光计所形成的科学判断，其判断的过程人们是浑然不知的，人们不能像"具身关系"或凭借人的身体本身得到的感性材料之后再把它们纳入理论框架做出科学判断一样，对做出的判断有一种通体明晰的感觉，甚至对于一个不懂分光计原理而使用分光计的检验工人而言，虽然他不能有效地解释观察结果，但是能有效地做出一个正确的科学判断。这样科学知识的判断过程完全走向工具的外化阅读之上，中间的图形只有机器自己才知道，也许这是贝尔德的工具表达知识的认识论的隐含。

另外，逻辑实证主义对观察术语与理论术语的决然划分所造

---

[1] Davis Baird, "Encapsulating Knowledge: The Direct Spectrometer", *PHIL & TECH*, 3, Spring, 1998, p.1.

成桥接的困境在技术中介的条件下自然会消解，在科学仪器作中介之后，由于仪器本身是浓缩的知识，因此仪器本身就是连接观察术语和理论术语的桥梁，使得从观察术语到理论术语呈渐变关系。

三　以技术为中介后的知识体系演进的变化

自康德的知性判断出来之后，最后还要经过理性的调节原则来把一些知性判断综合成一个理论体系，这些理性的调节原则是思维为了追求最高最完整的系统所必须赋予自然界的目的论的原则。也就是说，我们虽然不能证明自然界是有目的地组织起来的，但是我们必须把自然界看成仿佛它是有目的地组织起来的，这样把我们的经验知识进一步系统化。在这种自然的合目的性中往往出现巨大的美感，例如，当发现落体定律和天体运行规律被统一在万有引力规律之下时就令人惊叹，而正是这种快感引领我们去追求自然的系统统一性的各种知识，也正是这种愉快的美感往往对科学的变革起着决定性的作用。科学认识如果没有这种美感，没有最初对大自然的惊奇感，没有对大千世界形式上合乎目的性产生的快感，人们也不会现实地去认识自然，去发现自然界的各种各样的规律。笔者可以妄言，科学史上天才式的人物作出天才式的发现，最终起决定性作用的并不取决于他完备的科学知识，而是取决于他天才式的审美能力。

下面来看技术中介之后知识体系演进的变化。还是回到贝尔德的观点中来，贝尔德运用波普尔的进化认识论作为他的模式提出了一种工具进化的模式，在其中作为最终产品的工具展示了一种具有其特殊地位的知识，当然这种特殊地位并不具有波普尔那种消除错误的"真理"意义。对于工具而言，功能作为调节目标替代了对于科学而言的真理的位置，仪器的制造者不断改进工具来发挥工具的功能，在这种意义上工具表达知识，同时工具制造者们是"功能的锻造者"。现在的问题是技术的进化有其自主性，它已为一些著名的技术史家和技术哲学家论述过，如乔治·巴萨拉（George Basalla），埃吕尔（Jacques Ellul），皮特（Josep Pitt），温纳（LandgonWinner）等等。埃吕尔说："自主技术意味着技术最终依赖于自己，它制定自己的路径，它是首要的而不是第二位的因素，它必须被当作'有机体'，倾向于封闭和自我决定：它本身就是目的。"① 虽然埃吕尔的技术体系涉及面很广，包括社会、经济、文化、政治等领域，但对于现在一些大科学研究（如宇宙科学、深海地质学等等）具有一定的适用性，因为它们不仅依赖于巨型的探测技术工具和研究人员，而且融入了许多管理、政治等社会因素。果真如此，由于技术在一定程度上具有自进化的功能，又由于技术工具本身是知识的表达，科学知识的变革或新的知识体系的形成必因技术工具的革新而发生。这样康德那里自然的合目的性先天调节原则因科学的技术基础的复杂化而转化为技术进化本身的目的性，这是一次由伊甸园向尘世的转化，最终对人产生的合乎目的的快感由技术系统的进化目的所替代。对于以强大的技术为基础的科学而言，个人主观能渗入的部分会越来越少，所以我们常常看到一些大科学的科研成果署名多达数十人，这使得个人天才式的审美能力发挥不出来，或者说强大的技术构架会掩埋个人的天才思想。或许会有一天不再有任何伟大的学者，只有一个伟大的科研团队领导者，而任何一个坐在同样位置的领导者都会做出同样伟大的科学发现。

当然由埃吕尔和贝尔德的观点推出上述结论是否言过其实是值得推敲的。皮特是研究科学的技术基础的专家，其研究案例主要是哈勃望远镜的强大技术基础对宇宙论的影响，皮特的技术自主决定论观点没有埃吕尔的那么极端，他反对技术会对我们生活

---

① Ellul Jacques, *The Technological System*, Trans. by Jouchim Neugroschel, New York: Continuun, 1980, p. 145.

造成胁迫的观点，他说："技术并没有这样做，而是具有特殊技术的人在以一定的方式应用技术有时会产生一些问题，就像我们通常说的'枪不会杀人，是人杀人'一样。"① 对于科学的技术基础对科学的变革的影响而言，皮特同样认为不是绝对决定性的，但有着不可忽视的影响（似乎显示着他的一种无奈）。他说："宇宙论是一门把宇宙当作一个整体来解释的科学，它利用了各种仪器和在各个不同位置由各种不同的望远镜收集到的数据，这些器械本身包含无数理论假设，从光学到电子学再到滚珠轴承的制造。处理数据用的日益增多的计算机的运用汇合其他大范围的假设，其中一些与计算机语言有关，另外一些则与软件的可靠性有关……在成熟的科学中，似乎是科学嵌于它的技术基础中的部分越多，这门科学被它的技术基础驾驭的东西也越多。因此，当我们试图断言理论变革的原因时，我们发现指出特别的因果关系变得日益困难。我假定我们可以简单地说是哈勃望远镜迫使我们修改我们的宇宙理论，但那只是错误的说法，如何使用那些仪器，它所要求的各种各样支持系统以及它们如何影响图像的产生都不能被忽视。假如我曾经提出的建议是正确的，那么我们为了仅仅理解科学告诉我们的是什么，我们就需要对支持系统和环境知道很多，并且当科学因此而嵌于它的技术基础中时，只有通过抵抗技术的基础或找到另外一个运用同样技术基础的理论，变革科学理论才能完成。在这一点上科学仍被技术所俘虏。"② 从皮特无可奈何的论述中，笔者认为上面的观点虽显极端，但有这种趋势或可能性。

现代科学仪器在现代科研中的作用日益加重，技术中介的认识论的研究可以说是现代科学哲学研究与现代技术哲学研究的一个研究界面，特别是对实验室的科学认知研究具有重要的意义。

① Joseph C. Pitt，"Explaining Change in Science"，*PHIL & TECH*，3，Spring，1998，p. 38.

② Ibid. , pp. 44 – 45.

赛尔托兹（Seltzer）对贝尔德的工具认识论评论说："贝尔德的工具认识论暗示着发展技术基础概念的富有成效的方法，显然，工具是技术基础的关键……我们所追求的东西是解释知识中的变革，并且把工具变革当作物质知识的变革似乎是有教益的，因为它帮助澄清物质实在的意义。正如贝尔德所认为的，工具是知识的表达（命题知识），并且更为重要的是物质实在的表达。如果在新工具的发展中涉及的主要问题是指认识论的物质限制的问题，那么贝尔德的工具认识论提供了一条知识变革的途径……未来一个有趣的任务将是看工具认识论如何运用于科学实验的背景之中。"① 因此，以技术为中介的科学认识论的研究是一种具有重要意义和广阔前景的哲学研究。

当然，上面的论述是围绕康德的认识论为模式来谈论技术中介之后科学认知的变化的，也许以康德的理论认识论来探讨身体实践性很强的技术还涉及不到其本质之处，下面从伊德的技术现象学理论入手进一步进行研究。

第三节　从伊德的"解释学关系"
看现代科学体验的困境

伊德的技术哲学主要研究的是技术中介之后人与世界的关系，其研究揭示了现象学向度的技术认识论。现在随着技术化科学（technoscience）的提出，一些学者开始谈论在以技术为中介的科学研究中的技术自主性和中立性问题，用一句哲学套话来说，就是探讨在科学研究需要强大的技术基础的时代，人在科学认识中的主观能动性到底能发挥到什么样的程度的问题。对这个

---

① Michael Seltzer, "The Technological Infrastructure of Science: Comments on Baird, Fitzpatrick, Kroes and Pitt", *PHIL & TECH*, 3, Spring, 1998, p. 56.

问题的研究用现象学的意向性理论来探讨技术中介之后的科学感性基础的变化是有益处的，伊德对这方面问题的探讨的主要基础是他的几种意向性变式理论，特别是其中的解释学关系的意向性变式理论。这里试图论述其哲学背景，用胡塞尔的解释学对伊德的解释学关系加以适当延伸，并且在后现代的语境中思考它的限度。

一　伊德的解释学意向性变式及其哲学背景

伊德的几种意向性变式是参照胡塞尔的意向性理论提出的，他说："在方法论上我要采用现象学描述的分析，它依赖于对胡塞尔及其意向性概念的改编。"① 胡塞尔那里的意向性结构是"意向活动→意向对象"。值得说明的是，首先，胡塞尔的意向活动具有笛卡尔的"我思故我在"的自明性（即反思的自明性），由此自明性的意向活动构造的意向对象也就具有当下的自明性。例如我们在经验主义那里经常谈到的对"红色"的感觉，它要成为胡塞尔现象学意义上的"红"就必须与反思性的意识活动联系在一起来加以考虑，也就是说我不仅要感觉到红，而且还要能够反思到这个感觉活动，只有通过反思到当下的感觉活动才能确定地感觉到红。其次，意向活动指向一个对象的时候，它也潜在地指向这个对象周围的东西，例如我注视一个立方体的盒子时，我虽然注视的是盒子的正面，但它的侧面、上面也在我的视域之中，随着视域的流动，我可以把整个盒子（包括它的后面和下面）都共现出来，也即构造并意指它。另外，在胡塞尔的意向性结构中意向性的发出是从一个极点发出的，这个极点是先验意识主体，其指向既可以是单向度也可以是多向度的，多向度的时候呈"意

① Don Ihde, Technics and Praxis: A philosophy of Technology, Dorderecht: Reidel Publishing Company, 1979, p. 66.

向扇"的结构。

伊德因为受梅洛－庞蒂的影响，他对胡塞尔的意向性结构作了一定程度的改造，把胡塞尔的"意向活动→意向对象"改为"人→世界"或"观察者→环境"。伊德的改造关键在于用"人"替代了胡塞尔的"意向活动"，拓宽了胡塞尔的自明性基础，它不仅包括意识意向自明性活动，还包括身体意向的自明性活动，也就是说不仅有"我思故我在"而且有"我走路故我在"或"我行动故我在"，"人"是意识和身体的混合物。把身体加入认识论的研究产生的一个直接结果就是主体与主体性的意义发生了变化，身体与意识主体一起成为"身体—主体"，笛卡尔和胡塞尔的观点是将意识置于主体性的中心，从而构成了近现代西方认识论的主流，梅洛－庞蒂哲学将先前只集中于心灵的主体性扩展到了身体，将肉身性赋予了主体性。因此，主体性应该是具有意识、反思、积淀的习惯行为以及所有感官结合在一起的身体本身，只有这个整体才是合适的思考对象。

"身体—主体"的出现实际上是对意识主体的进一步还原，因为在意识活动之前，人和世界之间就存在着一种确定的、原始的接触，这种接触加入知觉的形成过程，帮助组织知觉领域，界定我们定位自身的情景。与胡塞尔的意向性构造不一样，梅洛－庞蒂的"身体—主体"给每一情景设定了既定事实，例如当我们只能看到立方体的三面时，既定事实使我们能够想象一个立方体的存在。更进一步地说，当我们小时候玩积木时，研究了第一块立方体之后，所有后来的立方体都很容易得到综合的理解，而不必把它们拾起来，或是绕过去看另外的几面。所以梅洛－庞蒂说："相反，我们所指的中心功能，在把对象带到我们的注视和知觉之前，已经使对象在更加亲密的意义上对我们存在了。因此，我们宁愿用从其他著作中借来的术语，认为意识的生活——认知的生活，期望的生活或知觉的生活——是由'意向弧'所支撑着的。这种意向弧把我们的过去、我们的未来、我们人类的处境、我们物质的、意识形态的或道德的处境投射在我们周围，或者更确切地说，导致我们处于这些情况之中。正是意向弧导致了感觉、理智、感受性和能动性的统一。"① 这种"意向弧"的投射与胡塞尔的探照灯式的"意向扇"的投射不一样，它的发出端不是一个点，而是"身体—主体"的一段弧线。我们的身体是所有这些方向的意义中心，我们的身体使我们知觉角度的改变和变换成为可能，进而使和其意义相随的意义的改变和变换成为可能。

伊德用身体—主体对胡塞尔的意向性结构进行改造之后，进一步把人工制成的工具或科学实验中的仪器引进来以完善人类借助科学仪器进行科学认识活动时的意向性结构。伊德进一步引申的意向性变式有"具身关系（embodiment relations）"（［人—技术］→世界）、"解释学关系（hermeneutic relations）"（人→［技术—世界］）、"他者关系（alterity relations）"（人→ 技术—［—世界］）和"背景关系（background relations）"②。其中"具身关系"如海德格尔的锤子，是说木匠在使用锤子的时候，锤子不是作为单独的物存在的，而是淹没于用具的背景（如梁木、钉子、木匠手中的疱疹等等）之中的，可以说木匠在使用锤子的时候，锤子在上手的过程中从直接经验中抽身退出，仿佛是一种透明之物，或者说是自己身体的一部分（具身）。日常这种具身关系的用具还有眼镜、望远镜、盲人的拐杖（梅洛－庞蒂的例子）、自行车等等。对于这种具身关系，无论是胡塞尔的意识意向性还是梅洛－庞蒂的"身体—主体"的意向性都没有因为工具的加入而有明显的改变，因为这种具身关系的用具具有一种透明或半透明的性质，只有当它们出故障的时候人们才能意识到它们的存在。

---

① ［法］梅洛－庞蒂：《知觉现象学》，姜志辉译，商务印书馆 2001 年版，第181 页。（本书引用部分译文有改动）

② Don Ihde, *Technology and the Life World——From Garden to Earth*, Bloomington: Indiana University Press, 1990, p. 107.

因此，在具身关系中还是以意识主体或"身体—主体"的意识意向性或身体意向性为主。

对于四种关系中最为重要的"解释学关系"而言，它是说我们人不能像具身关系那样直接感知自然的意义，而是要对所使用的仪器作出解释。例如我们通过阅读温度计的读数来解释外界环境的温度的时候，我们不是以直接知觉的方式知觉外界温度的，外界温度是间接的方式解释出来的。伊德说："在这种情况下不仅仅显示出人和工具'意向性'之间的巨大差异，而且在这种情况下知觉到的东西不只在微观结构的程度上不同，它们在种类上也不一样。例如红外线的投射可能使植物中的疾病区成为可知觉的，而且这种疾病区是在任何直接知觉的情形下所不能知觉的，这里正是通过不同的工具'意向性'来收集新知识的。"①

显然，伊德主要是把意向性当作一种揭示事物新的本质的能力，既然红外线、温度计以及其他许多工具都具有这种能力，伊德就称之为"工具'意向性'"，这在更多的意义上是一种比喻的用法，伊德自己也说："我之所以用这种有些隐喻的意义把意向性放入引号中，是因为我不想使机器神化，我也不想赋予它们以任何像意识之类的东西。"② 尽管如此，伊德绝非技术中立论者，在论述科学的技术基础时，伊德说："这种对工具作用的过低估计往往产生于对技术'中立'之类的误解，而事实上技术是非中立的。"③ 这里的技术中立要比文化社会学意义上的技术中立的含义要窄得多，他主要是指科学发现的技术的非中立性，或者是指科学认知的技术的非中立性。因此无论伊德怎样为其工具"意向性"辩解，他还是隐含一种技术自主意向性的意思，这在他的很

---

① Don Ihde, *Technics and Praxis: A philosophy of Technology*, Dorderecht: Reidel Publishing Company. 1979, p. 78.

② Ibid., p. 77.

③ Don Ihde, *Instrumental Realism*, Bloomington: Indiana University Press, 1991, p. 73.

多著作中都有表现，事实上在《工具实在论》中伊德提出了一种由工具"意向性"所揭示的自然实在，这种实在只能依赖于工具才能存在，是一种二级知觉实体，像二氧化碳、氧气、氨气等等。因此，伊德的解释学关系可以改写为："人→（技术——→世界）"，括弧里面的箭头代表工具"意向性"。

二 是"文本"的理论解释学还是人造物的实践解释学？

早在 20 世纪 70 年代伊德在《技艺与实践——一种技术哲学》中就提出了解释关系等几种意向性变式，在 90 年代他在《技术和生活世界——从天堂到尘世》中又作了进一步细化论述。总体来说伊德是从与文本解释学进行类比得到解释学关系的意向性变式的，伊德说："在知觉上，使用者视觉（或其他）的终点落在仪器本身之上。阅读一个仪器类似于阅读一个文本。"[①] 以温度计测量某冰库的温度为例，我们测量时读到温度计的度数为 - 30℃，我们会解释说冰库的温度非常低，如果要把这种解释出来的低温赋予化身关系的充分意义，我们就必须用身体接触那种冷，即保留一些与冷的感觉同构的意义，例如人们可以发明这样一种技术，通过在墙壁上放上一根热效应非常好的热导体，就可以用手触摸它来感知里面的温度。但是这不是温度计所做的事情，温度计本身并不能释放这种化身关系意义上的冷。"相反，我们阅读温度计是通过直接的读数而解释天气冷的，<u>由于它是一种已经建构起来的直觉</u>（用现象学的术语）这样的读就存在一种当下的即时性，但是你应该注意到，在知觉上你看到的东西是刻度盘和上面的数字，即温度计'文本'，并且这个文本解释学地

---

① Don Ihde, *Technology and the Life World——From Garden to Earth*, Bloomington: Indiana University Press, 1990, p. 87.

呈递它指称的'冷'的世界。"① 这种"文本"的理论解释学按伊德的说法实际上就是把用仪器观察的东西转换为日常化身关系的体验，更为通俗点说就是把理论语句（因为科学仪器是科学理论的物化）翻译为经验语句。

　　上面第二段引文中下划线的部分是伊德强调胡塞尔直观概念的特征时经常要提及的，他反复申明胡塞尔的直观不是康德式的直接的感性与料，而是意识构成之后的充实。在胡塞尔那里，构成是在被动给予的感性与料的基础之上通过意向性构成的东西，然后再对这一构成的东西加以充实。例如我远远地看到某个熟悉的身影，我把它构成我认识的一个朋友，然后我走近那个身影，发现果然是我的那位朋友，此时我构造的意向性内容与站在我面前的朋友合二为一，到目前为止我才能说我直观到我的朋友。与此类似，我直观的所有东西都有这种充实构成的过程。伊德说我们通过读温度计来释读气温的冷，实际上是读一种已经建构的直觉，只要我们把温度计的原理重新建构一下，我们就能理解这一点。首先我们重构一下温度的概念，温度变化的生活世界的基础是人对天气冷暖感知的变化，就季节气候变化而言，夏天我说天气热，冬天我说天气冷；就日变化而言，早晨我说气温凉，中午则气温暖或热。对于这种温度变化的感觉我觉得我感知得非常踏实，我既可以通过我的视觉感知气温的变化，如冬天的白雪皑皑，夏天的烈日炎炎；也可以自己的身体感知，如出汗、舒展度；还可以通过嗅觉、听觉来感知；等等。我们构造出温度变化的概念后，我们还看到一种与温度变化相伴生的现象，即热胀冷缩现象，如铁匠打铁时加热和淬火能观察到明显的热胀冷缩现象；人们煮饭也能观察到火旺时水蒸气顶开锅盖，火弱或熄灭时锅盖盖得紧紧的。后来伽利约用一根顶端有一个空气泡，开口端

① Don Ihde, *Technology and the Life World——From Garden to Earth*, Bloomington: Indiana University Press, 1990, p. 85.

没入水中的玻璃管首先制作出温度计，其原理就是通过气体的热胀冷缩造成水柱的升降来测量气温。后来的水银温度计就是基于这一原理制成的。因此，我们把一件科学仪器制造出来后，我们再使用这件仪器实际上就是在以一种新的方式看待世界。伊德借用胡塞尔的几何学例子说："一种几何学的实践一旦得到并且变为独立存在的东西，就获得了一套新的看问题的方式，它是一种可重述的文化获得物，一旦沉积入文化体验之中，就变成直觉的并且想当然的（另外一种对现象学的粗俗的理解也要提及，即认为现象学属于'给予的神秘'，舍勒就这样认为，这是错误的。……相反，直觉是被构成的——正如几何学的例子所指示的，只有当已经构成并且熟悉了，它们才变成充分直觉的或'给予的'）。"①

　　显然伊德在谈到解释学关系的意向性变式的时候更为注重胡塞尔的意识意向性，由此生发出来的解释学也主要是静态文本的理论解释学的类似物，即通过科学仪器的读数来对外界环境进行"具身关系"意义的还原的解释，这样释放出来的意义主要是科学仪器的理论负载（thory-ladenness）。值得说明的是读科学仪器的"文本"解释学与人文科学的文本解释是不同的，科学理论或科学理论物质化的科学仪器的功能是传达一个独立于它们而存在的客体知识，我们的测量总是对某一外界客体的测量，阅读科学仪器的结果是阅读者需要把注意力超出"文本"而达到指称外界对象，而文学艺术作品的功能是为审美经验提供基础，阅读文学作品的读者应该专注于作品中所构成的对象，仿佛它们具有"准实在性"，伊德用演一奏家演奏的乐曲来类比它②。另外，文学作品的语义结构非常复杂，不同文化背景的人读同一部文学作品往往把握到不同的意义——"一千个观众就有一千个哈姆雷特"，

---

　　① 　Don Ihde, *Technology and the Life World——From Garden to Earth*, Bloomington: Indiana University Press, 1990, p. 29.

　　② 　Ibid. , pp. 94 - 95.

但是在阅读科学仪器的"文本"时，里面的语义结构比较简单，意义是单义的，所以不同的人或不同文化背景的人用温度计或气压计测量时意义都是相同的，科学理论的文本也是这样，绝不可能具有不同文化意义的毕达哥拉斯定理。正是因为科学语义的单义性，使得胡塞尔提出科学文本的还原的可能性（胡塞尔的解释学），胡塞尔说："人们以下面这种方式应付这种危险……当人们考虑到语言表达的一义性，并且考虑到用细心铸造的有关的词、句、句子关联来保证一义地表达成果时，就发生这种情况……按照科学的本质，科学研究工作者具有一种持久的要求或者一种个人的确信，即所有由他引入到科学陈述当中的东西，都是被'一次了结地'说出的，它是'确定地存在着的'，能永远同一地重复，并且能以自明的方式运用于以后的理论目的和实践目的——能够按照真正意义上的同一性毫无疑问地被重新激活。"①

从伊德的著作中所举的解释学关系的例子中（如温度计、红外照片、核反应堆的控制板等）只能读到上述静态文本理论解释学的意义。然而依据伊德的解释学关系的意向性变式［即"人→（技术－世界）"］来看，似乎应该有一个比静态文本的理论解释学丰富得多的内容，因为这里的知觉主体"人"按前面的论述是一个比意识主体更丰富的活动者，它不仅包括意识意向性还包括身体的意向性，甚至还有伊德含混对待的工具"意向性"。现在我们要对仪器所显示的数据进行解释以释读出外部世界的感性意义，我们就必须重构这台仪器的意向性构成，而这台仪器的意向性构成不仅包括意识意向性的构成而且还包括身体意向性的构成，甚至还要附加上使用这台仪器的"工具"意向性的构成。我们知道仪器或人造物本身是比仪器或人造物的科学原理要多出一块内容，它还包括仪器制造者在工艺实践方面的默会知识（波兰

---

① ［德］胡塞尔：《欧洲科学的危机与超越论的现象学》，王炳文译，商务印书馆2001年版，第435页。

尼意义上的），即一些只可意会而不可言传的知识。只有这些才能充填伊德改造后的意向性变式的全部解释学意义。因此，充分的解释不仅仅局限于静态文本的理论解释学，还要有"人造物"的动态的实践解释学、［也即科学仪器的实践负载（praxis-ladenness）］。然而，就我所把握的伊德的著作而言，他并未充分地展示这方面的内容。

三 现象学的技术解释学能走多远？

胡塞尔在"几何学的起源"这篇文章中讨论了几何学的解释学，第一个几何学家在原初的明见性中对几何学的理念对象进行了第一次构造，这样构造的对象当然具有明见性，这种明见性随着时间的迁移会慢慢消失，但这种消失了的明见性并没有走向虚无，在某一特定的时刻，通过某种特殊的方式，它又能够在主体的心理行为中被唤醒，并变得越来越清晰，通过这样的方式，我们便又能找回原始的"一致"性观念的明见性。这样胡塞尔描写了重新获得几何学源头的明见性之路："从切近我们的几何学命题开始，挖掘它在生活世界中的意义，从当下的意义前进到此前的意义，这是一条意义链，建立起这样一条意义链便打开了内在历史的意向空间，在这一空间中我们可以自由地、时间性地返回原明见性和初次性，即回到几何学的第一次创建行为。"①

遵照胡塞尔的方法我们来对水平仪的测量进行解释学释义，例如我看到水平仪中的气泡处于中间平衡位置，我就确信地说"这块石头是水平的"。这里面到底发生了一个怎样的意向性转移的过程呢？这里面沉积了水平仪本身的意向性构造的过程，我们可以简单地把它回忆起来：人们根据日常生活经验理解了"水

---

① ［法］德里达：《胡塞尔〈几何学的起源〉引论》，方向红译，南京大学出版社 2004 年版，第 215 页。

平"、"斜面"和"凹面"等概念，应该说可以根据胡塞尔的现象学变更来得到它们，例如我看到水平的桌面、水平的地面、水平的台阶、水平的湖面等等来构造出"水平面"的概念，虽然这些日常生活的感性的东西是我构造"水平面"概念的基础，而且只有还原到这种我亲自体验到的感性基础时，"水平面"这个概念才有意义。另外，在我们的日常生活中，我们有时会玩一根带有一个气泡的装水的玻璃管，我们把这支水管以不同的角度摆置，水管中的气泡就会上下左右地移动，只有当它水平时才能让气泡稳定地居于管的中央，这种经验让我们制作（构造）出了水平仪。现在我们用水平仪测量石头面的水平度时，我们可以把构造水平仪的意向性重新回忆起来，然后通过现在水平仪中的气泡位置来对石头面的水平度进行意指。这种回忆的过程也是一个意向链被重新激活的过程，也是一个对阅读仪器的解释过程。

但是，随着技术中介的加强或科学研究使用仪器的日益复杂化，意向性链重新激活的难度越来越大，如射电望远镜的计算机终端所显示的数据或图形，你要真正穿过庞大的技术装置来一层一层地激活每一个意向性链，那几乎是不可能的。德里达就曾批判过胡塞尔对于几何学进行还原的现象学理论，从而提出了他的著名的解构主义理论。德里达注意到，如果我们从几何学现成的、当今的内容出发去追问它的起源，即对现今内容进行层层还原，那么我们的还原具有无限的微妙性和危险性，这就像邮政和远程通讯具有失实和中断的危险一样。[①] 德里达认为世界上的事物不是靠这种考古学式的解释学还原来显示的，而是靠与他者的差异显示出来的。例如张三高一米七，就其本身而言无任何意义，我们看到钢卷尺上的刻度也解释不出什么意义，它只有借助于它的他者（如李四高一米八或王五高一米六等等）才能生成意

---

① ［法］德里达：《胡塞尔〈几何学的起源〉引论》，方向红译，南京大学出版社 2004 年版，第 35 页。

义，如"张三是小个子"或"张三是高个子"。世界上所有的事物都是借助它们"他者"（伊德的"他者关系"有别于这里的"他者"）的补充形式显示出来的。

撇开复杂的技术，仅以温度计的测量为例，意向性链也有中断的可能。人们通过读温度计来解释外界的温度这件事，如果一定要释读外界温度的感性意义，那么就必须以人的身体对温度变化的感知为基础，这种变化的感觉在小范围内（–50℃—100℃）还十分明显，也就是说让你区分50℃和80℃的水你还做得到，但是让你区分500℃和800℃的火焰，你的身体就做不到，因为人的身体在这样的温度环境下生存不下去，如果用身体的一部分（如手指）去感知，就都只有一种灼痛的感觉。这样，如果我们说地下岩浆的温度高达2000℃对于我而言究竟有何意义呢？我如何把这种高温的意义构造出来，或者我如何对这种高温进行意指呢？恐怕这只能通过德里达的差异原则得出它的意义，即2000℃的岩浆只有相对于1500℃的岩浆或3000℃的岩浆才有意义，否则它自己本身的意义是释读不出来的。如此则科学的意义，特别是技术基础强大的科学的意义会陷入技术的结构之中，因此海德格尔说："我们也可以反过来说，现代物理学作为实验物理学依赖于技术装置，倚赖于设备的进步。"[1] 至于科学的意义是否完全能够被技术掩埋倒是值得探讨的事。

对于上面解构主义的质疑，事实上伊德所提出的工具"意向性"理应有可能对此有所释义说明，因为工具毕竟是人的感知器官的延伸，其"意向性"应该是人的意向性的延伸。但是我们前面说过那只不过是一种拟人的说法，也许是我们对身体或身体的工具延伸的意向性还没有足够清晰的哲学研究的缘故，也许对于它们我们根本不能有一个像意识意向性一样清晰的哲学研究。

---

[1] ［德］海德格尔：《海德格尔选集》，孙周兴等译，上海译文出版社1996年版，第932页。

　　上面对于伊德解释学关系的评析肯定有学者认为是作者把胡塞尔的理论解释学强加给了伊德，为了避免误会笔者需要做出一些说明。本来伊德的现象学的技术解释学是以海德格尔的解释学为依据的，在《技术和生活世界》一书中，伊德分析完几种意向性变式之后立即着手分析他称之为"文化解释学"的东西，但是笔者认为这并没有与他严密的意向性变式的分析对应起来，而且文化解释学的技术是比科学的技术基础范围更广的技术。至于用胡塞尔的解释学对于伊德解释学关系的引申笔者认为是合理的，一方面伊德从胡塞尔那里引出他的意向性变式，而且利用胡塞尔现象学直观含义来扩展他的知觉概念；另一方面，我这里探讨的范围仅仅局限于科学的技术基础意义上的技术现象学，胡塞尔解释学分析中的单义性特别适合于这一点。

第四节　身体向度的科学认识论断裂

　　自从逻辑实证主义的强的逻辑建构论破产之后，库恩的科学革命理论一直具有较强的理论渗透力，甚至在技术哲学中都占有重要的地位，伊德在介绍技术哲学的必要读物中就重点列了库恩的《科学革命的结构》，伊德之所以列出并经常引用这本书，就是因为库恩强调了科学在技术中的嵌入，而科学在技术中的嵌入是导致科学革命的一个重要因素。当然，伊德的论述是从海德格尔的作为一种工具的技术既有遮蔽又有去蔽的功能入手的，一旦作为工具的技术介入科学发现，它就会把一些东西直接发现出来，这种发现性具有和原有的发现决裂的特点，使得科学成为一种具有革命的性质，这种革命在法国的哲学家（如巴什拉、阿尔都塞、福柯）看来又称为认识论断裂（epistemological break）。然而伊德只是从作为工具的技术角度来考察问题的，如果从作为活动的技术来考察科学实验中的认识论问题，认识论的断裂问题会呈现一种当下发生的特点，而不是事后反思或归纳出来的一个规律，这种当下活动的技术与认识论断裂的身体向度有关，因此下文试图从身体的角度来探讨认识论断裂。

一　从巴什拉的哲学思想来看认识论断裂在精神上的三重含义

认识论断裂首创于巴什拉，是巴什拉的科学观和"新认识论"的重要内容。作为一位熟识科学史的科学家，巴什拉认为在科学中从来不存在简单进化的问题，科学是通过经常性的革命而发展的，他用大量的科学史实显现科学理论的创新性和质变性。巴什拉说："即使在某一个别问题的历史演变过程中，我们也不能掩盖那些真实的决裂和突然的变化。这足以推翻所谓认知发展是连续的观点。"① 巴什拉的认识论断裂在科学哲学中影响深远，据说库恩曾到法国拜访过巴什拉，其不可通约性理论受过巴什拉的影响，最后成为科学哲学中历史主义学派的一个核心观点。当然，如果纯粹从科学史的角度来考察科学的发展，科学的发展必然是不可通约的、跳跃的、相对的，无任是从逻辑实证主义的方法还是现象学的方法都是难以对科学加以重构的。胡塞尔早就指出过这一点，他说："历史主义将自己定位于经验的精神生活的事实领域，由于它绝对地设定这种经验的精神生活，而不是恰恰将它自然化（尤其是因为历史思维远离自然的特殊意义并且至少没有受到这种意义的普遍决定性的影响），这样便产生出一种相对主义，它与自然主义的心理主义非常接近，并且被纠缠到类似的怀疑困难中去。"② 因此，科学史的考察几乎是断裂认识论这个

---

① 转引自［法］弗朗索瓦·达高涅《理性与激情》，尚衡译，北京大学出版社1997年版，第9页。

② ［德］胡塞尔：《哲学作为严格的科学》，倪梁康译，商务印书馆2002年版，第46页。

必然结果。如果把巴什拉的认识论断裂归结为一种科学史实的归纳，那么巴什拉的结论只是对一种理性认识论（无论是逻辑实证主义的理性建构，还是胡塞尔现象学的理性建构）进行事实上的反驳，它实际上还构不成一种真正的断裂认识论，因为它只能算是认识论重构的无能，而不能算是从认识论本身内部发现了其断裂的机制。巴什拉对由科学史实归纳出来的认识论断裂构成认识论断裂的第一重含义，即归纳事实上的认识论断裂。

　　事实上巴什拉的断裂认识论还不仅仅只是一种对事实的归纳，他早期也从从内部来分析科学概念演化的断裂。他认为一些概念一旦进入科学理论内部就出现与日常使用的意义发生根本性的变化，有的概念根本不能用日常生活中的概念来加以把握，如"惯性"、"质量"、"力"等，巴什拉自己也说："在这个具体问题上，若想看清这种科学感觉论倾向的缺陷，只消与抽象和数学的倾向作个比较就够了。欧姆在数年后用来表明不同导体的抽象概念是电阻概念。这个概念使科学摆脱了对任何直接感性平制品质的参照。也许有人不同意：阻力这个概念不是太形象化了？但是结合电力强度和电动势等概念，电阻这个概念逐渐失去词源意义，成为一种隐喻。这个概念从此变成为一个复杂法则的元素，说到底是非常抽象的法则，纯数学的法则，它组成某种概念节点。……电阻是经过一条准确的定义纯化的阻力；它已嵌入某个数学理论，数学理论限制它过度扩张。经验主义此时在某种程度上得以摆脱；它不需要同时表达试验物质的全部感性特征。"[1] 这种分析让人想到分析哲学中对概念的分析，陈嘉映在《科学、哲学、常识》一书的"日常概念与科学概念"一章中对"力"、"加速度"、"质量"等概念进行过相似的分析，像"加速度"这个概念在力学中远不是我们日常生活中所理解的加速度概念，力

---

　　[1] ［法］巴什拉：《科学精神的形成》，钱培鑫译，江苏教育出版社 2006 年版，第 110 页。

学中的加速度的意义是在一个力学的概念体系中形成的。"科学概念是一一营造起来的，但是它们的力量（可接受性）来自整体理论。每一个科学概念在与理论系统的其他概念的配适过程中不断得到调整、修正。……在 F = ma 这个公式中，力、质量、加速度这几个概念是相互定义的，它们具有严格的数理推导关系。这些概念相互定义，最后形成在很大程度上不受自然语言约束的一套亚语言，理论语言。……我们无法靠细致分析运动、力、重量这些自然概念获得它们的科学定义。"① 因此，从日常概念到科学概念分析中出现的断裂构成认识论断裂的第二重含义。

后来在《火的精神分析》中巴什拉的认识论断裂进入一个新的层次，此时冷静地反思（即史料的归纳和概念的分析）已经根本不适应火的分析，火作为纯粹的质料在它的冲动中创造一切，这种创造性冲动就是文艺评论界通常所讲的"物质想象"。巴什拉的物质想象的内涵可以概括如下：所谓"物质"，指的是火、水、气、土这四种元素，古希腊人认为它们是构成宇宙的基本物质，也是人类主体最基层、最本原的东西，它们不是自然界中实实在在的火、水、空气和土地，而是人类无意识深处的物质原型。原始人在不具备抽象思维的情况下，只能按照自己的感性认识去解释这些自然现象。随着科学的发展，社会的进步，人类对自然现象有了更客观的认识，与四元素相关的原初想象也发生了形式上的改变，转化成隐喻，但最初的心理倾向仍然深藏在无意识深处，一旦我们遇到全新的或无法解释的现象，这些心理倾向就会像梦想般地表露出来。在梦想中，梦想的主体通过想象作为原始物质的火、水、气、土，创造出不同于现实的超现实的存在，巴什拉要突出的是梦想的创造性，不是在意识中寻找现实的形象，而是在现实中寻找形象的实在性。巴什拉断裂认识论思想由此得到延伸，因为形象和形象之间是非连续的，任何对形象的

---

① 陈嘉映：《哲学、科学、常识》，东方出版社 2007 年版，第 143—144 页。

还原解释都会破坏形象的新颖的创造性的特征，他要的是在形象浮现的那一刻捕捉到形象本身，形象就是它自身创造的源泉，巴什拉说："无法摆脱这种辩证法：意识到燃烧，这等于冷却；感觉到强烈度，就是在减弱它：应当成为强度而自身不知。这就是行动人的苦涩的规律。"① 此时是在直接的行动中来考察认识论的断裂，或者说认识论断裂已经直接融入火的创造性冲动之中，从而与在概念的反思或者科学事实的归纳中考察认识论的断裂迥然有别。

二　身体向度的认识论断裂

虽然巴什拉的哲学思想延伸出断裂认识论的三重含义，但是他并没有开出断裂认识论的身体向度，然而，如果离开身体向度来谈断裂认识论的话，就总是触及不到断裂认识论的最本质。当然，如果要开辟断裂认识论的身体向度，首先必须搞清楚身体向度的认识论。

首先，波兰尼试图从默会知识的角度来开出科学认识中身体认识论的向度。以卡尔纳普为代表的逻辑实证主义把目光集中在科学理论之上，把科学理解为能形式化的、能用明确的方式加以表述的命题集合，认为科学分析学的任务就在于对科学陈述作逻辑分析。波兰尼认为，逻辑实证主义对科学的理解具有明显的狭隘之处。在他看来，科学不仅仅是理论，还是一种技艺（science as an art）。他指出，如果我们不只是专注于对科学理论作静态的逻辑分析，而是把整个的科学研究的实践（包括发现的范围和辩护的范围）纳入视野之中，那么，我们就会看到，在具体的科学研究活动中，有不少不确定的、难以用明确的方式来表达的成

————————

① ［法］巴什拉：《火的精神分析》，杜小真等译，生活·读书·新知三联书店1992 年版，第 130 页。

分。波兰尼指出："在考察科学探索的根据时，我发现科学的进步在每一阶段上都是由难以界定的思想力量所决定的。没有规则能够解释我们是如何发现一个好的想法以开始一项研究的，而就某问题所提出的解决方案，无论是其证实还是其证伪，也都没有严格的规则……可见，科学发现只能由思想的默会能力来达到，其内容，就其是不确定的而言，只能默会地加以认识。"

但是波兰尼的身体认识论似乎是一种明言知识的潜在形式，国内研究波兰尼的专家郁振华先生说："波兰尼的默会知识论不只限于承认默会知识的存在，它还有更强的主张。在波兰尼看来，默会认识本质上是一种理解力（understanding），是一种领会、把握经验，重组经验，以期实现对它的理智控制的能力。心灵的默会能力在人类认识的各个层次上都起着主导性的作用，默会维度相对于明确知识具有理论上的优先性。"①

默会作为明言知识的潜在形式似乎与身体的具身认知有着密切的联系，德雷弗斯对此有较为深刻的论述，前文已经述及。然而，无论是波兰尼的默会知识还是德雷弗斯的具身认知都没有描述它们本身的内在特征，它们的意义总是相对于明言知识或可表征的知识而言的，因此只能是对明言知识或可表征知识的一种外在补充。只有尼采的身体哲学才揭示出与身体相关的认知所具有的特征。

德勒兹对尼采的哲学作了概括，他认为尼采的哲学是围绕力（force）和权力（power）两个核心展开的。尼采提出，每种力有着不同的矢量，或"意愿"。这些矢量和意愿促使力与其他力相遇，并使其他力相斥，尼采由此假设了力相互联系的两种基本方式，即能动力和反动力两种模式。德勒兹用两个略为不同的公式对尼采的力的交战进行了总结，详细说明了能动力及反动力是如何互相交战的："我善良，因而你邪恶"以及"你邪恶，因此我

---

① 郁振华：《波兰尼的默会知识》，《自然辩证法研究》2001 年第 8 期，第 6 页。

善良"① 在第一个公式中，能动力从自我肯定的角度表达了观点，这就是说，首先确定自己的特性，然后降低其他与其不同类力的特性。相反，在第二个公式中，通过对其他力作否定的判断，能动力本身的特性才得以体现，如果没有相反的或敌对的力与之比较的话，能动力就不能作出自己的判断。因此，当力拥有自己的表达方式并单独存在时，力在此范围内得到肯定，而且不由任何方式从其他地方推出，这种力就是能动力；但是，当力不拥有自己的表达方式而由其他方面才能得到肯定时，力是起反作用的，称为反动力。所以，对于科学，特别是机械论的科学，因为强调的是因果关系，即或者把一个原理从一个更为基本的原理中推理出来，或者找出一个事实与其他事实或原理之间的关系，从而都属于反动力的范围，所以德勒兹说："我们找到的答案是科学喜欢从反动力的角度来理解和诠释现象。物理学和生物学一样反动，它们总是从细微之处、从反动的一面来领会事物。反动力一旦获得胜利，就成为虚无主义思想有力的工具。这也是虚无主义各种表现形式背后隐藏的一个原则：反动的物理学、生物学是怨恨的物理学、生物学。"② 由此可见，能动力就是那种活生生的生存意志，不受任何规则约束。

事实上所有的科学，只要成为科学判断，它都脱离了活生生的生存，这种活生生的生存严格来说不是发生在意识领域，发生在意识领域的思维除了思维活动本身以外，都有固定化的倾向，包括我们用一个在罗素看来是唯一的专有名词"这"来指称一个东西的时候也是这样，因为我们用"这"来指称东西的时候，它也可以用来指称任何其他的东西，从而从一个看起来最为特殊的词变成一个最普遍的词，也就是说，当我们从意识角度进行最为特殊的考察的时候，里面也包含有胡塞尔所言的本质直观，所以

---

① ［法］德勒兹：《尼采与哲学》，周颖等译，社会科学文献出版社 2002 年版，第 176 页。

② 同上书，第 68 页。

胡塞尔说："在个别对象和本质间存在关系，奠定了在事实科学和本质科学之间相互对应关系的根据，按照这种关系，每一个别对象都有一种作为其本质的本质组成属于它，正如反过来说，作为其事实的个别化的诸可能的个别物对应着每一本质。"① 对于一种经验科学，不论从哪里提出间接的判断根据，它必须按照由形式逻辑处理的形式原则来进行。如一个最为简单的经验科学判断："这是一个三角形。"它隐藏了一个间接的推理：因为"三角形是由三条边如此这般地组成的图形"（间接判断的根据），并且"这个图形是由三条边如此这般地组成的图形"（现实的设定），所以"这是一个三角形"（经验科学）。因此，活生生的生存只能存在于意识之外的身体领域，或者更为恰当地说，存在于身体的行为领域。

这样一个身体就砍去了意识的头颅，它再也不是意识支配下的被动器具了，身体跳出了意识长期以来对它的操纵和摆布圈套，它不是取代或者颠倒了意识，而是根本就漠视意识，甩掉了意识，进而成为主动的而且是唯一的解释性力量。因此，"连续性"、"必然性"和"可推导性"都是与身体的主动性的活动相悖的，而与身体活生生的活动相关的是"偶然"与"断裂"。也就是说，只有在身体向度上才能真正理解认识论断裂。

三 化学作为身体向度认识论断裂的典型实例

如果说巴什拉的前两种断裂认识论与科学史的分析有关，那么他的物质想象断裂认识论则与他所从事的化学研究有关。化学作为一种质料演变的科学似乎与断裂认识具有天生的亲缘关系，即便是尼采这个从来都不曾学习过自然科学的人也对化学加以盛

---

① ［德］胡塞尔：《纯粹现象学通论》，李幼蒸译，商务印书馆1995年版，第57页。

赞，德勒兹说："梦有两种等量的力——即使这两种力具有决然相反的含义——它也只是一种粗糙的、近似的、统计性的、生命沉溺其中的梦想，化学则打破了这种梦想。"[1] 德勒兹这么说是引用尼采在《权力与意志》中的一段话："在化学世界中占统治地位的是对力之间差异的敏锐洞察。"值得说明的是，这里的化学不是现代与物理学一样形成体系化知识的化学，即不是 - logy 意义上的学问，而是实际操作，随时都有可能创造新的物质成分的操作，是一种与身体的操作紧密联系在一起的质料的演变。事实上，化学在古代（在道尔顿之前）只能称为一种技术，这一点康德说的比较清楚，他说："对于物质间相互的化学作用来说，只要还没有找出可以进行构想的概念，即只要还不能给出各部分接近与离开的法则——根据这一法则，可以在它们诸如比重等关系方面，对其运动及其结果在空间中先天地进行直观并呈现出来——那么化学就只能成为系统的技术活实验的指南，却完全不是本义上的科学，因为它的原则仅仅是经验性的，而不允许先天地呈现在直观中。于是，化学现象的原理就其可能性来说是根本不能理解的，因为它对于数学的运用无能为力。"[2] 化学之所以不能称其为科学在康德看来主要是因为化学与物理学不一样，化学不能像物理学那样数学化，也就是说化学并没有先天的数学基础，还具有一定程度上的偶然性。

　　化学作为质料演变的科学事实其实更加接近于上帝的品行。据说[3]，在很久以前的天堂里，200 个天使在塞姆加萨（Semjasa）的领导下，策划违抗上帝的旨意，他们计划与凡间的女子做爱。下到凡间以后，他们不仅满足了自己的性欲，每个堕落的天使还

　　① ［法］德勒兹：《尼采与哲学》，周颖等译，社会科学文献出版社 2002 年版，第 65 页。

　　② ［德］康德：《自然科学的形而上学基础》，邓晓芒译，上海人民出版社 2003 年版，第 7—8 页。

　　③ Joachim Schummer, "The notion of nature in chemistry", *Studies In History and Philosophy of Science*, Volume 34, Issue 4, December 2003, pp. 705–736.

教授那些女子一些秘密的技艺，例如用魔法治病，使用咒语，使用草药和各种各样的手艺。当上帝从他的天使长那里听到这种不正当行为以后，他很是生气，并决定毁掉整个地球。尤其使上帝大怒的是天使亚撒色（英国诗人弥尔顿所写的《失乐园》中和撒旦魔鬼一起反抗上帝的天使）已经教会人间女子一些从原始时代以来的只在天堂才有的秘密，结果不是塞姆加萨而是亚撒色为这次罪恶承受了最残酷的惩罚。那么，亚撒色告诉了人间女子哪些使上帝如此愤怒的"从原始时代以来的天堂秘密"呢？首先他教授了冶金术，包括锻炼和珠宝工艺；其次他教她们用颜料染色的工艺和化妆品工艺；最后他传授她们宝石的制造工艺（可能包括制造有色玻璃）。比较其他所有关于技术的神创论的神话，例如埃及神话、印度神话和希腊神话，只有基督教神话把它作为一种原罪。在埃及神话故事中，为了庆祝上帝的明智，透特（Thoth，埃及神话中的月神）得到了所有的信赖，而基督教故事将它变成了一种罪过，这种罪过是由下到人间的天使或邪恶的魔鬼对上帝的不忠所引起的。这就是技术恶魔般崇拜的起源。这样，在所有的艺术和工艺中，化学工艺被判了最大的罪。

这个关于技术起源的故事来自《伊诺克书》，它曾是一篇著者不明的旧约篇章（后被教会剔除出圣经），最早可能是由希伯来人写于公元前 3 世纪。是什么使得化学工艺在基督教眼中如此特殊呢？化学工艺不像所有其他的工艺，它改变了事物的基本性质。因此，化学工艺改变了上帝的创造物的本质，这种观点被认为是顺从于"从原始时代以来的天堂秘密"，即创世的秘密。在那之后存在一种古老的本体论，认为在实体与偶性之间存在根本的区分。以织布工艺和染色工艺为例，两者都使用从羊身上剪下来的羊毛，织布仅是将羊毛纤维以一定的顺序排布，被认为仅仅是次要的修改。但是，染色工艺则改变了羊毛的颜色，被认为是对物质本质属性的改变。因此，是染色工艺而不是织布工艺扰乱了上帝创世论，所以，在信奉正统派基督教的人看来，染色工艺是一种罪恶。

我以前总是把上帝看作一个数学家，这样上帝就是形式的化身，事实上如果上帝只懂得形式的东西，他是制作不出地球上的万事万物的，因为地球上的天然演化的东西每一个都是很复杂的，都是仅凭数学形式是制作不出来的，上帝是靠质料来直接制作物体，质料是最为直接的东西，它可以演化出新的东西，这种演化就是直接的做，就像炼金术式的化学家那样。因此，"疯子"尼采说"我就是上帝"这句话还真不是疯话！

第五节　从胡塞尔的先验哲学思考
思考伊德的"他者关系"

笔者本章第二节以康德的认识论为框架探讨了技术化科学（technoscience）的认识论问题的分析，该文综合了当代一些论述技术化科学的哲学家们的观点，暗示着科学家对实验工具的使用使得科学发现中的先验层次消失，科学发现从而完全变成一个由工具本身所揭示的结果。如果用伊德的人与世界的关系来探讨这个问题，那就是说，"具身关系"和"解释学关系"还保留有先验的成分，因为在具身关系中，技术工具本身处于一种存而不显的状态；在解释学关系中技术工具本身虽然在其释义方面有其难度，但毕竟在一定的范围内还是有还原的可能性，例如温度计对温度的测量，在温度相对较低（我自己估计为约 $-20°—100°$）时还是能够还原到人的感性之上。但是，他者关系和背景关系中工具就变成了一个与人相异的并且具有其本身的自发能力的东西。人在与这种工具打交道的过程中，就像与一个像活生生的人一样的有目的的对象打交道一样。此时由工具本身所揭示出来的知识本身好像是排斥了人本身的先验能力所揭示的知识，因此工具成为了一个他者。

　　这里先看一下伊德的"他者关系"。他者关系是指技术在使用中成为一个完全独立于人类的存在物，技术成为一个他者。各种自动装置是这种关系的代表，其特点是能够进行决策和自动控制。正如伊德所说，"机械实体变成了人类与之相关联的一个准他者或准世界"。[①] 他者关系用意向性公式表示为：人类—技术（世界）。与具身关系和解释学关系不同的是，人类不是通过技术去感知世界，人类知觉的目标是技术本身。他者关系体现了技术的某种自主性，这使人类开始反思是否有一天技术会完全取代人类。伊德以旋转的陀螺为例。在使用之前，陀螺是某种有对称设计的东西，但是一旦转动起来，它便拥有了其自己的生命，它是一种令人惊奇的客体。还有就是计算机技术。依照德雷弗斯的挑战，计算机尽管不能像具有身体的人一样具有与人一样的智能（德雷弗斯认为计算机不能聪明起来就是因为计算机不具备人一样的身体），但在语言，特别在逻辑行为的限制中展现出了一种准他者性。例如，许多电影都担心计算机会取代人类的思维，担心政治或军事决定都由计算机做出，而这些症状都是围绕着技术的他者性来考虑的。

　　伊德的他者关系看上去是与"解释学关系"和"具身关系"相另类的关系，其实他只是把他者关系极端化而已，很难说哪一种工具的使用就是与使用者处于他者关系之中，因为任何一个工具在制作出来之后就总是有某种使用所不能驾驭的部分。这正如语言这种工具一样，事实上语言是人类最早所使用的技术工具，所以技术史家在写技术史的时候往往把语言放在最前头。语言对于人的感知体验具有遮蔽作用，例如我随便说一句话："我今天早晨在跑步"，这句话可以适用于每一个人，也可以适用于我每一天早晨的跑步，然而我每一天早晨跑步的情景都不一样，感觉

---

① Don Ihde, *Bodies in Technology*, London: University of Minnesota Press, 2002, p. 81.

体验也不一样，我今天跑步时闻到夜来香的扑鼻的香味让我陶醉在香味之中，跑得非常的轻松；我昨天跑步时在跑道上不断遇到一个彪形大汉挡住我，想要超过却始终超过不了，这让我跑得非常郁闷；我前天跑步时又是另外一幅情景。但是我说出来的都是那同一句话"我今天早晨在跑步"，也就是说，一旦我用语言来表述我今天早晨跑步的时候，它就遮蔽了我今天早晨跑步的实际情景。胡塞尔的现象学就是要揭示语言工具的这种遮蔽作用，暴露语言未曾捕捉的原初体验，从而从新把握体验的本质意义。当语言很好地表达我的意向体验，语言就称为透明之物，相当于伊德的具身关系；当语言部分超出我的体验，要我对语言做出诠释才能加以理解的时候，就相当于伊德的"解释学关系"；当语言完全超出我的体验的时候它就相当于伊德的"他者关系"。胡塞尔的现象学所追求正是一种透明性的认识论。

胡塞尔搞出一种透明的认识论之后，可以说他再也不考虑由于工具而产生的"隔"的问题，而是需要考虑在这个工具理性泛滥的时代，如何实现透明性的问题。胡塞尔的"隔"是对于我们未曾重构的"工具"而言的，要消除这种"隔"就是把范畴或工具重新构造出来。所以胡塞尔所面对的世界永远是一个意识活动所重新构造出来的世界。例如，我们用水平仪来测量某个东西的水平度，我们可以遵照胡塞尔的方法来对水平仪的测量进行解释学释义：假如我看到水平仪中的气泡处于中间平衡位置，我就确信地说"这块石头是水平的"。这里面沉积了水平仪本身的意向性构造的过程，我们可以通过我看到水平的桌面、水平的地面、水平的台阶、水平的湖面等等来构造出"水平面"的概念。另外，在我们的日常生活中，我们有时会玩一根带有一个气泡的装水的玻璃管，我们把这支水管以不同的角度摆置，水管中的气泡就会上下左右地移动，只有当它水平时才能让气泡稳定地居于管的中央，这种经验让我们制作（构造）出了水平仪。现在我们用水平仪测量石头的水平度时，我们可以把构造水平仪的意向性重新回忆起来，然后通过水平仪中的气泡位置来对石头的水平度进行意指。这种回忆的过程也是一个意向链被重新激活的过程，也是一个对阅读仪器解释的过程。

海德格尔消除隔的方式与胡塞尔的大为不同，如海德格尔的锤子，并不是一个人在意识活动中把这把锤子重新构造出来之后就消解了锤子的"隔"，而是你在使用锤子的过程中你感到非常称手，好像锤子与你的身体合而为一了，你好像感觉不到锤子的存在，这个时候也就不隔了。海德格尔消除隔的过程是一个与工具切近和打交道的过程，而不是一个把工具通过静态的眼光审视来把一件工具看透来实现的。也可以说，胡塞尔消除"隔"是通过对工具结构上的考量来消除工具的遮蔽的，这基本上是通过一种理论态度上的理解来消除的；但海德格尔对隔的消除是通过对工具"功能"的使用来消除"隔"，与胡塞尔相反，他是通过实践上的把玩来消除"隔"。这样，从解释学的眼光来看，胡塞尔的是一种理论解释学，而海德格尔的则是一种实践解释学。

不过，胡塞尔在《笛卡尔沉思与巴黎演讲》中展示了一种新的看待工具的方法，就是胡塞尔在论述对陌生主体的认识时，中间夹杂了对人造物的认识，这种认识不是做结构上的还原，而是对"功能"的注视。胡塞尔举的例子是剪刀，当一个小孩第一次见到剪刀并观察其用途后，他能在第一个瞬间即可认出类似剪刀之物。胡塞尔利用这个例子来说明在他认识别的主体（他者）的时候，就像小孩认识剪刀一样。不过笔者在这里反过来，先看胡塞尔怎样构造出他者（他我），然后看他所论述的人造物的他者性是如何被他构造为本己的东西的。

如何认识其他主体（他者）是胡塞尔后期主体间性现象学的一项重要内容，因为如果某人有意义地谈论一个与之相异的另外一个主体（他人），我们所面对的并不是某种可以还原到对于我的纯粹给予的东西，例如他人的躯体。胡塞尔面临两个相互联系的困难：①既然作为他者的他者必定不仅仅是一个构成的产物，我们到底如何能够构成他者？②既然他者作为相异的主体性是以他的无法接近性、以他总是超越对于我的给予性为特征，描述他者的给予性如何可能？这两个困难也被称为主体间性问题。为了克服主体间性，胡塞尔引入一个重要的现象学方法，即"造对联想"。当造对联想发生时，两个或者多个具有某些相似性的对象或材料总是以群组的方式被给予，并且是在一个意识统一体中一同直观地被给予。这种直观不是意识对于被给予对象及其相似性的主动的知觉，而是前主动的、被动性的来联想，是一种被动综合的原始形式①。胡塞尔是先把自己与他者进行造对，这种造对完全是在主体意识中发生的。一旦造对完成之后就开始有联想，这种联想远不止于外在的相似性，而是表现出一种生动的相互的自身唤醒，即对象的意义的部分乃至全部的叠合，并因此呈现出不同程度意向的重叠与交织，并发生意义的转渡。就我对他人身体的统觉而言，一个与我相似的躯体总是以与我的躯体造对的方式在我的原真领域显现出来，他的意义从我这里延伸过去，我对自我的身体以统觉的方式构成意义，但对他我的身体不再以统觉，而是以附现来构成意义。

再来看如何把人造物作为他者在意识中构造出来。技术哲学家卡普认为，所有人造物都是我们人的身体器官的延伸或者投影。人的手作为定向、触摸、抓取和移动的原始工具，是所有为了相同目的的人造工具和仪器的原型。为此，卡普对许多器物和工具做出了详尽的解释："这样，大量的精神创造物突然从手、臂和牙齿中涌现出来。弯曲的手指变成了一只钩子，手的凹陷成为一只碗；人们从刀、矛、桨、铲、耙、犁和锹等，看到了臂、手和手指的各种各样的姿势，很显然，它们适合于打猎、捕鱼，

---

① ［德］胡塞尔：《笛卡尔沉思与巴黎演讲》，张宪译，人民出版社 2008 年版，第 149 页。

从事园艺，以及耕作。"① 另外，卡普认为人类所有的器官（比如循环系统和神经系统、心脏和头）和行为，是所有机械和社会政治技术类型的摹本。卡普指出，在工具发展的更高的一个层次上，就不再有这种与人体在外形方面的相似性了。尽管如此，在其本质上，尺寸和数量关系仍然是从人体上推算出来的。也就是说，仍然是投影，仍然是将从人的身体上得到的形状、规则应用于外部材料，以类比的方式使它们具有一定的功能，而没有必要与人体的器官形状完全一致。比如，大锤是人手的投影，听筒是心脏的投影，锯是牙齿的投影，铁路是人体循环系统的投影，人的骨骼被看成是设计活动的原型，而蒸汽机和铁路将燃料转化为热和运动，只能被理解为是对人的营养系统的模仿。以至于人的技术成就与自身的生理活动相对应，即便是人的神经系统也有一个技术上与之相对应的东西，这就是电子通讯系统（电报、电话）。因此，卡普提出，人体的外形和功能是所有工具的源泉和本原，是创造技术的外形和功能的尺度，即工具乃是从人的器官中衍生出来的。卡普的"器官投影"说是前面章节所言工具的身体认知的最好注释，只是笔者前面把它集中在身体化视觉（肉眼）的创造上罢了。

当然，我们每一个人并不是亲身去创造工具从而去体验创造工具的身体认知，而是使用工具。这就涉及在使用工具时对工具的认知，把工具的功能消融于我的认知体验之中。在梅洛－庞蒂、德雷弗斯那里，对工具的使用也是一个身体化的过程，它们不能通过我们的意识做清晰的表征。在胡塞尔那里，对于不能在意识中清晰表征的东西在他而言就是一种深度的痛苦。因此，即使对于结构认知无法还原或者没有必要还原的工具（这个意义上工具成为他者），他也要对其功能在意识中加以清晰地显现或表

---

① ［美］卡尔·米切姆：《技术哲学概论》，殷登祥等译，天津科学技术出版社 1999 年版，第 6 页。

征。事实上，正是工具的功能使之成为他者。

那么，作为他者的功能如何呈现于我的意识之中呢？是不是像德雷弗斯所言，对工具的使用仅仅只是一种非表征的具身认知呢？这种非表征的认知如何使得工具的功能具有普遍性？如果工具的具身化使用纯粹是莫可名状的身体体验，那么奠基于技术之上的普遍性的科学从何而来呢（在康德看来，知识是心灵的创造。心灵在创造普遍性知识的时候，关键是把自己本身所固有的普遍形式加之于其内在对象之上。这样，知识的普遍性就来源于人类所固有的先验认知形式，或者说是先验认知形式的普遍有效性保证了科学知识的普遍有效性）？难道真的只能用政治哲学中的权力来加以诠释吗？作为科学社会学的著名学者科林斯及另外一些学者试图用实验来证明一个身处技能表演者中间的非技能表演者获取技能知识的可能性。科林斯等的实验，即"相互影响的技能实验"①，反驳了具身性知识不可传递性的论述。虽然这种实证性的实验为胡塞尔所反感，但是先介绍一下他的实验可以为胡塞尔的先验论证引一下路。

相互影响的技能实验主要是说，一个不具体使用某种工具的人，身处一个使用该工具的场景之中，他也会获得对该工具的认知体验，即使他不亲身参与实践而获得使用工具的默会知识。不过科林斯预设了一种语言的掌握，并且以隐规则为特征，它是一种默会知识的负载体，可以在公众交流中获得。通常认为语言专区中默会的语言部分只有通过全身心地投入到生命形成的奥秘中包括其实践成分中才可以获得。这里显示仅需全身心地投入到语言海洋中，就足以获得全部的语言。相互影响的技能并不是因此就具有在某一领域中进行任何实践的能力，也不能分享领域中实用的经验，但是这并不会阻碍相互影响的技能顺畅地使用语言的

---

① Harry Collins, Rob Evans, Rodrigo Ribeiro, Martin Hall, "Experiments with interactional expertise", *Studies in History and Philosophy of Science*, 37 (2006), pp. 656 – 674.

能力。这种语言和分享经验的人所用的语言是一样的。例如，视力正常的人和执盲杖的盲人相处交流很久的话，原则上，视力正常的人完全能够懂得盲人的语言。而且，这些视力正常的人和盲人一样，善于建议盲杖加工商为盲人生产更好的盲杖，也会想到使用新式的盲杖会发生什么样的情况——例如一种振动的盲杖——尽管还没有人用过这样的盲杖。当然，视力正常的人不会去使用振动盲杖试验它的可靠性，再去报道使用振动盲杖的感觉，但是一旦振动盲杖在盲人群体中普及，视力正常的人就会掌握振动盲杖的知识，能够和盲人一样很实际地讨论盲杖的相对优劣性。

图 86

相互影响的技能的思想可以用图来解释，如图 86 所示。在图 86 中，左边的群体正在训练贡献型技能，不仅包括锤打，而且还要交谈关于捶打的语言。右边的群体与左边的区别在于都拥有一个锤子，他们仅交谈语言，并没有工作。他们中间有一个社会学家，他既没有锤子也不知道怎么用它，然而，这个社会学家全身心地接触这样的环境，因而他也掌握了这个领域的语言。这仅仅是科林斯等试验的基本思想，他们在后面还对色盲与正常人的颜色感进行了一个系统的实验测试来验证这一思想。

胡塞尔不会从实验方面去论证，他要从意识的纯粹反思的层面论证。前面已经介绍过胡塞尔所展示的人的那种天生就具有的"造对类比"能力，这里我们将胡塞尔以两个身体的配对关系做引申：初次见到的剪刀仿如自我的身体（后面即论述这一点）；而后见到的剪刀仿如他我的身体，而后见到的剪刀的意义是从初次见到的剪刀的意义转渡过去的。

现在看初次见到剪刀而获取意义的过程。小孩初次见到的剪刀并获取意义可以在两种情况之下发生：或者是在看见某人使用的时候被某人教会；或者是在他自己单独第一次把玩剪刀的时候。对于第一种情况，有科林斯的实验证明，事实上胡塞尔在《几何学的起源》这篇著名文章中讨论了几何观念的交互主体性问题，其中交流语言扮演了一个非常重要的作用。几何学被第一个几何学家构造出来之后如何具有客观性呢？或者用胡塞尔的发问："几何学的理念性（恰如所有科学的理念性一样）是如何从其最初的个人心中的起源（在其中，它是最初的发明者心灵的意识领域中的构成物）而达到它的理念上的客观性的？"[1] 也就是说："最初进行创造的几何学家当然也能表达他的内在构成物，但是下面这个问题重又产生了，这种内在构成物如何通过表达按其'理念性'而成为客观的？"[2] 胡塞尔认为书写、记录的语言表达解决了这一问题。"文字的、文献的语言表达的重要功能就是，它无需直接或间接的个人交谈就使传达成为可能，它可以说是潜在化了的传达。"[3] 这里胡塞尔的传达实际上是一种表述，是被意向活动所激活的表述，文字使直接或间接的个人话语的告知成为可能，而且文字符号也像语言一样能够唤醒这一忠实的含

---

① ［德］胡塞尔：《欧洲科学的危机与超越论的现象学》，王炳文译，商务印书馆 2001 年版，第 433 页。

② 同上书，第 435 页。

③ 同上书，第 437 页。

义，因此，只要我们考虑到移情的功能和作为移情共同体和语言共同体的共在人类，就能解决观念对象的"客观性"这一难题。胡塞尔说："只要我们考虑到移情的功能和作出移情的共同体和语言的共同体的人类同伴，客观性就会以可以理解的方式初步地产生出来，在相互通过语言进行理解的联系中，一个主观的本原的生产和产物，会被另一个主观能动地理解。"① 语言文字是最先使得与别人共享在原初的本真的思考中达到洞见的东西。例如在几何学领域，就是用语言表达出来的几何学构成物的自明性的改变，可以说这种构成物被沉淀了，但是读者能够使它再变成自明的，能重新激活它们的明见性。

也许用几何学观念的同情理解来说明工具的主体间性的理解有一些勉强，因为几何学毕竟不同于人造物工具，就连胡塞尔本人在《几何学的起源》中也不把工具当作精神产品，他说："这种理念的客观性是文化世界的整整一类精神产品所独具的，全部科学构成物和科学本身都属于这类精神产品……这一类的作品，不同于工具（锤子，钳子）或建筑物，以及类似的产品，具有许多彼此相似的实例中可以重复的性质。"② 相对于笛卡尔沉思时期的胡塞尔而言，可能说得过于随意，或者说胡塞尔的身体意识不是很强。尽管如此，对工具的理解还是可以成为精神上的共识的，有了科林斯的实验做基础，完全可以把胡塞尔对几何学观念的主体间性的构造转用于工具的主体间性上来。也就是说，当一个人身处一个工具使用的背景中时，即使他不使用工具（即不形成对使用工具形成具身化的默会知识或以海德格尔的方式与工具切近地打交道），但是可也通过语言的交流来理解别人使用工具的体验，从而达到与使用工具的人一样的对工具功能的相同的理解。在实验科学中这种相同的理解可以为科学的普遍性奠定

① ［德］胡塞尔：《欧洲科学的危机与超越论的现象学》，王炳文译，商务印书馆 2001 年版，第 436 页。

② 同上书，第 431—432 页。

基础。

对于第二种情况，小孩自己第一次把玩剪刀，造成小孩对工具的理解。这里排除一种极为偶然的情况，即小孩对剪刀没有任何意识而非常偶然地用剪刀剪开了一个东西（例如一张纸）从而了解了剪刀的功能，因为这就像蚂蚁在地上爬行偶尔画出了丘吉尔头像的东西一样。小孩第一次把玩剪刀肯定有对剪刀的形状和结构的基本注视，这种注视涉及用自己的手与剪刀形状的造对联想（按照卡普的"器官投影"理论），小孩可以把手的功能转渡到剪刀上去。事实上，我们平时看见一个从来没有见到过的工具，我们总是可以通过身体功能的转渡来第一次使用这种工具。例如第一次看见脚踏车，即使从来没有看见别人骑过脚踏车，也会上去试它一试。

有了第一次对剪刀功能的了解，后来再看到其形状或动作和先前被理解为剪刀之物的形状或动作类似，过去之剪刀的意义就转移到后来的物体，也让后者被理解为剪刀；这种连接并传递二物间意义的行为在胡塞尔看来还是造对联想。自我的身体或初见到的剪刀是贡献意义的原始物，它们的原始贡献是活生生的与实在的；他我的身体或后见到剪刀所具有的意义在基于我们所熟悉的固有意义下借着非推论式的类比被附现出来，它们是"被附现之物"；自我与他我，初见的剪刀与后见的剪刀彼此处于配对的关系中。值得强调的是：小孩的这种转渡意义的能力不是一种再造、比较以及推论，而是一种在底层主体状态的联想能力。另外，转渡而附现出来的意义并不是剪刀的形状，而是剪刀作为剪刀的功能。对这种功能的认知无需还原到剪刀的结构之中，也就是说，我毋需对剪刀做一种结构上的重构（即解释学）即可认识剪刀，就可以使剪刀的功能在我意识中"在场"。

写到这里，性急的读者可能说，像胡塞尔这样绕来绕去，还不如直接说工具的普遍性（功能的同一性）的认同是同样的工具和相同的工具操作迫使我这样认为好了，像现在所流行的"词语的暴力"等政治哲学的名词。但胡塞尔一定要在先验的主体里找到这种认同的原初根据，否则我对别的科学家的实验的结果不会加以认同。这种原初的根据就是上面反复强调的人的先验的造对联想而发生的意义转渡的能力。如此说来，工具他者的揭示实际上还是主体自己的揭示。伊德常说："胡塞尔的伽利略是不用望远镜看的伽利略。"因为胡塞尔没有专门论述工具，但也可以反过来问伊德："对望远镜的看不也还是看吗？"

上面最后的结论有些吊诡。事实上，在最终的先验性追寻中我们也很难追寻到无前提的明证性基础。笛卡尔的"我思故我在"是建立在普遍怀疑的基础之上的，他通过怀疑一切感性的东西来寻找一个最为确定的东西，当然这个最为确定的东西也是最为清楚明白的，它就是"我思"的确定性，"我思"为什么是确定的呢？因为我可以怀疑一切，但是我在怀疑这个活动没法怀疑，那又是为什么呢？难道我怀疑本身真的不能再怀疑了吗？它凭借什么成为一个坚不可摧的基础呢？按理而言，我在怀疑本身也是可以值得怀疑的，只是"我怀疑我在怀疑"成为一个双重否定，反而成为一个肯定的判断。它的背后实际上是"同一律"的不可违背性，也就是说"我不可能既怀疑又不怀疑"。矛盾的同一律是胡塞尔要在纯粹意识活动中构造出来的，然而最后在基础上还是转入了对它的不自觉的运用。因此，即使在理性哲学最为原初的出发点处也存在着吊诡，这样也就难怪胡塞尔后来要转入先验现象学，默认一些先验的东西，如"自我"、"造对联想"等。正是这些先验的东西和先验的能力保证了人类对工具认知的主体间性，也保证了现代技术化科学具有与古典时代先验科学一样的普遍性。

结 束 语

从地震预测的困境看视觉中心
主义科学的有限性

2008 年汶川地震的发生使得地震预报成为一个科学中的热点话题，绝大多数科学家都认为地震预报是一门非常复杂而艰难的工作，就目前的研究而言要准确预报地震几乎是不可能的。科学家这样说可能确实有他们的难言之隐，但这种难言之处究竟在于什么地方呢，是在于地震的发生机制没有搞清楚？是由于我们计算能力不够？还是我们根本不能科学地研究地震呢？目前地震学家根据地壳形变、重力地磁、地电、水文地球化学、地下流体（水、汽、油）动态、应力应变、气象异常来研究和预报地震，按理而言，这比研究天体运动和地面物体运动所使用的参数多多了，可为什么我们还是不能摸清地震发生的规律呢？虽然出现了一些地震前兆，但因为不够科学而不予理睬，人们不禁要问，一定要从现行的物理学和化学来进行计量的科学才算是"科学"的吗？下面试图从对现代科学的视觉中心主义的观测参数进行质疑来思考建立真正能够直接预测地震的科学参数的可能性。

在科学研究中，要科学地认识自然首先要建立恰当的物理参数。如果按照人类的感官感觉进行分类，物理参数可以分为视觉参数、听觉参数、嗅觉参数、味觉参数和触觉参数，它们分别对应于人的眼、耳、鼻、舌、身五种感觉器官。由于心灵之眼的视觉与几何学的亲缘关系，以及肉眼视觉与技术发明的关系，因此，五种感觉参数中真正由其本身的本质能够被直接数学化的严格说来只有视觉参数，其他都是间接地被数学化的。在《欧洲科学的危机与超越现象学》中胡塞尔围绕几何学来谈自然的数学化的时候，这就是他要论述的一个重要结论。胡塞尔说："纯数学只与时空中的抽象的形状相关，进而只与那些作为纯粹'观念的'极限形状相关。"① 胡塞尔的这个结论在哲学中可以有争议，因为在康德那里作为先验感性形式的时间是算术之所以可能的基础（如 $5 + 7 = 12$），结合胡塞尔内时间的听觉分析，似乎听觉上的声音与数学有更加紧密的联系。然而在科学上，时间并没有用听觉上的声音来量度，反而是用视觉来量度的，如根据太阳的东升西落来计量日子，根据时针的转动来计时等等。所以胡塞尔把视觉上的形状与可直接数学化紧密联系在一起的结论存在一定的合理性。

根据胡塞尔的想法，像听觉、触觉、嗅觉和味觉这种感觉参数的数学化只能间接地数学化，这种间接的数学化只有在找到它们与视觉参数的某种联系的时候才能得以进行，对此胡塞尔说："现在让我们来讨论对本身没有可数学化的世界形式的世界中那一部分东西的'间接'数学化的问题。这样的数学化是可设想的，仅当能在可直观的物体中被经验到的特殊的感性性质（'充实'）以特定的和有规律的方式跟本质属于它们的形状相密切联系时才有意义。"② 例如描述声音的一些物理参数像振幅、音高等都是视觉参数。还有像温度这样的触觉参数也要转化成视觉参数，其转化途径就是温度计的发明。温度计是伽利略发明的，伽利略用一根玻璃管，一端吹成鸡蛋大小的玻璃泡，一端仍然开口，伽利略先使玻璃泡受热，然后把开口端插入水中，使水沿细管向上上升一定的高度。因为泡内的空气会随温度的变化发生热

---

① ［德］胡塞尔：《欧洲科学的危机与超验现象学》，张庆熊译，上海译文出版社 2005 年版，第 40 页。

② 同上书，第 47 页。

胀冷缩，水管内的水也会随之发生升降，这样就可以用水管内水位的高低表征玻璃泡内空气的冷热程度，即把温度用视觉参数来计量。

视觉以外的感觉参数一旦间接的数学化得以可能，我们就会进入一个非感觉的纯粹科学的世界，如光的色彩用波长表征、声音用波长和振幅来表征等，它们与前科学的生活世界中生动的感受是很不一样的。胡塞尔说："我们在前科学的生活活动中在事物本身一面所经验到的那些东西，如颜色、声调、冷热、轻重，因果地使邻近的物体变热的一个物体的热辐射，以及诸如此类的东西，按照物理学，它们当然标志着声震动、热振动等等，即它们是形状世界中的纯粹事件。"① 这种纯粹形状的量度在科学中的成功不断使得视觉参数成为科学中单向度的参数，而且在科学中以触觉概念"力"的视觉转化为核心，开始一个全面的转化。

在日常生活中，与视觉的明晰和确定性相比，"力"这个触觉概念就总是显得不很明晰，而且相对性比较大。比如人们因年龄不一样而力量大小不一样，他们对于力的感觉也会不一样，但是大人和小孩的视觉差别很小，没有听说对于小孩看起来像山的东西在大人看起来像小土堆。因此把力从视觉方面定义会具有较多的客观性，由此可以理解亚里士多德把"力"转换成视觉可理解的运动而定义为"力是维持物体运动的原因"。然而，亚里士多德的视觉转换是初步的，因为力还是隐藏在可视化运动的背后，一旦遇到像抛体运动这样的难题，亚里士多德的定义就无能为力，使得科学家总是用一种很神秘的方式来看待它，或者像亚里士多德引入可怕的真空，或者像布里丹引入拟人化的"冲力"。最后只等伽利略把触觉的力彻底按照视觉进行定义之后才给予力一个科学的定义，伽利略认为只有物体运动的位移和运动的时间

---

① ［德］胡塞尔：《欧洲科学的危机与超验现象学》，张庆熊译，上海译文出版社 2005 年版，第 49 页。

才是感性上可以精确测定的，这样只要把那些测定的位移和时间的关系算出来就可以算出加速度，然后就可以算出力的计算公式。最后"力"体现在全都可以在视觉上进行测度的时间和空间上。

伽利略关于力的科学的定义可以说建立起了物理学理论三个核心概念——能量、力和物质——中最为重要的概念，物理学由此进入概念准确、逻辑统一的新阶段，为近代物理学奠定了统一的范式，科学史家在评价19世纪的物理学概念的发展时说："1850年前后，19世纪物理学的最重大根基已经明确了：物理现象都可以用一种统一的框架来解释，即以力学解释为原理的出发点，通过数学描述对物理现象作模拟并导出描述现象的数学方程式，再贯之以普遍的定律——能量守恒定律。"[1] 考虑到上面所重点列举的两个触觉概念"温度"和"力"的视觉转化，难怪胡塞尔评价伽利略的科学时说："如果我们严格遵循伽利略的动机……一切通过特殊的感性性质把自己展示为实在的东西在属于形状的领域内的事件中都有它们的数学指数；以及从这里出发必须产生出完全意义上的间接的数学化的可能性。"[2]

上面主要论述听觉和触觉的视觉转换，还未曾涉及嗅觉与味觉，嗅觉与味觉在科学研究中也纳入考虑，但是它们从来没有因其本质特征成为一种计量参数，因此在人类所有的感官当中嗅觉与味觉长期处于被忽略的位置，并且常常被贬低和歧视。科学中有些重视嗅觉和味觉的科学家可能是化学家，他们有时要用嗅觉来辨识化学物质的种类，如硫化氢是臭鸡蛋味，氨气的臭味，芳香烃的香味，但只是作为一个辅助手段而已，真正的鉴定还得看视觉上的颜色和其他可视化的计量，这点在下面的味觉研究的文

---

① [英] 彼得·迈克尔·哈曼：《19世纪物理学概念的发展》，龚少明译，复旦大学出版社2000年版，第12页。

② [德] 胡塞尔：《欧洲科学的危机与超验现象学》，张庆熊译，上海译文出版社2005年版，第50页。

字中非常清楚地看出。不过对味觉的这种科学研究已经没有任何"味道"了。

> 舌表面不同部分对不同味刺激的敏感程度不一样。在人，一般是舌尖部对甜味道比较敏感，舌两侧对酸味比较敏感。舌两侧前部对咸味比较敏感，而软腭和舌根部对苦味比较敏感。味觉的敏感度往往受食物或刺激物本身温度的影响。在20—30℃之间，味觉的敏感度最高。另外，味觉的辨别能力也受血液化学成分的影响，例如，动物实验中正常大鼠能辨别出1：2000的氯化钠溶液，而切除上腺皮质的大鼠，可能是由于血液中低 Na＋，可辨别出1：33000的氯化钠溶液，主动选饮这种含盐多的溶液。

虽然在科学中视觉具有霸权地位，其他几种感觉参数似乎都要还原到视觉参数上才构成科学，但在文学描述中常常有把视觉还原到其他几种感觉中的例子，还原为听觉的如"塘中的月色并不均匀；但光与影有着和谐的旋律，如凡阿铃上奏着的名曲"（《荷塘月色》）；还原为触觉的如"这平铺着、厚积着的绿，着实可爱……她滑滑的明亮着，像涂了'明油'一般，有鸡蛋清那样软，那样嫩……"（《绿》）；还原为味觉的如"海水那么绿，那么酽，会带你到梦中去"（《威尼斯》）。

物理参数的视觉还原确实在科学中取得了巨大的成功，如温度的测定是成功建立热力学的基础；伽利略科学的力的视觉定义为牛顿的力学公理体系建立奠定了基础等等。然而笔者一直对物理参数的视觉还原心存疑问，难道"本质直观"真的只有视觉意义上的"观"吗？按理而言，其他感官都有"本质"意义上的感觉，如触觉的光滑、粗糙、硬、软等等；味觉上的甜、苦、酸、辣；嗅觉上的香、臭等，这样就应该有相应的"本质直摸"、"本质直尝"和"本质直嗅"等。但是，对于听觉、触觉、味觉和嗅觉我们从来没有在其本质内部（即不借助于视觉）把它们体系化，从而寻找它们固有的规律。视觉可以发展出一套几何学，即视觉的逻辑，触觉可否发展出一门触觉学，即触觉的逻辑呢？一般而言大家认为视觉具有超越性，而触觉因为与物体身体上的接触就不那么具有超越性，如果它不借助于视觉的超越性，就很难成为一个科学的概念。熟悉视觉思维的人也往往不熟悉或排斥触觉"思维"，例如邓晓芒先生对于美术作品是具有一定的鉴赏力的，但他对于触觉的欣赏能力就不如视觉，据说他在重庆洗脚房洗脚之后就很不舒服，[①] 当然也可能是按摩师的水平不高，据说盲人按摩师都会让人感到非常舒服，也许盲人按摩的美妙就在于其"触觉的逻辑上"，他们可以让按摩成为一种纯粹触觉的旋律。按摩器能否达到这种效果呢？达不到，因为按摩器是按照视觉逻辑的理性来设计的，尽管它的设计很精致，但不是按照"触觉逻辑"的"理性"来设计的。因此，在听觉、触觉、嗅觉和味觉中寻找与视觉中一样的本质结构从而建立相应的"其本身的"感觉体系将会成为科学中最为有意义的事情，如此我们在科学中就可以像在文学中一样把视觉参数还原为触觉或其他参数，而且大家可以想见这里面一旦有突破将会引起多么巨大的科学变革。

其实地震预测参数正需要这样一种变革。目前对地下震源变化的认知往往只能通过地表的地震前兆探测来推测，包括地震、地形变、地下水、地磁、地电、重力、地应力、地声、地温等参数不同的科学观测手段。且不说不可能在全国各地建立密集的观测参数的网站，即使能够尽所有这些参数，也不能说就能成功地预测地震，因为科学发展到今天那些参数都最终还原为了视觉参数，还原为视觉参数之后不免会挂一漏万。我们知道古代物理参数的视觉还原在科学上比较成功的运用是在天文学上，因为天体的运行我们只能靠眼睛看，我们摸不着、听不着更也闻不着它

① 邓晓芒：《生命的尴尬和动力》，《书摘》2007 年第 10 期，第 123—124 页。

们，这种成功经过牛顿的综合可以成功地运用于地上物体的运动，最后无论是宏观还是微观现象都用视觉参数来加以数学化。和天体运动的观测相比，地球内部具有视觉的"不可入性"，地震震源位于地球内部，而地球和天空不同，它是不透明的。上天容易入地难，人类目前尚不能深入到高温、高压状态的地球内部设置观察仪器来对震源进行直接观测。即使我们现在通过 GPS 定位仪精确的测定地球表面的运动，由于运动过缓，我们很难建立起和天体运动同样的视觉规律，所以像"地变形"这样的测量参数很难精确地反映地震的发生时间。相应地，地震、地下水、地磁、地电、重力、地应力、地声、地温，我们都是用视觉来计量的，但是由于震源的视觉不可入性，我们就很难精确的知道它们的视觉计量与震源的视觉运动的关系，我们充其量只知道这些参数的变异与地震发生的大致程度的相关性。确实到目前为止，不仅没有任何一种震前异常现象在所有的地震前都被观测到，也没有一种震前异常现象一旦出现后必然发生地震。

也许一些非视觉还原的参数如听觉、触觉、嗅觉和味觉与地震有着更为密切和精确的关系，只是到目前为止我们一直都在视觉还原的科学大道上前进，还从来都没有触觉还原或味觉还原等的尝试。我们可以试想，如果我们建立起来了听觉的本质科学，我们叙述地震的方式会与现在的叙述方式很不一样，我们不会再说震源深度是 20 公里，因为这样的视觉概念对听觉而言毫无意义，然而我们会听到地震发生的准确时间。将来有一天，一旦我们建立起了听觉中心主义、触觉中心主义、嗅觉中心主义或味觉中心主义的科学参数，相信也一定会像预言日全食和哈雷彗星的到来一样，找到那些参数与地震的精确关系来预言地震。

很多动物把视觉还原于听觉、触觉、嗅觉或味觉之上，我们平常说某种动物的某种感觉特别灵敏就是这种还原，如老鼠用胡须弥补视力，可用嘴部前端的胡须来探路，老鼠穿过物体时，胡须被触动从而可以对周围的物体产生印象；蛇利用舌信子辨别气味，蛇吐舌芯的动作是蛇在嗅周边的空气，蛇的舌头上没有味蕾，它们只能用舌头将空气中的味道带入口中，然后再由口部上方的两个凹槽来感应气味，在辨别出气味后，蛇再通过凹槽中的受体将气味信息传递到脑部，从而准确地判断出周边物体的性质。汶川地震这些动物的反应都是有的，比如出现大规模蟾蜍迁徙，鹤类无故鸣叫，大象烦躁攻击人，狮虎不愿午睡，斑马频频撞门，等等。可惜时至今日人类对这些动物"现象学家"缺乏科学的研究，动物依靠特殊感官预测地震在地震预测中只是作为一个辅助手段而已，即使观察到一些动物异常行为，也往往被认为不够科学而不予理睬（在网上有很多关于此问题的争议）。这让人想起前两年中医的科学地位的争论。中医的望闻问切是运用综合感官感知病情的方式，就拿"拿脉诊断"来说，如果说其科学性遭到怀疑，也是因为西医诊断中的视觉中心主义（B超、MR、胃镜等）的冲击所致，所以只能说中医遭到了视觉中心主义的科学观的怀疑。既然触觉也是一种感觉，当然也就具有客观性和科学性，那么现在中医与其说其科学性遭到怀疑，还不如说是随着视觉中心主义的西医的引进，医生们渐渐懒于在触觉上进行训练从而达不到触觉的科学性。事实上，我国古代是有高妙医术的中医大师的，他们的高妙也许在于他们精确的听觉、嗅觉或触觉上。

动物虽然具有特异的感觉官能，但它们不能将之变成科学，只有人才能将它们变成科学。按胡塞尔的理解，人能将视觉变成科学就在于视觉参数是唯一能够直接数学化的参数。如果不借助于波长和振幅等视觉参数，听觉能直接数学化吗？如果不借助于位移和时间的视觉参数，触觉能直接数学化吗？这些问题我们似乎还从未探索过，无任在科学上还是在哲学上。可能有人会说，即使我们人类最为精密的视觉发展成为数学化科学也经历了非常漫长的历程，何况其他感觉呢？的确是这样，但是只要有可能，我们就要至少进行哲学上的探索。因此，建立一个区别于视觉参数的真正能够精确地预测地震的非视觉参数也许只能算是一种哲学上的愿望。

尽管建立一个直接精确地预测地震的物理参数的任务非常艰巨，甚至不可能，但我们可以转而求其次，就是真正建立起综合的感觉参数而避免单向度的视觉参数预测的失误。就拿地下水的异常而言，农谚观测就很综合："井水是个宝，前兆来得早。无雨水质浑，天旱井水冒。水位变化大，翻花冒气泡。有的变颜色，有的变味道。"这里面不仅有视觉的观测，也有味觉的观测。地震观测就像中医诊断一样，望闻问切都要使用，而且是一个让为数众多的人与动物参与的事情。其中最为关键的是要十分认真慎重地对待那些看起来不像视觉参数那样"科学"但其实更为科学的感觉。非视觉还原的综合参数的建立是人类直接预测世界的要求，正如国际上知名的具有现象学背景的华裔地理学家段义孚在"人本主义地理学之我见"一文中强调对世界知觉的综合性是我们了解世界和设计世界的基础时所言：

> 谈到感觉，我想到了视觉、听觉、触觉、嗅觉和味觉。通过官能感知，我们领会理解事实真相。当然，这是老生常谈。那什么是新的呢？或至少看上去像是新的呢（有些理论太为我们所熟悉而被淡忘了）？那就是地理学家用文字、图片、地图所展现给我们的真实世界。这是一个经过高度概括的世界，与常人所知的完整的世界相去甚远。地理学家依靠视觉观察，有时也依靠听觉。这些远距离感知器告诉我们"那里"发生了什么。而有些发生在我们身边的事情，却被忽视了。这些事情，日复一日地通过味觉、触觉和嗅觉，而不仅仅是视觉和听觉传递给我们。正是身边这些丰富的现实，而不是远处冷冰冰的图像，丰富了我们的大脑，使我们意识到我们不仅仅是作为世界的观众而存在——我们已被深深地植入它的色香味等一切性质中了。问一个简单的问题，

热带雨林是什么样子的？我们可能认为自己了解，因为我们见过那些图片和文献资料。但当我们确确实实置身于森林中时，我们可能会震惊地发现有些景象与我们想象的背道而驰，无法抗拒的绿色、环绕四周的稠密植被——这些在图片中我们已经看到过了，但是有些东西出乎预料：猿猴啼叫不休、鸟类啁啾私语、大象穿行林间呼气声宛若吹号，还有生长和腐烂的刺鼻气味以及像一条湿毛毯包裹着我们的溽热潮湿。①

上面以地震预报的精准性为问题，对精准性的地震预测参数做了一些哲学上的展望，看起来有一些科幻。不过这种展望还是与现在学术界流行的身体现象学和具身认知理论的探讨有关联的，只是梅洛－庞蒂的身体的宏观知觉是一种含混的知觉，德雷福斯的具身认知顶多是对视觉中心主义的认知理论的一个外在补充，它们似乎都失去了胡塞尔现象学中本质还原的清晰性。可以说，视觉以外的身体感官的知觉的探究一直处于晦暗不明之中。因此，建立真正意义上的听觉、触觉、嗅觉和味觉现象学的本质还原（胡塞尔意义上的）并由此达到这些感觉内部的直接数学建构（非借助于视觉的间接的数学建构）是我们寻找真正的地震观测参数的起始途径。

---

① 段义孚：《人本主义地理学之我见》，《地理科学进展》2006 年第 2 期，第 2 页。

参考文献

一 著作

1. ［古希腊］亚里士多德:《形而上学》,吴寿彭译,商务印书馆 1995 年版。

2. ［古罗马］奥古斯丁:《忏悔录》,周士良译,商务印书馆 1991 年版。

3. ［美］托马斯·库恩:《必要的张力》,范岱年等译,北京大学出版社 2004 年版。

4. ［美］托马斯·库恩:《科学革命的结构》,金吾伦等译,北京大学出版社 2003 年版。

5. ［美］罗伯特·索科拉夫斯基:《现象学导论》,高秉江等译,武汉大学出版社 2009 年版。

6. ［法］梅洛－庞蒂:《眼与心——梅洛－庞蒂现象学美学文集》,刘韵涵译,中国社会科学出版社 1992 年版。

7. ［法］梅洛－庞蒂:《知觉现象学》,姜志辉译,商务印书馆 2001 年版。

8. ［法］梅洛－庞蒂:《眼与心》,杨大春译,商务出版社 2007 年版。

9. ［美］罗蒂:《哲学和自然之镜》,李幼蒸译,商务印书馆 2003 年版。

10. 汪子嵩等:《希腊哲学史》(第一卷),人民出版社 1997

年版。

11. ［法］笛卡尔:《第一哲学沉思集》,庞景仁译,商务印书馆 1998 年版。

12. ［法］笛卡尔:《探求真理的指导原则》,管震湖译,商务印书馆 2005 年版。

13. ［法］笛卡尔:《笛卡尔思辨哲学》,尚新建等译,九州出版社 2006 年版。

14. ［美］哈特费尔德:《笛卡尔与〈第一哲学的沉思〉》,尚新建译,广西师范大学出版社 2007 年版。

15. ［德］康德:《纯粹理性批判》,邓晓芒译,人民出版社 2004 年版。

16. ［德］康德:《任何一种能够作为科学出现的未来形而上学导论》,庞景仁译,商务印书馆 1997 年版。

17. ［德］康德:《论空间中方位区分的最初根据》,载《康德全集》(第二卷),中国人民大学出版社 2004 年版。

18. ［德］康德:《自然科学的形而上学基础》,邓晓芒译,上海人民出版社 2003 年版。

19. ［美］爱德文·阿瑟·伯特:《近代物理科学的形而上学基础》,徐向东译,北京大学出版社 2003 年版。

20. ［古希腊］亚里士多德:《论灵魂》,载《亚里士多德全集》(第三卷),秦典华译,中国人民大学出版社 1997 年版。

21. ［古希腊］亚里士多德:《论感觉及其对象》,载《亚里士多德全集》(第三卷),秦典华译,中国人民大学出版社 1997 年版。

22. 汪子嵩等:《希腊哲学史》(第二卷),人民出版社 1997 年版。

23. 北京大学哲学系外国哲学教研室编译:《西方哲学原著选读》上卷,商务印书馆 1999 年版。

24. ［德］胡塞尔:《逻辑研究》(第二卷,第一部分),倪梁康译，上海译文出版社 1998 年版。

25. ［德］胡塞尔：《纯粹现象学通论》，李幼蒸译，商务印书馆 1995 年版。

26. ［德］胡塞尔：《欧洲科学的危机与超越论的现象学》，王炳文译，商务印书馆 2001 年版。

27. ［德］胡塞尔：《欧洲科学危机和超验现象学》，张庆熊译，上海译文出版社 2005 年版。

28. ［德］胡塞尔：《哲学作为严格的科学》，倪梁康译，商务印书馆 2002 年版。

29. ［德］胡塞尔：《笛卡尔沉思与巴黎演讲》，张宪译，人民出版社 2008 年版。

30. ［德］胡塞尔：《生活世界现象学》，倪梁康等译，上海译文出版社 2002 年版。

31. ［美］M. 克莱因：《古今数学思想》（第四册），邓东皋等译，上海科技出版社 1979 年版。

32. ［法］让·博德里亚：《完美的罪行》，王为民译，商务印书馆 2002 年版。

33. ［美］威廉·维斯：《光和时间的神话——先锋电影视觉美学》，胡继华等译，四川人民出版社 2006 年版。

34. ［古希腊］阿基米得：《阿基米得全集》，朱恩宽等译，陕西科学技术出版社 1998 年版。

35. ［美］戴维·林德伯格：《西方科学的起源》，王珺等译，中国对外翻译出版公司 2003 年版。

36. ［德］赫尔曼·外尔：《对称》，冯承天等译，上海科技教育出版社 2003 年版。

37. 戴念祖，老亮：《力学史》，湖南教育出版社 2001 年版。

38. 朱光潜：《朱光潜全集》（第一卷），安徽教育出版社 1996 年版。

39. ［美］爱德华·格兰特：《中世纪的物理科学思想》，郝刘祥译,复旦大学出版社 2000 年版。

40.［法］科瓦雷:《伽利略研究》,李艳平等译,江西教育出版社 2002 年版。

41. 戴念祖,张旭敏:《光学史》,湖南教育出版社 2001 年版。

42. 梅荣照:《墨经数理》,辽宁教育出版社 2003 年版。

43. 关洪:《物理学史选讲》,高等教育出版社 1994 年版。

44.［法］道尔顿:《化学哲学新体系》,李家玉等译,北京大学出版社 2006 年版。

45.［美］丽贝卡·鲁普:《水土火气——元素发现史话》,宋俊岭译,商务印书馆 2008 年版。

46. 肖鹤鸣:《群论基础及其化学应用》,兵器工业出版社 1987 年版。

47.［美］阿瑟·I. 米勒:《爱因斯坦·毕加索》,方在庆译,上海科技教育出版社 2003 年版。

48.［美］阿恩海姆:《视觉思维》,藤守尧译,四川人民出版社 1998 年版。

49. 王苏、汪安圣:《认知心理学》,北京大学出版社 1992 年版。

50.［奥］维特根斯坦:《维特根斯坦全集》(第 7 卷),徐友渔等译,河北教育出版 2003 年版。

51.［美］乔治·巴萨拉:《技术发展简史》,周光发译,复旦大学出版社 2001 年版。

52.［意］伽利略:《关于两门新科学的对话》,武际可译,北京大学出版社 2006 年版。

53.［英］艾伦·麦克法兰和格里·马丁:《玻璃的世界》,管可秾译,商务印书馆 2003 年版。

54.［美］夏佩尔:《理由与求知——科学哲学研究文集》,兰征译,上海译文出版社 2001 年版。

55. ［法］德里达：《胡塞尔〈几何学的起源〉引论》，方向红译，南京大学出版社 2004 年版。

56. ［德］海德格尔：《海德格尔选集》，孙周兴等译，上海译文出版社 1996 年版。

57. ［法］弗朗索瓦·达高涅：《理性与激情》，尚衡译，北京大学出版社 1997 年版。

58. ［法］巴什拉：《科学精神的形成》，钱培鑫译，江苏教育出版社 2006 年版。

59. 陈嘉映：《哲学、科学、常识》，东方出版社 2007 年版。

60. ［法］巴什拉：《火的精神分析》，杜小真等译，生活·读书·新知三联书店 1992 年版。

61. ［法］德勒兹：《尼采与哲学》，周颖等译，社会科学文献出版社 2002 年版。

62. ［美］卡尔·米切姆：《技术哲学概论》，殷登祥等译，天津科学技术出版社 1999 年版。

63. ［英］彼得·迈克尔·哈曼：《19 世纪物理学概念的发展》，龚少明译，复旦大学出版社 2000 年版。

64. Descartes, Rene, *Discourse on Method*, *Optics*, *Geometry*, *and Meteorology*, trans. by Paul J. Olscmp, Indianapolis: Bobbs-Merrill, 1965.

65. Descartes, *The world and other writings*, Edited by Stephen Gaukroger, Cambridge University Press, 2004.

66. Husserl, Edmund, *Phantasy*, *Image Consciousness*, *and Memory* (*1898 – 1925*), translated by John B. Brough, Dordrecht: Springer, 2005.

67. Pedersen, O. , *Early Physics and Astronomy*: *a Historical Introduction*, Cambridge University Press, 1974.

68. W. R. Laird and S. Roux (eds.), *Mechanics and Natural Philosophy before the Scientific Revolution*, Springer, 2007.

69. Christopher Owen Ritter, *Re-presenting science：Visual and Didactic Practice in Ninteenth-Century Chemistry*，PQDT 博硕士论文全文库。

70. Hubert L. Dreyfus, editor, *Husserl, Intentionality and Cognitive Science*, The MIT Press, 1987.

71. Hubert L. Dreyfus and Stuart E. Dreyfus, *Mind over Machine——the power of human intuition and expertise in the era of the computer*, the free press, 1986.

72. Card Stuart, K. , Mackinlay, Jock D. , and Shneiderman, Ben, *Readings in Information Visualization——Using Vision to Think*, Morgan Kaufmann Publishers, Inc. , 1999.

73. Friedhoff, Richard M. and Benzon, William, *Visualization, The Second Computer Revolution*, Harry N. Abrams, Inc. , Publishers, 1989.

74. Temple Grandin, Thinking in Pictures, http：//www. grandin. com/inc/visual. thinking. html.

75. Mary Hegarty and Maria Kozhevnikov, "Spatial Abilities, Working Memory, and Mechanical Reasoning", In John S. Gero and Barbara Tversky, editors, *Visual and Spatial Reasoning in Design*, 1999.

76. W. R. Laird and S. Roux (eds.), *Mechanics and Natural Philosophy before the Scientific Revolution*, springe, 2008.

77. Francis C. Moon, *The Machines of Leonardo da Vinci and Franz Reuleaux*, Springer, 2007.

78. Don Ihde, *Philosophy of Technology：An Introduction*, New York：Paragon House Publishers, 1993.

79. Don Ihde, *Technics and Praxis：A philosophy of Technology*, Dorderecht：Reidel Publishing Company, 1979.

80. Don Ihde, *Technology and the Life World——From Garden to*

Earth, Bloomington: Indiana University Press, 1990.

81. Don Ihde, *Instrumental Realism*, Bloomington: Indiana University Press, 1991.

82. Don Ihde, *Bodies in Technology*, London: University of Minnesota Press. 2002.

83. Ellul Jacques. *The Technological System*, Trans. by Jouchim Neugroschel, New York: Continuun, 1980.

二　论文

1. 倪梁康:《图像意识的现象学》,《南京大学学报》(哲学·人文科学·社会科学) 2001 年第 1 期。

2. 张卜天:《奥雷斯姆关于质的强度的图示法初探》,《自然辩证法通讯》2006 年第 5 期。

3. 张帆:《科学的人文社会学研究迎来的第三次浪潮——与美国现象学家休伯特德雷福斯访谈》,《中国社会科学报》2009 年 7 月 9 日第七版。

4. 郁振华:《波兰尼的默会知识》,《自然辩证法研究》2001 年第 8 期。

5. 邓晓芒:《生命的尴尬和动力》,《书摘》2007 年第 10 期。

6. 段义孚:《人本主义地理学之我见》, 《地理科学进展》2006 年第 2 期。

7. Charles G. Gross and Marc H. Bornstein, "Left and Right in Science and Art", *Leonardo*, Vol. 11, No. 1 (Winter, 1978).

8. Maura C. Flannery, "Images of the Cell in Twentieth-Century Art and Science", *Leonardo*, Vol. 31, No. 3. (1998).

9. Roscoe, H. E., "John Dalton and the Rise of Modern Chemostry", *the new york times*, June 16, 1895.

10. James D. Carney, "Wittgenstein's Theory of Picture Representation", *The Journal of Aesthetics and Art Criticism*, Vol. 40, No. 2.

（Winter, 1981）.

11. Bruce McCormic, Thomas DeFanti, and Maxine Brown, "Visualization in Scientific Computing", *Computer Graphics*, Vol. 21, No. 6, Nov., 1987.

12. Mary Hegarty, "Mechanical reasoning by mental simulation", *Trends in cognitive sciences*, Vol. 8, No. 6, June, 2004.

13. Victor D. Boantza, "Collecting airs and ideas: Priestley's style of experimental reasoning", *Studies In History and Philosophy of Science Part A*, Volume 38, Issue 3, September, 2007.

14. Davis Baird, "Encapsulating Knowledge: The Direct Spectrometer", *Phil & Tech*, 3, Spring, 1998.

15. Joseph C. Pitt, "Explaining Change in Science", *Phil & Tech*, 3, Spring, 1998.

16. Michael Seltzer, "The Technological Infrastructure of Science: Comments on Baird, Fitzpatrick, Kroes and Pitt", *Phil & Tech*, 3, Spring, 1998.

17. Joachim Schummer, "The notion of nature in chemistry", *Studies In History and Philosophy of Science*, Volume 34, Issue 4, December, 2003.

18. Harry Collins, Rob Evans, Rodrigo Ribeiro, Martin Hall, "Experiments with interactional expertise", Studies in History and Philosophy of Science, 37, 2006.

后　记

　　2009 年 9 月承蒙肖峰老师之约，要我写一本介绍现象学科技哲学的通俗读物，一年之内完成。当时我觉得机会难得，就一口应诺下来。接下来就思考如何构思写作内容。本来，国外研究现象学科技哲学的几个知名的学者的著作我都拜读过，还对有的学者的思想还做过一点研究，应该说写一本介绍性读物，只要不太过追求文字上的完美和叙述上的通俗，我还是能够在一年的时间内完成任务的。后来发现（事实上早就知道），青年学者韩连庆和曹继东早就做过伊德思想研究的博士论文，青年学者徐献军也出版过德雷弗斯的思想研究专著，而且他们研究性介绍已是非常清晰，我再介绍就显得多余。然后一想，何不趁此机会把自己的一些现象学科技哲学的想法连贯地写一写，再加上自己这几年对图像现象学的兴趣，很想试图把它用来思考科技哲学中的一些问题，这样就硬着头皮往这方面思考了一些内容。好在现象学是研究科技哲学（尤其是科学哲学）的一个新视角，国内外学者都处于尝试阶段，我从视觉图像这个角度研究科学哲学也可算作一个较新的角度。写完之后发现，著述离出版社的"通俗"要求相差还远，有很多学术化的语言使用总是无法避免，这就有待考验读者的耐心了。

　　非常感谢肖峰老师对于我学术上的帮助和提携。肖老师受聘于华南理工大学之后，与我是亦师亦友，他写的很多文章都有很浓的现象学味道，或者说他早已把现象学思想融于自己行云流水的科技哲学的写作之中了。我试图学习之，无奈功力不够，很多时候就只能借助于一些现象学晦涩的概念来进行写作，而且被这些概念缠绕，使得自己的写作让人读起来晦涩（不过自信思路还是清晰的）。感谢吴国盛教授，他在现象学科技哲学会议上对我的鼓励是我在现象学科技哲学这条路上走下来的动力。感谢中国社会科学出版社的赵剑英社长和徐申先生，感谢他们为本套丛书的出版所作出的努力和付出的心血。

陶建文

2010 年 8 月